高等学校新商科交叉融合课程教材

金融

BIG DATA
IN FINANCE

Big Data and Industrial Chain Analysis

大数据

大数据与产业链分析

陈玉罡 黎江 罗佳璟 佘梓华 / 编著

新形态教材

东北财经大学出版社
Dongbei University of Finance & Economics Press

大连

图书在版编目（CIP）数据

金融大数据：大数据与产业链分析 / 陈玉罡等编著 .—大连：
东北财经大学出版社，2023.1
（高等学校新商科交叉融合课程教材）
ISBN 978-7-5654-4751-8

Ⅰ.金…　Ⅱ.陈…　Ⅲ.金融–数据处理–高等学校–教材
Ⅳ.F830.4

中国国家版本馆CIP数据核字（2023）第000763号

东北财经大学出版社出版
（大连市黑石礁尖山街217号　邮政编码　116025）
网　　址：http://www.dufep.cn
读者信箱：dufep@dufe.edu.cn
大连永盛印业有限公司印刷　东北财经大学出版社发行
幅面尺寸：185mm×260mm　　字数：254千字　　印张：12.5
2023年1月第1版　　　　　　2023年1月第1次印刷
责任编辑：石真珍　　　　　　　　责任校对：孙　平
封面设计：冀贵收　　　　　　　　版式设计：原　皓
定价：45.00元

教学支持　售后服务　　联系电话：（0411）84710309
版权所有　侵权必究　　举报电话：（0411）84710523
如有印装质量问题，请联系营销部：（0411）84710711

前言

近几年，我们团队取得了一些重要的研究、教学和应用成果。首先，在大数据研究上，我们出版了《大数据与互联网公司估值》丛书（3本），让读者能够一览中美两国知名上市互联网公司的价值全貌。其次，在教学上，我所教授的本科基础课程"财务管理"在2020年已经被教育部高等学校工商管理类专业教学指导委员会列入"金课"建设项目，同时我在努力打造CAS课程体系。这个课程体系是我个人独创的，CAS即Course-Aid-Scenario，Course是传统的课程，Aid是教学工具，Scenario是教学场景提升。这套体系能够在传统教学模式之外，为学生提供配套的教学工具，并创造知识运用的场景，培养学生解决实际问题的能力。最后，在应用成果上，我们开发了ValueGo估值机器人，它既能作为学生的教学指导工具，也已成为大量投资者的投资决策参考工具。ValueGo在快速成长，也获得了社会众多好评，2017年央视财经频道就ValueGo对我们做了专访，《投资者说》节目组专门录制了时长20分钟的报道。

时代在快速变化，知识也在不断更新。大数据是当前最热门的专业之一，很多知名高校都将大数据的分析与运用作为特色教学内容，产业链分析则是证券投资研究中最重要的领域之一，缺少行业分析的投资就像无本之木。在新的教学理念、人才培养模式、社会发展与需求的背景下，在对财富管理、并购、大数据与互联网公司估值等领域开展长期研究的基础之上，我们毅然踏入了新的研究领域，开启了对大数据与产业链分析、应用的探索。本书正是在这个背景下诞生的。

本书采用基础知识与案例分析相结合的方式设计内容结构。第1~3章介绍理论知识，主要包括数据分析与产业链分析基础。数据分析基础的内容包括数据挖掘、可视化、分析工具、常用算法模型及应用（景气指数），产业链分析基础主要介绍PEST分析逻辑。第4章是本书的课程思政内容，主要介绍我国的"碳达峰"和"碳中和"战略。"碳达峰"和"碳中和"作为我国加强生态文明建设的重要战略举措，是促进经济社会发展全面绿色转型、实现生态环境质量改善由量变到质变的关键。党的二十大报告指出，实现碳达峰碳中和是一场广泛而深刻的经济社会系统性变革。设置本章内容意在让学生在学习理论知识的同时，紧跟国家发展大势，厚植新发展理念，为推动绿色发展、促进人与自然和谐共生贡献力量。同时，这部分内容也作为我们选择行业案例的基础。第5~6章主要选择"碳达峰"和"碳中和"战略下光伏、动力电池这两个热门的行业，结合第1~3章的理论基础进行产业链案例分析。

本书适合用作高等学校本科生、硕士研究生学习金融大数据分析、产业链分析、智能财务分析等课程的教材，也可作为相关领域研究人员的学习资料和参考书。在学习本书前，建议读者预修经济学、管理学、投资学、统计学、计量经济学等课程，这样有助于更好地理解和运用本书的内容。希望本书能帮助读者理解大数据分析方法以及产业链分析逻辑，并能指引读者开展大数据与产业链分析新理论和新应用的探索！

本书由陈玉罡教授负责内容的设计、编写指导和修改，第1~3章由黎江、佘梓华、曾志涛共同编写，第4章、第6章由黎江编写，第5章由罗佳璟、刘小满编写，章后即测即评和拓展阅读（数字资源）由黎江编写；同时，真诚感谢张楚涵、周汶婷为本书做出的贡献，她们的专业研究和劳动付出让本书的编写工作更高效！

最后，感谢中山大学为我们的研究提供了一个开放、包容的广阔舞台，让我们的众多研究成果得以开花和传播，同时感谢中山大学2021年度校级本科教学质量工程项目（教务〔2021〕93号）的资助。

感谢读者选择使用本书，由于编著者时间有限，书中难免有误，欢迎各位读者批评指正！

陈玉罡

写于广州

2022年9月

目录

第1章

大数据与产业链分析基础

学习目标

本章介绍数据分析的基本内容（包括基本流程、可视化、常见分析工具）和产业链分析方法基础（PEST分析）。学习本章后，应达到以下目标：

- 清楚数据挖掘的流程；
- 学会根据数据特征选择合适的统计图，同时掌握基本的绘制步骤；
- 了解不同编程语言的特点；
- 掌握PEST分析方法的逻辑体系。

1.1 数据分析基础——数据挖掘

数据分析是指用适当的统计分析方法对收集来的大量数据进行分析，将它们加以汇总、理解并消化，以求最大化地开发数据的功能、发挥数据的作用。也就是说，数据分析是为了提取有用信息和形成结论而对数据加以详细研究和概括总结的过程。数据挖掘是从大量的、不完全的、有噪声的、模糊的、随机的数据中，提取隐含在其中的、人们事先不知道的但又是潜在有用的信息和知识的过程。

CRISP-DM（cross-industry standard process for data mining）即"跨行业数据挖掘标准流程"，是 NCR、OHRA、SPSS、Daimler-Benz 等全球企业一起开发出来的数据挖掘方法论，它没有特定工具的限制，也没有特定领域的局限，是适用于所有行业的标准方法论。CRISP-DM 模型在各种数据库中的知识发现（knowledge discovery in database，KDD）过程模型中占据领先位置，2014 年的统计数据表明，其采用量达到了 43%。CRISP-DM 把数据挖掘分为业务理解（business understanding）、数据理解（data understanding）、数据准备（data preparation）、建立模型（modeling）、评估模型（evaluation）、结果部署（deployment）六大部分。

1.1.1 业务理解

业务理解即理解业务背景并评估分析需求。

分析的最终目的是更好地指导业务决策，所以我们要站在商业的角度，理解业务的背景和项目的需求，在这个基础上，再对数据挖掘的目标进行定义。我们要基于业务理解，引领数据分析的方向，让分析的结果贴合实际问题。

不仅如此，在进行数据分析之前，我们还要根据业务的情况，判断是否适合进行数据分析。在现实中，有时会遇到因为数据或现实逻辑问题而无法将业务转变为数据分析项目的情况。

例如，在使用行业景气指数来对行业进行分析时，我们不仅要理解行业景气指数构建的原理和方法，还要理解其适用的范围，每个指标是源于哪些现实因素得到的，以更好地进行后续的分析。

1.1.2 数据理解

数据理解包含收集原始数据、描述数据、探索数据、检验数据质量等步骤。这些步骤有助于我们对收集到的数据产生初步的认知。

1.收集原始数据

收集数据的方法有很多，如通过开放的数据源（政府、企业、高校的数据库等）获取或是通过爬虫提取数据。一般而言，数据源针对的是行业的数据库，而爬虫提取针对的是特定的网站或者软件。需要注意的是，我们收集到的数据要吻合项目的需求，否则利用不合适的数据无法得出合理的结论，从而无法指导业务决策。

2.描述数据

获取数据后，我们要对数据进行统计分析和概括描述，尽可能简单地通过一些统计量（如均值、增幅、趋势、分布等）来概括整体数据的状况，使人能够在不用打开原始数据的前提下最快地知晓数据的状况。对状况的呈现方式通常是一到两句话，也可以用一些简单的图表辅助说明。常见的描述性指标见表1-1。

表1-1   常见的描述性指标

指标名称	指标说明
最小值	数据的最小值
最大值	数据的最大值
平均值	反映数据的集中趋势
标准差	反映数据的离散程度
中位数	样本数据按升序排列后位于最中间的数值，描述整体水平
四分之一分位数	所有数值从小到大排序后位于第25%的数值，用于了解部分样本占整体样本集的比例
四分之三分位数	所有数值从小到大排序后位于第75%的数值，用于了解部分样本占整体样本集的比例
四分位距	四分之三分位数减去四分之一分位数
方差	用于计算每个观察值与总体均值之间的差异
峰度	反映数据分布的平坦度，通常用于判断数据的正态性
偏度	反映数据分布的偏斜方向和程度，通常用于判断数据的正态性
变异系数	等于标准差除以平均值，表示数据沿着平均值波动的幅度比例，反映数据的离散趋势

3.探索数据

我们对数据进行描述后，可以基于数学和统计方法，对数据的规律进行探索和总结，如使用特征描述、主成分分析等方法发现数据的内在规律，并为我们后续的建模提供理论指导。

（1）数据特征描述

我们往往关注数据的以下特征：

①中心位置。

A. 众数（mode）：在统计分布上具有明显集中趋势点的数值，代表数据的一般水平，也是一组数据中出现次数最多的数值。

B. 中位数（median）：将数据按照顺序排列后位于中间位置的数值。中位数可以把数值集合划分为长度相等的两部分。

C. 均值（average）：表示一组数据集中趋势的数，计算方法为对数据中的所有数值进行加和并除以数据个数。均值的数学定义式如下：

$$\overline{x} = \frac{1}{n} \sum_{i=1}^{n} x_i$$

②分散程度。

A. 方差（variance）：每个样本值与全体样本值的平均数之差的平方值的平均数。在统计描述中，方差用来计算每个变量与总体均值之间的差异。方差的数学定义式如下：

$$\sigma^2 = \frac{\sum_{i=1}^{n}\left(x_i - \overline{x}\right)^2}{n}$$

B. 标准差（standard deviation）：方差的算术平方根，用于反映数值集合的离散程度。标准差的数学定义式如下：

$$\sigma = \sqrt{\frac{\sum_{i=1}^{n}\left(x_i - \overline{x}\right)^2}{n}}$$

C. 极差（range）：表示统计资料中的变异量数，其最大值与最小值之间的差距标志着值变动的最大范围。极差的数学定义式如下：

$$R = max(X) - min(X)$$

③图形特征。

A. 偏度（skewness）：用于度量统计数据分布的偏斜方向和程度。在数学定义上，对于随机变量 X，偏度是样本的三阶标准化矩，定义式如下：

$$Skew(X) = E\left[(\frac{X - \overline{X}}{\sigma})^3\right]$$

B. 峰度（kurtosis）：表明随机变量 X 的概率密度分布曲线在均值处峰值的高低。在图形的直观表示中，峰度体现了峰部的尖度。正态分布的峰度为 3。一般而言，以正态分布为参照，如果峰度大于 3，说明峰的形状比较尖，比正态分布的峰要陡峭。峰度的数学定义式如下：

$$Kurt(X) = E\left[(\frac{X - \overline{X}}{\sigma})^4\right]$$

对基本的数据特征进行描述后，我们再进行整体数据特征的推断，探索数据之间的关系。

（2）相关性分析

相关性分析（correlation analysis）用来分析多个变量间是否会出现重复的信息。如果直接使用高度相关的数据进行分析，会出现模型复杂的问题，还可能引起较大的误差，因此要分析数据的相关性来剔除重复因素。常见的用于二元变量相关性分析的方法有 Pearson 相关系数、Spearman 秩相关系数和 Kendall 相关系数。这三种方法的比较见表 1-2。

表 1-2   二元变量相关性分析的方法比较

方法	特点	适用条件	Python实现
Pearson 相关系数	• 衡量两个变量之间线性相关的程度 • 基于方差和协方差进行计算所得，对数据中的异常值较为敏感	• 服从正态分布或接近正态的单峰分布 • 两个变量为连续数据，如身高、体重、血压等	使用 pandas 中 DataFrame 对象的 corr（）方法，参数 method 设置为 pearson
Spearman 秩相关系数	• 衡量两个变量之间变化趋势的强弱程度 • 在秩（排序）的相对大小基础上得到，对异常值的处理更稳健	• 两个变量均为连续数据或等级数据，如肥胖等级（重度肥胖、中度肥胖、轻度肥胖、不肥胖）、评委的评分（优、中、差）等	使用 pandas 中 DataFrame 对象的 corr（）方法，参数 method 设置为 spearman
Kendall 相关系数	• 衡量两个变量之间协同趋势的强弱程度 • 对异常值的处理较为稳健	• 与 Spearman 秩相关系数的要求相同，两个变量均为连续数据或等级数据	使用 pandas 中 DataFrame 对象的 corr（）方法，参数 method 设置为 kendall

（3）主成分分析

在许多情况下，变量间存在高度的相关性，从而导致信息高度重复。主成分分析（principal component analysis，PCA）即对所有原始变量中重复的变量（或关系紧密的变量）进行处理，转换出少数几个新的变量（主成分），并且使得主成分之间是两两不相关的，同时这些主成分尽可能保持原有的信息。主成分分析作为基础的数学分析方法，其实际应用十分广泛。使用常见的编程语言如 Python，通过 Scikit-learn（简称 Sklearn）库导入 PCA 包进行编程，可以实现主成分分析。

例如，我们要对某个农业生态经济系统进行分析，现在已经有了各区域单元的数据，包含人口密度、人均耕地面积、森林覆盖率、农民人均纯收入、人均粮食产量、经济作物占农作物播种面积比例、耕地占土地面积比率、果园与林地面积之比、灌溉田占耕地面积之比共 9 个变量。假设我们使用主成分分析法得出了 3 个主成分，则我们可以使用这 3 个主成分代替原来的 9 个变量来描述这个农业生态经济系统，从而使得问题进一步简化。

主成分分析法的优点包括：可消除评价指标之间的相关影响；可减少选择指标的工作量；当评价指标较多时，还可以在保留绝大部分信息的情况下，用少数几个综合指标代替原指标进行分析；各主成分的权重反映了该主成分包含原始数据的信息量占全部信息量的比重，在一些需要确定权数的问题中这种方法是客观的、合理的，克服了某些评价方法中人为确定权数的缺陷。

主成分分析法的缺点包括：降维的同时降低了信息量；主成分的含义一般带有

模糊性，而原始变量的含义更清楚、确切。

4.检验数据质量

在对数据特征和规律有了基本的了解后，我们还需要检验数据质量。如果数据质量较差，我们就需要对数据进行清洗。一般来说，数据质量的检验标准有四个，分别为完整性、一致性、准确性、及时性。

（1）完整性

完整性指数据信息是否存在缺失的状况。数据缺失既可能是整个数据的记录缺失，也可能是数据中某个字段信息的记录缺失。完整性问题在数据爬虫中最容易出现，因为收集大量数据时很可能出现数据缺失的情况。

（2）一致性

一致性指数据是否遵循了统一的规范，数据集合是否保持了统一的格式。这主要体现在数据记录是否规范和数据是否符合逻辑。例如，数值型数据的单位是否保持一致，字符型数据的格式是否统一等。

（3）准确性

准确性指数据记录的信息是否存在异常或错误。最常见的是出现乱码或者不合理的数据，如性别出现了未知数据、年龄出现了超过200岁的数据等。

（4）及时性

及时性指数据的延时时长。数据分析对于及时性的要求并不高，但如果数据延时时长过长，数据分析所得的结果可能没有现实意义，并不值得参考。

1.1.3 数据准备

数据准备过程包括对已经收集到的数据进行清洗、变换等操作，完成数据挖掘之前的基本准备工作。

1.数据清洗

在数据理解阶段，我们已经检验了数据的质量。对于原始数据中存在的数据缺失、数据不合理等情况，我们需要进行数据清洗，否则会导致分析结果错误，从而失去分析的意义。在实际问题场景中，数据清洗和前面所提的数据探索往往是交互进行的。

（1）异常值处理

数据清洗的第一步是找到数据中的异常值，然后判断是否将其删除。目前常用的方法有物理判别法和统计判别法。

物理判别法是指根据人们对业务和现实等的已有认识，判别数据是否为异常值。这个方法比较合理，但面对较大的数据量时较难实现。

统计判别法是指给定一个置信概率，并确定一个区间，将超出该区间的数据视为异常值（如最为常见的 3σ 法则），或者采用可视化的方式，如将数据点呈现在二维平面上，找到离群点，再具体进行分析。

对于异常值需要谨慎处理，因为异常值有时候并不代表不合理，而恰好是由现实中某些客观因素导致的，如果将其剔除可能会导致信息的损失。

（2）缺失值处理

为了避免数据缺失对分析结果产生不良影响，对于缺失值，我们要采用合理的方法进行补充。常见的方法有平均值填充、众数填充、回归法等（见表1-3）。选择哪一种填充方法，需要根据变量属性和业务需求，同时结合自己的判断决定。事实上，随着数据量越来越大，缺失值对数据分析结果的影响会越来越小，所以如果数据量足够大，也可以考虑直接删除缺失数据。

表1-3   缺失值填充方法

方法	介绍
平均值填充	取所有对象的平均值来填充该缺失值
众数填充	取对象的众数来填充该缺失值
回归法	基于现有的完整数据集建立回归模型，对于缺失的数据，把现有的属性代入回归方程估计出缺失的属性值，以此估计值进行填充

2.数据变换

为了满足模型对输入数据的要求，需要进行数据变换，即将数据转换成适合进行数据挖掘的形式。常用的变换方法有如下几种：

（1）数据平滑

数据平滑是指去除数据中的噪声，将连续数据离散化。

（2）数据概化

数据概化是指降低数据复杂度，用更高的量级来描述数据。例如，我们要研究我国每年的光伏装机量数据的变化，而收集到的数据是以月为基本单位的，则需要将其整合成每年的数据。

（3）数据规范化

数据规范化是指将数据按比例缩放，将原来的数值映射到一个新的范围内。常用的方法有Z-score标准化、最大最小值标准化等。

（4）属性构造

属性构造是指将现有的属性（变量）进行整合，构造出新的属性（变量）。这其实就是机器学习中的特征工程工作。行业景气指数就是一个很好的例子，我们可以将众多财务、宏观属性进行整合，得到景气指数，然后将景气指数作为一个新的属性加入数据中，参与后续的模型分析。

1.1.4 建立模型

在解决现实问题时，我们要基于业务的需求和现实数据的质量等各方面因素，来筛选最合适的模型进行数据分析。对于同一个业务问题，往往可以采用不同的模型来进行分析，这时就需要基于模型评估对这些模型进行适当的优化，最终选出最合适的模型。在建模过程中，还可能发现一些潜在的数据问题，需要回到数据准备阶段去解决。建立模型阶段的具体工作包括选择合适的建模技术、进行检验设计、建造模型。[①]

1.1.5　评估模型

在完成建模后，需要对模型进行全面的评估，包括重审建立模型的过程以及评价模型的分析结果。我们需要从模型的准确度和精度等方面来评定建模的过程，还要根据现实中负责对应业务的专业人员的意见，判断模型能否解决业务问题、模型对问题的理解是否有偏差等，来评价模型的分析结果。

1.1.6　结果部署

结果部署就是将我们分析出的结果应用在具体的业务问题上，同时分析模型是否需要改进。只有将数据分析的结果在业务问题上予以实践，才能实现数据分析的价值，切实解决业务问题。例如，我们完成行业景气指数的构建后，将这一方法应用在光伏、新能源汽车、动力电池领域，从而帮助我们量化分析行业的景气情况。

在对模型进行业务实践的同时，我们还需要考虑模型是否需要改进。我们应当及时跟踪记录模型的实践效果，并反馈给数据分析师。如果遇到问题，则需要对模型进行调整和优化。

1.2　数据分析基础——可视化

1.2.1　常见统计图及其特点

统计学与数据分析可大致分为两个部分：定量分析和图解分析。定量分析是产生数值型或表格型输出的统计学操作程序，如假设检验、方差分析、点估计、置信区间以及最小二乘法回归分析等。

各种统计图是图解分析的统计学工具，具有直观、形象、生动、具体等特点。统计图可以使统计数据的结果形象化，让读者一目了然，便于理解和比较。统计图在统计数据整理与分析中被广泛应用。

本节将介绍常见的统计图及其特点，包括直方图、条形图、折线图、散点图、饼图、箱形图、雷达图及茎叶图。

1.直方图

直方图（histogram）又称频数直方图，由一系列高度不等的长方形表示数据分布的情况。长方形的宽度表示数据范围的间隔，高度表示在给定间隔内的数据量，

---

① ZHANG C. 数据挖掘标准流程 CRISP-DM［EB/OL］. ［2022-11-17］. https://blog.csdn.net/qq_36387683/article/details/82932680.

长方形的面积与相应各组的频数成正比。

直方图的作用包括：①直观地显示数据分布，解析数据波动的规律性；②有助于估计数值集中位置以及上下限值；③粗略判断样本的概率分布。

在实际的绘制过程中，直方图会因样本数据的分布不同而呈现出不同形态。下面以某批零件的直径分布图为例，将该批零件的直径（单位：mm）作为横轴，数量（单位：个）作为纵轴，分析各种直方图出现的原因及反映出的问题。

（1）正常型直方图

正常型直方图的样本数据近似服从正态分布，平均值与最大值和最小值的中间值相等或接近，平均值附近的频数最高，并向两边缓慢下降。图形中间高、两边低，左右近似或对称。如图1-1所示，由该直方图可判断零件的加工工序运行正常，处于相对稳定的状态。

（2）孤岛型直方图

孤岛型直方图如图1-2所示，在直方图的左边或右边出现了孤立的长方形。出现这种情况是因为样本数据中夹杂了其他分布的少量数据，例如零件的生产工序异常、测量错误或混有另一种零件。

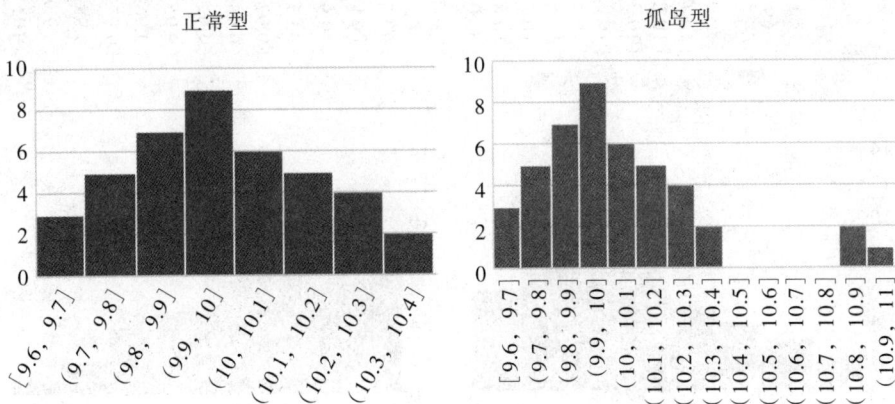

正常型

图1-1　正常型直方图

孤岛型

图1-2　孤岛型直方图

（3）双峰型直方图

双峰型直方图如图1-3所示，直方图中靠近中间值的频数较低，两侧各有一个"峰"。出现这种情况是因为将两种均值相差较大的数据混在了一起，例如样本的数据来自两个不同的工人或两种不同的零件，其中一半左右零件的直径均值为10mm，另外一半左右零件的直径均值为10.5mm。

（4）折齿型直方图

折齿型直方图如图1-4所示，直方图出现凹凸不平的形状。造成这种结果的原因可能是数据分组过多或观测数据不准确，此时应重新确定组距或收集整理数据。例如，直径均值为9.95mm的零件，若以0.01mm为直方图的间距，则会导致分组过多过密。

（5）偏态型直方图

偏态型直方图的平均值位于中间值的左侧或者右侧，形状不对称。长尾在左侧的分布为左偏型（如图1-5所示），该分布众数>中位数>平均数；而长尾在右侧的分布为右偏型（如图1-6所示），该分布众数<中位数<平均数。例如，当零件尺寸的公差（实际加工尺寸的允许变动范围）下限受到限制时，容易出现左偏型；而当公差上限受到限制时，则会出现右偏型。

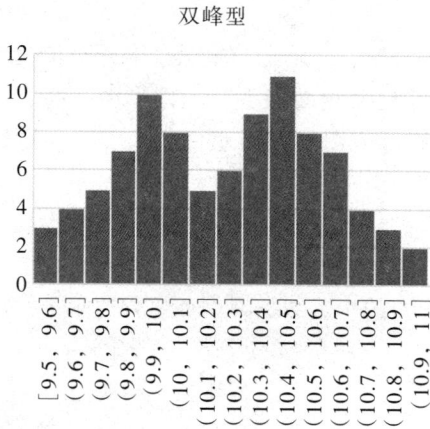

图1-3　双峰型直方图

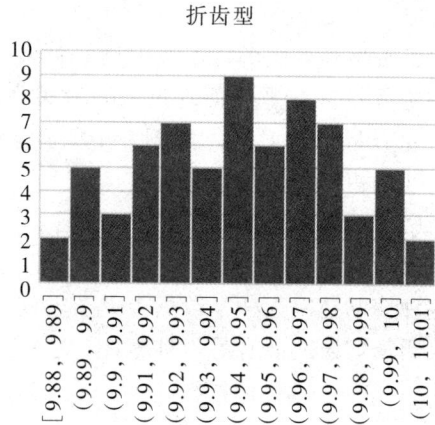

图1-4　折齿型直方图

图1-5　偏态型直方图（左偏）

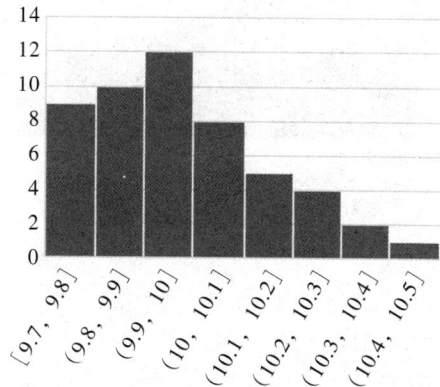

图1-6　偏态型直方图（右偏）

（6）平顶型直方图

平顶型直方图如图1-7所示，直方图没有突出的顶峰。几种平均值不同的数据混在一起，或生产过程中某种要素缓慢劣化（如设备磨损、操作者疲劳），常会导致平顶型直方图的出现。

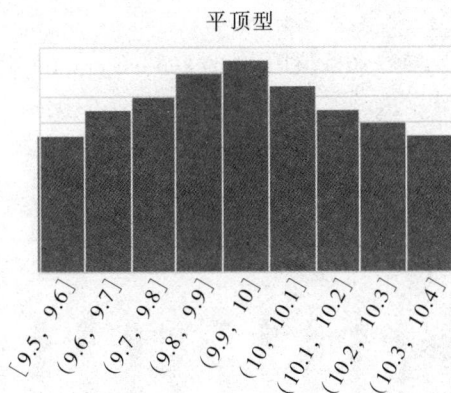

图1-7 平顶型直方图

2.条形图

条形图（bar chart）又称柱状图，是用宽度相同的条形的高度或长短来表示数据多少的统计图，多用于显示各类别间的比较情况。条形图可以横置或纵置，其中一条轴用于表示具体类别，另一条轴则作为离散数值的标尺。

条形图是统计资料分析中最常用的图形，主要特点有：①直观、形象地显示各个数据的大小；②易于比较数据之间的差别。

（1）多组条形图

多组条形图通常用来将分组变量或类别与其他数据组进行比较，每组内的每个条形表示变量的显著间隔。以中国新能源汽车的销量为例，多组条形图能直观地反映出，相比于商用车，乘用车的销量更高，这说明乘用车是消费者的主要选择对象，如图1-8所示。

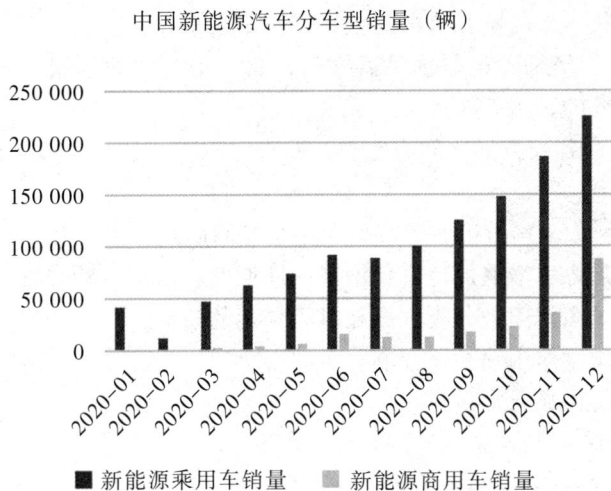

图1-8 多组条形图

资料来源：根据中国汽车工业协会汽车类统计数据（http://www.caam.org.cn/chn/4/cate_31/list_1.html）绘制.

（2）堆叠式条形图

跟多组条形图不同，堆叠式条形图（stacked bar graph）将多个数据集的条形彼此重叠显示，适合用来显示大型类别如何细分为较小的类别，以及每部分与总量之间的关系。例如，图1-9用堆叠式条形图反映了轿车、SUV和MPV三大车系所占比例以及与总量的关系。

2020年排名前十大车企车系布局

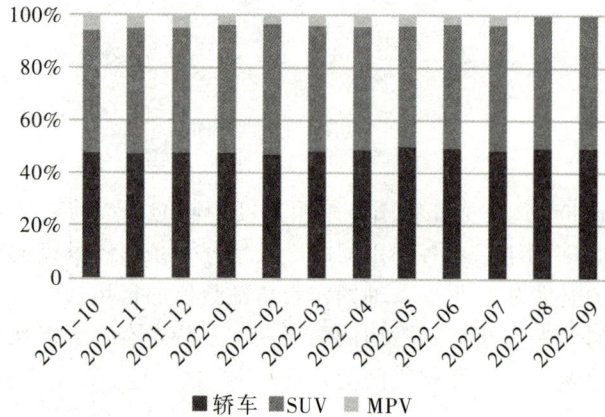

图1-9　堆叠式条形图

资料来源：根据乘用车市场信息联席会车型大类统计数据（http：//data.cpcaauto.com/CategoryMarket）绘制.

（3）条形图与直方图的区别

① 条形图是用条形的高度表示频数的大小，而直方图实际上是用长方形的面积表示频数，当长方形的宽相等的时候可以用高表示频数。

② 条形图中，横轴上的数据是孤立的，是一个具体的数据，而直方图中，横轴上的数据是连续的，是一个范围。

③ 条形图中，各长方形之间有空隙，而直方图中，各长方形靠在一起。

3.折线图

折线图（line chart）用于展示数据在连续时间间隔上的变化。在折线图中，数据递增或递减的趋势、增减的速率、增减的周期性、峰值等特征都可以清晰地反映出来。所以，折线图常用来分析数据随时间变化的趋势，也可用来分析多组数据随时间变化发生的相互作用和相互影响。

一幅折线图的构成通常包括：

① 横轴（X轴）：通常表示时间。

② 纵轴（Y轴）：表示数值大小。

③ 点：表示各个数据的位置。

④ 线：用于连接各个数据点。

如果因变量为有序数列，如季节、年份等时间变量，则适合用折线图来观察数据的变化及趋势。图1-10为2013—2020年中国新能源汽车平均补贴金额趋势图，横轴表示时间（年份），纵轴表示补贴金额，从图中可以观察出政府补贴呈退坡的趋势。

中国新能源汽车平均补贴金额趋势

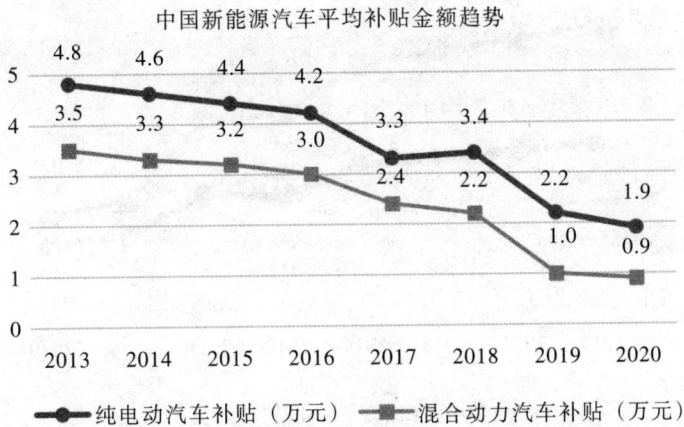

图1-10 折线图

资料来源：根据工业和信息化部政策文件库（https://www.miit.gov.cn/search/wjfb.html?websiteid=110000000000000&pg=&p=&tpl=14&category=51&q=）数据绘制.

（1）堆叠式折线图

若有多个数据系列，在折线图中，不同的数据系列是独立的，而在堆叠式折线图中，位于最上方的折线是所有数据系列数值的累计。以图1-11为例，下方的折线展示了近年来纯电动汽车的补贴金额，上方的折线是两类新能源汽车补贴金额的加总，而两线之间的差值（最上方的数字）则为混合动力汽车的补贴金额。因此，堆积折线图可以显示多个数据系列总和的发展变化趋势。

（2）百分比堆叠式折线图

百分比堆叠式折线图是将堆叠式折线图中的各个数值转换为该数值占总量的百分比，因此最上方的折线代表总和为100%，如图1-12所示。

（3）面积图

面积图基于折线图绘制而成。面积图将折线图中折线与横轴之间的区域使用颜色进行填充，并将该区域称为面积，从而突出趋势信息，可用于强调数量随时间而变化的程度，如图1-13所示。

4.散点图

散点图（scatter plot）也称为"点图"、"散布图"或"X-Y点图"，是将所有的数据以点的形式展现在直角坐标系上。在图中可绘制函数曲线来辅助分析，若所有数据点聚集在曲线附近，则称该曲线为"最佳拟合线"或"趋势线"。我们可以基于散点图中散点的分布情况推断出变量间的相关关系。

中国新能源汽车平均补贴金额趋势

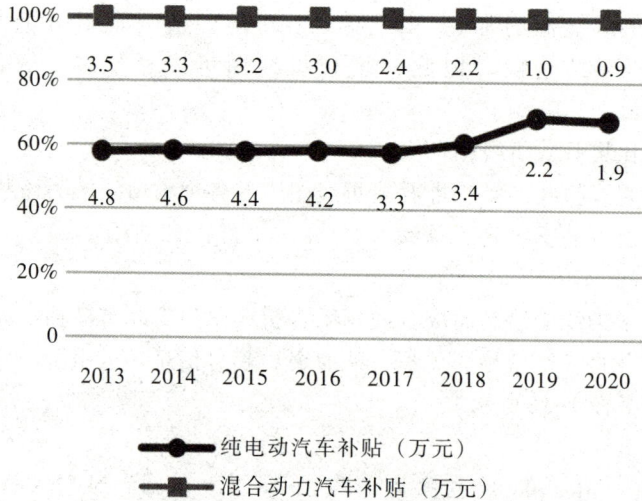

图 1-11 堆叠式折线图

资料来源：根据工业和信息化部政策文件库（https://www.miit.gov.cn/search/wjfb.html?websiteid=110000000000000&pg=&p=&tpl=14&category=51&q=）数据绘制．

中国新能源汽车平均补贴金额趋势

图 1-12 百分比堆叠式折线图

资料来源：根据工业和信息化部政策文件库（https://www.miit.gov.cn/search/wjfb.html?websiteid=110000000000000&pg=&p=&tpl=14&category=51&q=）数据绘制．

中国新能源汽车平均补贴金额趋势

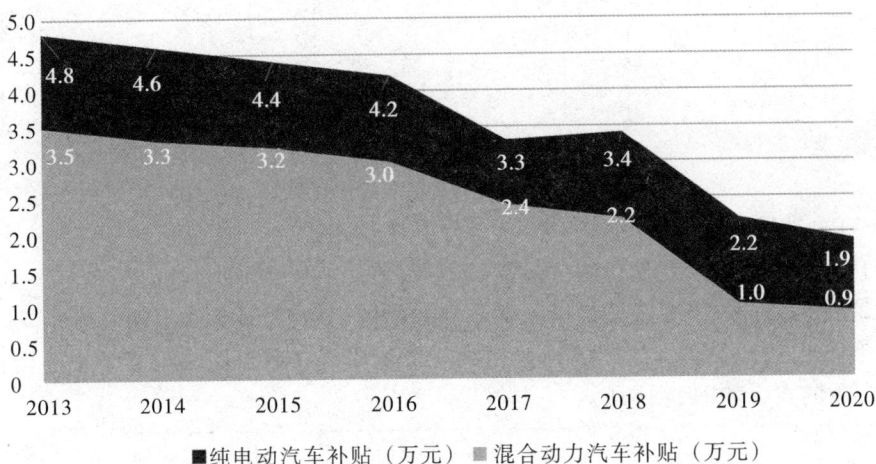

图 1-13　面积图

资料来源：根据工业和信息化部政策文件库（https：//www.miit.gov.cn/search/wjfb.html? websiteid=110000000000000&pg=&p=&tpl=14&category=51&q=）数据绘制.

（1）按相关程度划分

① 强相关：一个变量的取值完全取决于另一个变量，数据点几乎完全落在一条直线或曲线上。

② 弱相关：一个变量的取值部分取决于另一个变量，数据点分布在一条直线或曲线周围。

③ 无相关关系：两个变量的数据点分布是分散的，无规律可循（如图 1-14 所示）。

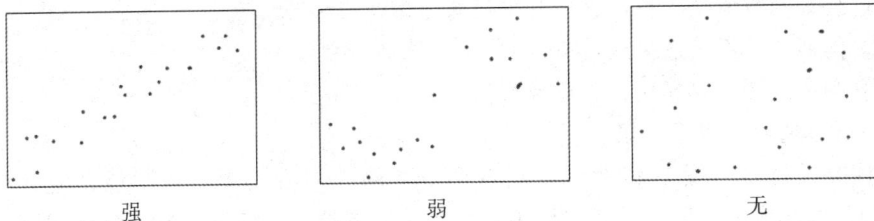

图 1-14　相关程度示意图

（2）按相关的表现形式划分

① 线性关系：两个变量之间的关系近似地表现为一条直线。

② 指数关系：Y 变量随 X 变量呈指数型增长，数据点分布在曲线 $Y = a^x$ 周围。

③ U 形关系：数据点分布在某条抛物线附近，两个变量近似服从二次函数的关系（如图 1-15 所示）。

　　　　第1章　大数据与产业链分析基础

| 线性 | 指数 | U形 |

图1-15 相关表现形式示意图

（3）按相关的方向划分

① 正相关：一个变量增加（减少），导致另一个变量增加（减少）。

② 负相关：一个变量增加（减少），导致另一个变量减少（增加）。

③ 不相关：若变量之间不存在相关关系，那么在散点图上就会表现为随机分布的离散的点（如图1-16所示）。

| 正相关 | 负相关 | 不相关 |

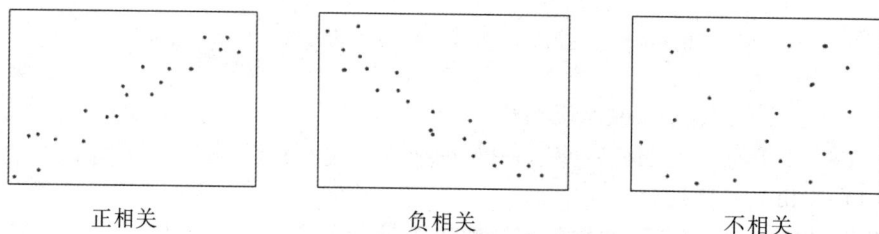

图1-16 相关方向示意图

5.饼图

饼图（pie graph）用于表示数据的不同分类各自的占比情况，通过一个圆饼里每一类的弧度大小来表示它所占总体的比例大小。

饼图的绘制要求如下：

① 绘制的数值没有负值，且几乎没有零值。

② 类别数目不宜过多或过少，3～10个为宜。

③ 各个部分需要标注百分比或数值。

饼图不适用于以下场景：

① 分类过多。图1-17为甲公司各个业务的收入占比图，该图包含的分类过多，导致大小区分不明显，难以清晰对比各个业务的占比情况。在这种情况下，使用条形图更合适。

② 不同类别无明显差别，对比意义较小，也不适合使用饼图进行展现。

还有一种类似于饼图的图形——环形图。相比饼图，环形图的中间有一个"空洞"，如图1-18所示。每个样本用一个环来表示，样本中的每一部分数据用环中的一段表示。因此，环形图可显示多个样本各部分所占的相应比例，从而有利于对总体的各个构成部分进行比较研究。环形图的空间利用率比饼图更高，可以使用它的空心区域显示文本信息。

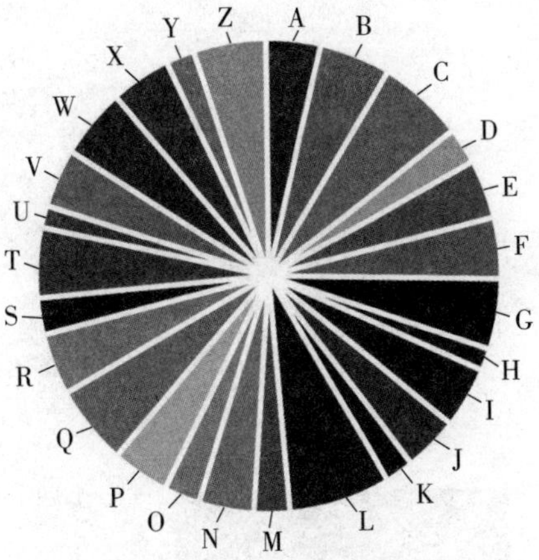

图 1-17　饼图（分类过多）示意图

6.箱形图

箱形图（box-plot）是用来显示数据分散情况的统计图。箱形图使用5个数据对具体分布进行概括，即最大值(max)、最小值（min）、中位数（med）、下四分位数（Q_1）及上四分位数（Q_3）。

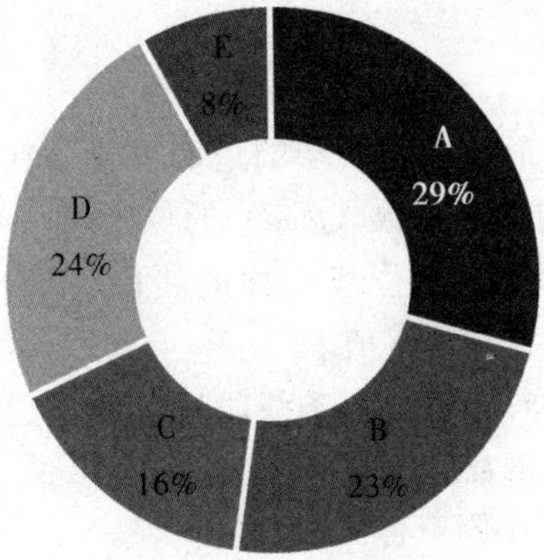

图 1-18　环形图

绘制箱形图时，需要先定义异常值。设 $h=1.5(Q_3-Q_1)$，并通过 LF $=Q_1-h$ 和 UF $=Q_3+h$ 来定义下边缘（LF）与上边缘（UF）。位于下边缘与上边缘之外的值，为异常值，用"0"或者小圆点表示，如图1-19所示。

从箱形图中可以观察到以下信息：

① 这组数据的关键值：中位数、最大值、最小值等。

② 数据集之中是否存在异常值，以及异常值的具体数值。

③ 这组数据是否基本对称。

④ 这组数据的分布是否集中。

箱形图的绘制步骤如下：

① 画数轴，确保数轴的度量单位和数据的单位保持一致，起点比最小值较小，长度比该数据集的全距较长。

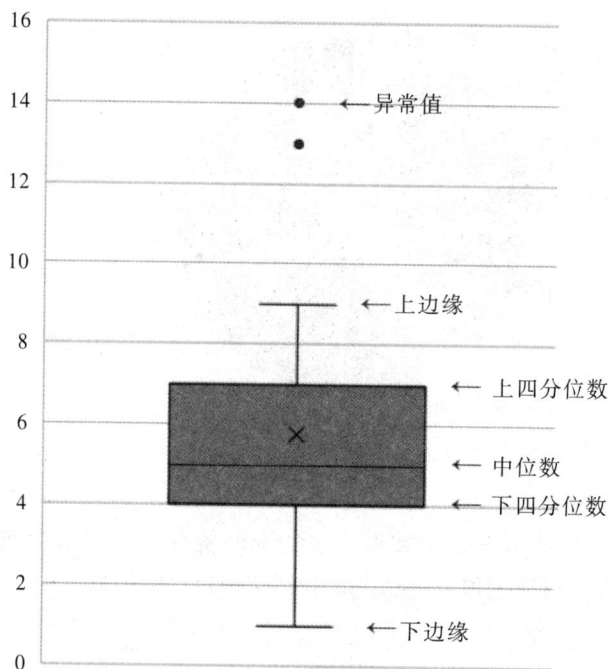

图 1-19　箱形图

　　② 画一个矩形盒，矩形盒上下两端的边的位置分别对应数据集的上下四分位数（Q_3 和 Q_1），在矩形盒内部中位数（med）的位置画一条线段作为中位线。

　　③ 在 LF 和 UF 处画两条与中位线一样的线段，作为异常值截断点（称为内限），处于内限之外的数值称作异常值。

　　④ 从矩形盒上下两端向外各画一条线段，直到不是异常值的最远点（上边缘和下边缘），表示该组数据正常值的分布区间。

　　⑤ 在图中用"0"或者小圆点标出异常值。

　　基于正态分布的 3σ 法则或 z 分数识别异常值的方法是以假定数据服从正态分布为前提的，但实际数据往往并不严格服从正态分布。同时，它们判断异常值的标准是以数据集的均值和标准差为基础的，而均值和标准差对异常值的耐抗性极小，异常值本身会对它们产生较大影响。因此，在非正态分布数据中应用这些方法判断异常值的有效性有限。

　　箱形图在识别异常值方面有一定的优越性。箱形图提供了识别异常值的标准：小于 $Q_1 - h$ 或大于 $Q_3 + h$ 的值。这与上述识别异常值的经典方法不同。一方面，箱形图依靠实际数据绘制，不需要假定数据服从特定的分布，能真实直观地表现数据的原本面貌；另一方面，箱形图判断异常值的标准以四分位数和四分位距为基础，四分位数对异常值具有一定的耐抗性，受异常值的影响较小。因此，利用箱形图识别出的异常值是较为客观的。

7.雷达图

雷达图（radar map）也称网络图或蜘蛛图。它将同一对象的多个维度映射到坐标轴上，这些坐标轴起始于同一个圆心点，结束于同一圆周，同一组的点通常用线连接起来。

雷达图主要用于具体企业的财务分析，从企业的盈利能力、偿债能力、营运能力和成长能力等方面，用同心圆（或多边形）直观形象地对企业财务状况和经营能力进行分析与评价。

根据比较对象的不同，雷达图可分为纵向雷达图与横向雷达图。

（1）纵向雷达图

纵向雷达图以企业某一年的各项指标为基准，再将其余几年的指标绘制进同一雷达图，反映该企业各指标的变化幅度和变化趋势。以贵州茅台股份有限公司（简称贵州茅台）为例，由图1-20可以看出，其产品、资本支出、管理、产业链地位、营收增长、每股收益增长等维度在行业中的优劣情况。

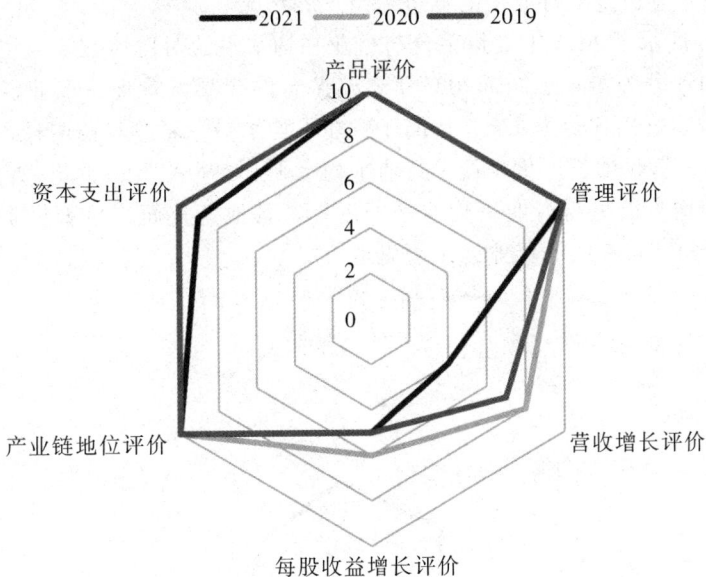

图1-20 2019—2021年贵州茅台优劣评价（纵向）雷达图

资料来源：ValueGo 金融实验室绘制．

雷达图中各维度得分（0~10分）根据对应财务指标在行业中的排名进行评价得到，行业排名越高，评分越高。其中，产品评价采用毛利率指标，代表的是产品的议价能力。2019—2021年贵州茅台的毛利率维持在90%左右，评分均达到10分，说明公司的产品具备较强且稳定的议价能力。

管理评价采用管理费用和销售费用占毛利润的比重指标，这一指标衡量公司在管理和销售方面的效率。如果该指标低于同行业平均水平，则说明公司的管理和销售效率高。2019—2021年贵州茅台的管理评价均达到10分，说明公司的管理效率高、销售能力强且稳定。

营收增长与每股收益增长代表公司的增长能力，增长越快表明公司的成长能力越强。2019—2021年贵州茅台的增长评价维持在4~8分，位居行业中游，虽不是行业最优，但考虑到公司的规模庞大，可以认为其成长能力依然能保持稳定。

产业链地位评价选用应收账款占营业收入的比重指标，这一指标衡量企业在产业链中的话语权，指标越高，营业收入中应收账款所占的比重越大，公司的产业链地位越低。2019—2021年贵州茅台没有应收账款，评分均为10分，产业链地位高。

资本支出评价选用企业构建固定资产、无形资产和其他长期资产支付的现金与其净利润的比重指标，该指标衡量公司为了维持盈利而需要投入的资本，指标越高，公司越依赖资本支出维持盈利。2019—2021年贵州茅台的资本支出依赖程度较低，资本支出评分高，且保持稳定。

（2）横向雷达图

横向雷达图以同行业指标为单位圆，将企业各项基本绩效指标值与行业均值对比，反映该企业在整个行业中的竞争力与发展状况。

图1-21展示了2021年贵州茅台与行业平均水平的对比情况。可以看出，行业六维度平均评分为4~6分，而2021年贵州茅台的产品、管理、产业链地位评价均为10分，资本支出评价为9分，远高于行业平均水平，每股收益增长评价与行业平均水平相当，营收增长评价略低于行业平均水平。综合来看，贵州茅台除了营收和每股收益的增长能力与行业平均水平相近外，其他各方面均显著优于行业平均水平，说明贵州茅台在酿酒行业处于领先地位。

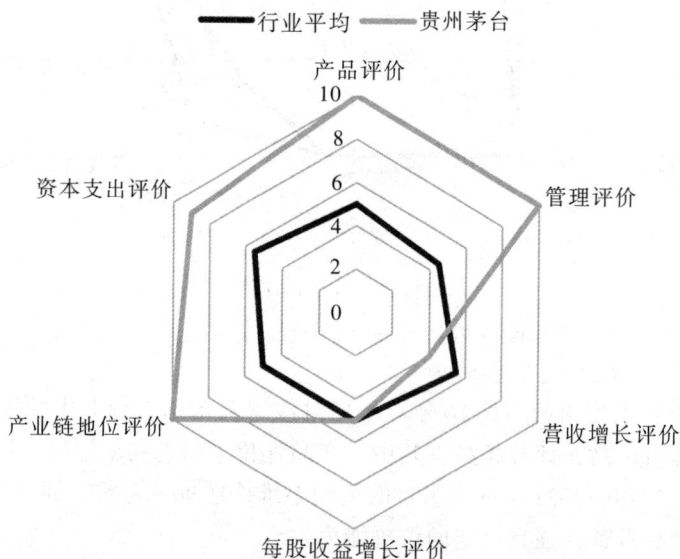

图1-21　2021年酿酒行业与贵州茅台优劣评价（横向）雷达图

资料来源：ValueGo金融实验室绘制.

（3）绘制雷达图的注意事项

绘制雷达图时应注意以下几点：

① 外圆半径大小要适中。外圆半径过大将造成雷达图的内容过于集中，导致展现效果不佳。

② 对于重要差异，可进行指标分解，如将企业收益能力分解为总资产报酬率与销售利润率两个指标。

③ 补充动态指标。若所处的经营环境面临巨大变化，企业应增加相关的动态指标，合理预估未来的发展状况。

8. 茎叶图

茎叶图（stem-and-leaf display）又称"枝叶图"，它将数值变化较小的位的数作为茎，将变化较大的位的数作为叶，列在茎的后面，明确每个茎后面有几个数，每个数具体是多少。

由图1-22可知，茎叶图上的"叶"由原始数据的个位上的数组成，从左向右依次由小到大排列，"茎"由原始数据的十位和百位上的数组成（数据为两位数时，十位上的数为茎；当数据为三位数时，百位和十位上的数为茎），从上到下依次由小到大排列。原始数据中的每个数由茎叶图上不同行的"茎"与"叶"共同表示，茎叶图上"叶"的数量与原始数据中的个数相等。

茎	叶										个数
8	4	5	8								3
9	1	1	4	5	6	7	9				7
10	1	2	3	5	6	6	7	8	8	9	12
11	0	1	1	8	9						5
12	1	8									2

图1-22　A车间29名工人加工零件数茎叶图

如果茎叶图扁而宽，说明样本值较集中，整体差异不大；如果茎叶图长而窄，说明样本值较分散，整体差异较大。

茎叶图的主要优点如下：

① 没有原始数据信息的损失，所有数据信息都可以从茎叶图中得到；

② 可以展示数据的分布概貌；

③ 数据可以随时记录，随时添加，方便记录与表示。

当两组数据需要进行对比时，可使用双向茎叶图，茎的左右两边分别是来自不同样本的数据。以对比A、B车间工人加工零件数为例，图1-23为B车间32名工人加工零件数茎叶图，图1-24为A、B车间工人加工零件数的双向茎叶图。

茎	叶										个数
8	3	5	6	6	7	8	9				3
9	0	1	3	3	5	6	7	7	8	9 9	7
10	1	2	3	3	4	4	6	7	7		12
11	1	4	7								5
12	2	4									2

图1-23　B车间32名工人加工零件数茎叶图

B车间							茎	A车间										
		9	8	7	6	6	5 3	8	4	5	8							
9 9	8	7	7	6	5	3	3 1 0	9	1	1	4	5	6	7	9			
	7	7	6	4	4	3	3 2 1	10	1	2	3	5	6	6	6	7	8 8 9
				7	4	1		11	0	1	1	8	9					
				4	2			12	1	8								

图1-24　A、B车间工人加工零件数的双向茎叶图

从图1-24中可以观察到：A车间工人加工零件数集中在100～109这个区间，而B车间工人加工零件数集中在90～99这个区间；从整体来看，A车间工人加工零件数明显大于B车间，且分布更加接近标准正态型，而B车间的数据近似服从偏态型的分布。

1.2.2　图可视化方法

统计图主要用于展示样本的数据特征，而图可视化方法主要用于表达事物之间的特定关系。下文主要介绍维恩图、桑基图和树状图。

1.维恩图

维恩图（Venn diagram）属于集合论的数学分支，用于展示不同的事物群组（集合）之间的数学或逻辑联系，尤其适合用来表示集合之间的大致关系，也常常用于帮助推导关于集合运算的一些规律。

维恩图以一个矩形框表示论域，以圆/椭圆来表示各个集合。若两个圆/椭圆相交，则其相交部分表示两个集合的公共元素（如图1-25中的 F）；若两个圆/椭圆不相交，则说明这两个集合没有公共元素（如图1-25中的 B 和 C）。

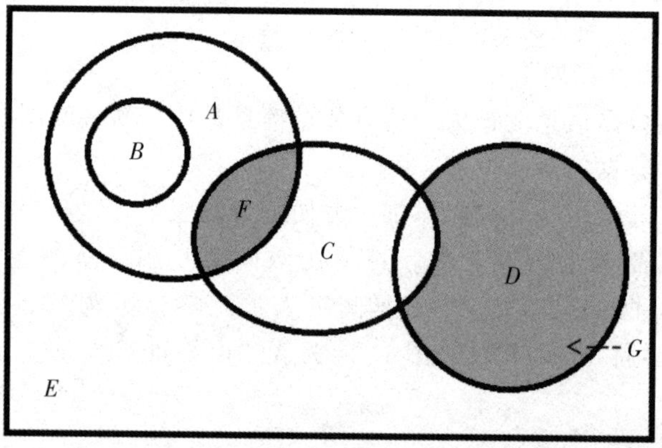

图1-25　维恩图

从图 1-25 中可得到以下信息：

① E 为论域；

② $B \subseteq A$；

③ $B \cap C = \phi$ 且 $F = A \cap C$；

④ $G = D - C \cap D$。

2. 桑基图

桑基图也叫桑基能量分流图或者桑基能量平衡图，它是一种特定类型的流程图，图中延伸的分支的宽度对应数据流量的大小，所有主支宽度的总和与所有分支宽度的总和相等，通常应用于能源、材料成分、金融等数据的可视化分析。

分析桑基图的方法如下：

① 根据线条的起点与终点也就是线的走向可以分析数据的流向；

② 根据线条宽度的变化可以了解数据变化的多少或快慢；

③ 通过比较节点的区别与共性，可以分析数据流动的原因。

从图 1-26 可知，无论是男性还是女性，绝大多数消费者选择购买传统燃油车，其次是纯电动汽车；而相较于女性，男性购买 SUV 及 MPV 的概率更高，但二者均未超过购买轿车的比例。

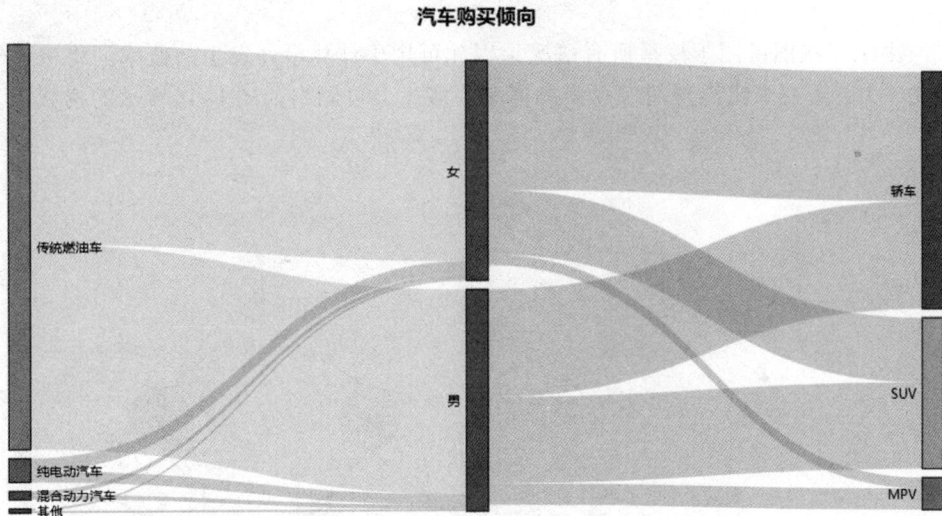

图 1-26　汽车购买倾向桑基图

资料来源：根据艾瑞咨询《2020 年中国新能源汽车行业白皮书》、艾瑞咨询《2020 年中国 MPV 市场消费洞察报告》中的数据整理绘制.

3. 树状图

树状图亦称树枝状图，是数据树的图形表示形式，它以父子层次结构来组织对象，是枚举法的一种表达方式。

树状图的相关定义如下：

① 节点（node）：表示树中的数据元素。数据元素由若干个数据项构成，数据

项是有独立含义的数据最小单位，是不可分割的。图1-27中每个字母都是一个节点。

② 节点的度（degree of node）：节点所拥有的子树的个数，如 A 节点的度为2，B 节点的度为3。

③ 叶子节点（leaf node）：度为0的节点，也叫终端节点。图1-27中的 D、E、F、G、H 都是叶子节点。

④ 分支节点（branch node）：度不为0的节点，也叫非终端节点或内部节点。图1-27中的 A、B、C 都是分支节点。

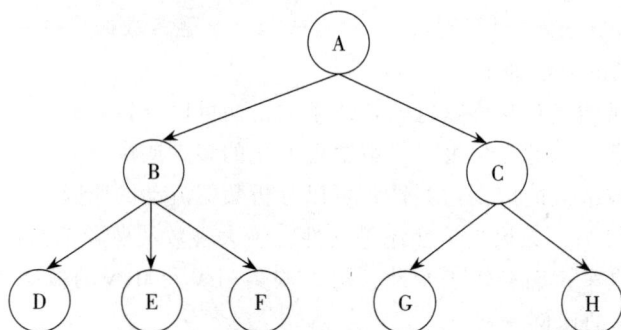

图1-27　树状图

由于树状图可用于枚举所有情况，因此可用于计算事件发生的概率。将一枚硬币抛3次，若要求出出现两次反面的概率为多少，可画出如图1-28所示的树状图。

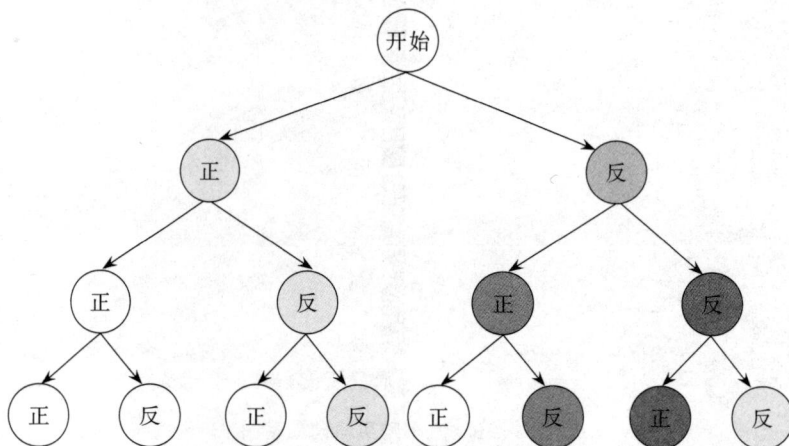

图1-28　抛硬币树状图

由图1-28可知，出现两次反面的事件有3种（正-反-反，反-正-反，反-反-正），而叶子节点一共有8个，故共有8种事件，因此 P(出现两次反面) = 3/8。

1.2.3　Python的相关库

1.Matplotlib

Matplotlib 是基于 NumPy（Numerical Python）的 Python 工具包。这个包提供了

丰富的数据绘图工具，主要用于绘制统计图。Matplotlib作为Python最流行的可视化模块之一，功能强大，用法简单明了，且同时支持静态和动态图片（如图1-29所示）。

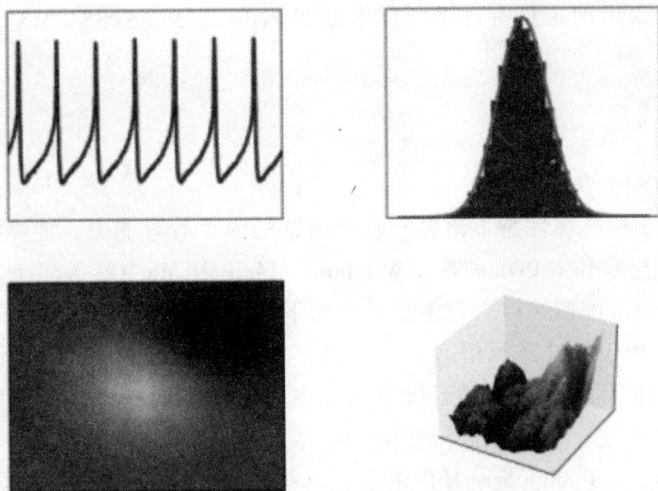

图1-29　Matplotlib绘图示例

资料来源：ANON. Introduction［EB/OL］.［2022-10-26］. https：//matplotlib.org/2.1.2/.

2.Seaborn

与Matplotlib类似，Seaborn也是能够实现图形可视化的Python工具包。它以Matplotlib为基础，可以被视为Matplotlib的补充。它与Pandas库中的数据结构（Series和DataFrame）密切相关。它提供了一种高度交互式界面，方便用户对统计图样进行编辑和修改（如图1-30所示）。

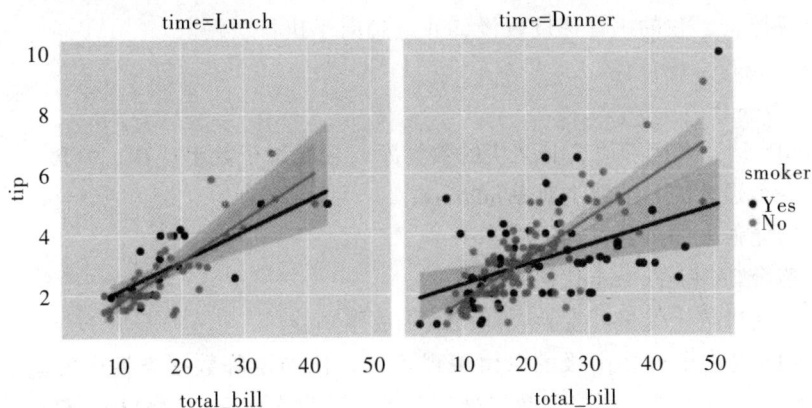

图1-30　Seaborn绘图示例

资料来源：ANON. An introduction to seaborn［EB/OL］.［2022-10-26］. https：//seaborn.pydata.org/tutorial/introduction.

1.3 数据分析基础——常用分析工具

数据分析常用的工具有许多，以下介绍 Python、R、SPSS、MATLAB、Stata 和 SAS。

1.3.1 Python

1.Python 的优势

Python 是一种解释性脚本语言，具有内置的内存管理能力，能够同其他程序进行良好的调用与合作。Python 兼容 Windows、Linux 和 Mac OS 等多个系统平台，并植入了 Java 和 .Net 虚拟接口。它主要具有如下优势：

① 开源。Python 是开源语言，对于许多内置函数，用户可以自由地阅读它们的源码，这有助于深入了解其运行方式；也可以对源码进行修改，使之实现新的功能。

② 语法简洁。Python 是解释性语言，语句简明，语法简洁，可读性强。

③ 强大的标准资料库和第三方程序包。Python 拥有强大的标准资料库和丰富的第三方程序包，例如 NumPy、SciPy（Scientific Python）、pandas 和 Matplotlib 等，可以用于数值计算、数据分析和机器学习等。

④ 面向对象。Python 既支持面向过程编程，也支持面向对象编程。在面向过程编程中，程序员使用过程性代码语句；在面向对象编程中，程序员使用基于数据和函数的对象。

同时，Python 也存在一些缺点：由于 Python 是一种解释性语言，所以相较于 C、C++ 等语言，它的编译速度较慢，并且趋向于执行缓慢。

2.常用的 Python 库

（1）NumPy

NumPy 是一个运行速度非常快的数学库，主要用于数组计算，包含：

① 一个强大的 N 维数组对象 ndarray；

② 功能强大的函数；

③ 整合 C/C++/Fortran 代码的工具；

④ 线性代数、傅里叶变换、随机数生成等功能。

NumPy 提供了许多高级的数值编程工具，比如矩阵数据类型、矢量处理、高精度运算等，专为进行严格的数据处理服务，被很多大型金融机构、科学计算组织使用。比如，美国劳伦斯利弗莫尔国家实验室（Lawrence Livermore National Laboratory，LLNL）和美国航空航天局（NASA）都使用 NumPy 来处理一些原本由 C++、Fortran 或 MATLAB 等工具处理的任务。

NumPy 模拟了 MATLAB 的大部分功能，使得 Python 也具有和 MATLAB 一样强大的数值计算和科学计算能力。NumPy 通常与 SciPy 和 Matplotlib（绘图库）一起使用，以替代 MATLAB，这种组合具备强大的科学计算环境，有助于使用 Python 学习数据科学或者机器学习。

（2）pandas

pandas 建立在 NumPy 之上，为 Python 带来两种新的数据结构：pandas Series（一维结构）和 pandas DataFrame（二维结构）。借助这两种数据结构，我们能够轻松直观地处理带标签数据和关系数据。

pandas 具有如下功能：

① 允许为行和列设定标签；

② 可以针对时间序列数据计算滚动统计学指标；

③ 能够将不同的数据集合并在一起；

④ 与 NumPy 和 Matplotlib 共同使用。

1.3.2 R

R 是一个开源的统计分析软件，其分析能力不亚于 SPSS 和 MATLAB 等商业软件，并且占用内存很小。R 支持 Windows、Linux 和 Mac OS 系统，对于用户来说十分方便。除此之外，它还具有如下优势：

① 命令驱动式操作。R 是通过命令来进行操作的，适合具有编程背景或偏好的数据分析人员。R 的官方包中带有丰富的分析命令和函数，被学术界广泛使用。

② 强大的软件包生态系统。R 软件包中有所有已经存在的统计技术，用户可以通过下载扩展包来拓展其分析功能，并且这些扩展包也是开源的。

③ 不可忽视的图表优势。R 也具有强大的图表优势，使用 R 的相关扩展包可以得到十分美观的图表。

但是，相比于 Python 或 MATLAB 等，R 对于大批量数据的处理需要的时间更长，内存占用更大。同时，与安全相关的功能并没有被内置在 R 中。此外，R 无法被嵌入网络浏览器中。因此，R 并不能用于开发 Web 类或者互联网类的应用程序。

1.3.3 SPSS

SPSS 原名为 Statistical Package for the Social Sciences，被收购之后全称变更为 Statistical Product and Service Solution。SPSS 公司自成立以来，不断推出 SPSS 软件的新版本。随着版本的不断更新，软件功能不断完善，操作越来越简便，与其他软件的接口也越来越多。现在的 SPSS 软件，不仅能实现统计功能，还能将分析结果用多种清晰的表格和生动形象的二维、三维图形呈现出来，真正做到了实用与美观的统一。

SPSS 软件风靡全球，受到各个领域的用户的欢迎，特点显著：

① 操作简单。SPSS 的交互界面简单，大部分的统计分析程序是通过"菜单"和"对话框"的操作完成的，易学易用。

② 强大的数据操作功能。SPSS支持全屏幕的变量定义、数据输入、数据编辑、数据变换和整理，并且能够处理多种格式的数据，如ASCII、DBF等。

③ 全面的统计分析方法。除了基本的统计分析功能之外，SPSS还能够提供非线性回归分析、聚类分析、主成分分析和基本的时间序列分析等功能。用户也可以自己编写SPSS说明来进行数据分析工作。

④ 图表操作简单，能够复制、编辑、修饰多种统计图表。

1.3.4　MATLAB

MATLAB是由美国MathWorks公司设计的商业数学软件，主要用于算法开发、数据可视化、数据分析以及数值计算的高级技术计算语言和交互式环境，它包括MATLAB和SIMULINK两大部分。SIMULINK是基于MATLAB的框图设计环境，可用于对各种动态系统进行建模、分析和仿真。MATLAB广泛应用于数值与符号计算、控制系统设计和仿真、数字图像处理、信号处理和金融数据分析等领域。例如，工程技术人员使用MATLAB提供的工具箱，可以高效地求解复杂的工程问题，对系统进行动态仿真模拟，并进行数据可视化等。它主要具有如下优势：

① 简单易用的程序语言。MATLAB允许使用数学形式的语言编写程序，相较于其他语言更加接近书写计算公式的思维方式，并且编程效率高，可移植性好，可拓展性极强。

② 强大的数据处理能力。MATLAB含有大量算法，内置众多数学运算函数，从最基本的函数到诸如矩阵、特征向量、快速傅里叶变换的复杂函数，能解决矩阵运算、线性方程组求解、微分方程及偏微分方程求解、符号运算、傅里叶变换、数据的统计分析、工程中的优化问题、复数的各种运算、三角函数和其他初等数学运算、多维数组操作以及建模动态仿真等多种问题。

③ 具有功能强大的模块集合工具箱。目前MATLAB已经把工具箱延伸至科学研究和工程应用的诸多领域，诸如数据采集、数据库接口、概率统计、样条拟合、优化算法、偏微分方程求解、神经网络、小波分析、信号处理、图像处理、系统辨识、金融分析、电力系统仿真等。

同时，它也有一定的劣势：相比C语言等软件，它的循环运算效率较低，且封装性不佳。

1.3.5　Stata

Stata是能为使用者提供数据分析、数据管理以及绘制专业图表功能的一款综合性统计软件。Stata是StataCorp公司于1985年开发完成的，被全球范围内的企业和学术机构广泛应用于经济学、社会学、政治学及流行病学等领域。它主要具有如下优势：

① 完备的统计分析能力。例如，参数估计与检验、方差分析、相关与回归分析等，Stata都可以实现，且运行速度很快。

② 简便的作图功能。Stata提供直方图、条形图、饼图、散点图等基本图形的绘制功能，可以满足绝大多数用户的统计作图要求。

③ 程序设计功能。用户不仅可以使用该软件已有的功能，还能够自己编写程序实现新的功能。

1.3.6 SAS

SAS（Statistical Analysis System）由美国SAS软件研究所（SAS Institute）研制并发布。SAS具有强大且完备的功能，可以有效解决不同方面的数据处理问题。目前，SAS被公认为数据处理方面的标准软件，它与SPSS、BMDP被称为国际上最有影响力的三大统计软件。它具有如下优势：

① 多类型驱动。SAS采用多窗口集成操作环境，每个窗口均配置标题栏、菜单栏、工具条和注释栏，根据需要还可配置各种类型的控件，布局美观易用。SAS既可以使用菜单驱动方式，又可采用程序驱动方式。SAS程序有数据步和过程步两种类型。这两种程序的格式结构基本相同且用法较简单，很容易实现丰富的统计功能，而且程序驱动方式囊括了SAS的全部统计方法。

② 统计功能丰富。SAS的菜单驱动方式和程序驱动方式可以实现所有的统计功能。

③ 与业界流行的数据库软件对接良好，读取数据更加规范。

1.3.7 应用实例

本小节以一元线性回归为例对各软件的使用进行讲解，帮助大家理解这些软件在使用上的区别。

场景：某公司与它的多家合作商店发现，聘请的销售人员越多，当月的营业总额就越高。目前能够获得销售人员的数量（人）（X）与当周的营业额（万元）（Y）数据（见表1-4），请使用一元线性回归方法回答下列问题。

表1-4　　　　　　　　销售人员数量与当周营业额数据

X	1	2	3	4	5	6	7	8	9	10
Y	4.0	3.9	4.0	11.4	6.8	7.9	12.2	9.8	11.8	15.6
X	11	12	13	14	15	16	17	18	19	20
Y	18.2	18.6	21.1	20.7	20.0	22.5	24.2	22.4	22.9	25.6

问题：

① 当不聘请销售人员时，每周的营业额大约是多少？

② 每多聘请一位销售人员，每周营业额能够增加多少？

问题分析：只要使用一元线性回归方法计算出方程的斜率和截距，就能够回答这两个问题。以下分别使用上面介绍的软件计算一元线性回归方程的斜率和截距。

1.R

使用R输入数据和输出的结果分别如图1-31、图1-32所示。

```
x<-c(1:20)
y<-c(4.0, 3.9, 4.0, 11.4, 6.8, 7.9, 12.2, 9.8, 11.8, 15.6, 18.2, 18.6, 21.1, 20.7, 20.0, 22.5, 24.2, 22.4, 22.9, 25.6)
fit=lm(y~x)
summary(fit)
```

图1-31　R输入数据

```
Call:
lm(formula = y ~ x)

Residuals:
    Min      1Q  Median      3Q     Max
-2.4826 -1.7793 -0.1792  1.2455  4.0220

Coefficients:
            Estimate Std. Error t value Pr(>|t|)
(Intercept)  2.57684    0.92189   2.795    0.012 *
x            1.20030    0.07696  15.597  6.7e-12 ***
---
Signif. codes:  0 '***' 0.001 '**' 0.01 '*' 0.05 '.' 0.1 ' ' 1

Residual standard error: 1.985 on 18 degrees of freedom
Multiple R-squared:  0.9311,	Adjusted R-squared:  0.9273
F-statistic: 243.3 on 1 and 18 DF,  p-value: 6.698e-12
```

图1-32　R输出结果

2.Python

使用Python输入数据如图1-33所示。

```
from sklearn import linear_model
import numpy as np
x=np.arange(20)+1
x=np.array(x).reshape(20,1)
y=[4.0,3.9,4.0,11.4,6.8,7.9,12.2,9.8,11.8,15.6,18.2,18.6,21.1,20.7,20.0,22.5,24.2,22.4,22.9,25.6]
y=np.array(y).reshape(20,1)
model=linear_model.LinearRegression()
model.fit(x,y)
print(model.intercept_)
print(model.coef_)
```

图1-33　Python输入数据

输出结果如下：

[2.57684211]

[1.20030075]

3.MATLAB

使用MATLAB输入数据和输出的结果分别如图1-34、图1-35所示。

```
x=[1:20]
y=[4 3.9 4 11.4 6.8 7.9 12.2 9.8 11.8 15.6 18.2 18.6 21.1 20.7 20 22.5 24.2 22.4 22.9
25.6]
x=[ones(size(x')),x']
[b,bint,r,rint,stats]=regress(y',x)
```

图 1-34　MATLAB 输入数据

$$b =$$

$$2.5768$$
$$1.2003$$

图 1-35　MATLAB 输出结果

4.Stata

在 Stata 中，对 x 与 y 分别赋值后，使用基本命令 regress y x 即可得出结果（如图 1-36 所示）。

```
. reg y x
```

Source	SS	df	MS			
				Number of obs	=	20
				F(1, 18)	=	243.26
Model	958.080077	1	958.080077	Prob > F	=	0.0000
Residual	70.8919479	18	3.93844155	R-squared	=	0.9311
				Adj R-squared	=	0.9273
Total	1028.97202	19	54.1564224	Root MSE	=	1.9846

y	Coef.	Std. Err.	t	P>|t|	[95% Conf. Interval]	
x	1.200301	.0769576	15.60	0.000	1.038619	1.361983
_cons	2.576842	.9218862	2.80	0.012	.640031	4.513653

图 1-36　Stata 输出结果

5.SPSS

使用 SPSS 的操作步骤如下：

① 运行软件，输入数据；

② 选择菜单分析→回归→线性；

③ 设置自变量和因变量（如图 1-37 所示）；

回归

已输入/除去变量[a]

模型	已输入变量	已除去变量	方法
1	X[b]	.	输入

a. 因变量：Y

b. 已输入所有请求的变量。

图 1-37　设置变量

④ 得到回归结果（如图1-38所示）。

回归

模型摘要

模型	R	R 平方	调整后的 R 平方	标准估算的错误
1	.965ᵃ	.931	.927	1.9846

a. 预测变量：（常量），X

ANOVAᵃ

模型		平方和	自由度	均方	F	显著性
1	回归	958.080	1	958.080	243.264	.000ᵇ
	残差	70.892	18	3.938		
	总计	1,028.972	19			

a. 因变量：Y

b. 预测变量：（常量），X

图1-38 SPSS输出结果

6.SAS

使用SAS分析时，先将数据保存在Excel表格中，命名为st1，使用如图1-39所示的代码，然后得到回归结果（如图1-40所示）。

```
data st1;
set St;
run;

PROC REG DATA = st1;
MODEL
y = x;
run;
```

图1-39 SAS输入代码

SAS 系统

REG 过程
模型: MODEL1
因变量: y

读取的观测数	20
使用的观测数	20

方差分析

源	自由度	平方和	均方	F 值	Pr > F
模型	1	958.08006	958.08006	243.26	<.0001
误差	18	70.89194	3.93844		
校正合计	19	1028.97200			

均方根误差	1.98455	R 方	0.9311
因变量均值	15.18000	调整 R 方	0.9273
变异系数	13.07346		

参数估计

变量	自由度	参数估计	标准误差	t 值	Pr > |t|
Intercept	1	2.57684	0.92189	2.80	0.0120
x	1	1.20030	0.07696	15.60	<.0001

图1-40 SAS输出结果

1.4 产业链分析方法基础——PEST分析

战略对企业和行业的发展影响重大，而战略的制定离不开对宏观环境的分析。通常来说，影响企业战略的环境因素主要包括以下四类：① 政治因素（political factors）；② 经济因素（economical factors）；③ 社会因素（social factors）；④ 技术因素（technological factors）。

将以上四个因素的首字母连接起来就构成了PEST，对研究对象的四因素分析也被称为PEST分析。PEST分析多用于企业研究和行业分析，往往需要掌握大量且充分的相关数据和资料，能够帮助决策者从多维度综合把握企业、行业的现状及变化趋势，提高决策效率和准确性。PEST分析是重要的企业管理工具，能够帮助使用者分析驱动研究对象发展的重要因素和这些因素对研究对象的影响机制。

1.政治因素

政治因素主要是指那些制约和影响企业、行业发展的政治要素，包括对组织经营活动具有实际或潜在影响的政治力量和有关的法律、法规等因素，例如国家政治制度、权力机构、政策法规等。稳定的政治环境是企业正常生产经营、行业平稳发展的基础和保障，同时对企业组织和行业发展也具有控制调节作用。当政治和法律环境发生变化时，企业经营战略和行业发展战略都要随之调整。

2.经济因素

经济因素是指影响组织生存与发展的社会经济状况和国家经济政策，包括产业布局、资源状况、经济结构、经济体制与政策、经济发展水平等要素。相较于政治环境，经济环境对企业、行业的影响更直接。企业是宏观环境中的微观个体，行业是微观企业的组合，经济环境决定和影响企业与行业的生存发展战略。经济全球化使得不同经济主体之间紧密连接，企业和行业制定战略时还需要评估本国以外经济主体的经济环境。

3.社会因素

社会因素是指组织所处的社会结构以及社会中成员的民族特征、文化传统、价值观念、宗教信仰、教育水平、行为规范、生活方式、风俗习惯等要素。每一个社会都有其特定的环境特征，有的具有高度的持续性和稳定性，而有的容易改变。社会因素的范围广泛，主要包括人口因素、社会流动性、消费心理、生活方式变化、文化传统和价值观等。不同群体有不同的社会观念、爱好和行为，也表现出不同的市场需求和消费行为。

4.技术因素

技术因素主要是指组织所处环境中的科技要素，不仅包括那些引起行业变革的发明创新，还包括与企业生产有关的新技术、新工艺、新材料的出现和发展趋势、应用前景。市场中技术环境的突变往往会对企业战略和行业发展产生重大影响，行业的技术发展水平在很大程度上决定了企业的产品、服务、竞争格局、市场空间等。

综上，PEST分析的主要环境因素如图1-40所示。

政治因素	经济因素	社会因素	技术因素
·政治行为 ·法律法规 ·政局稳定状况 ·路线方针政策 ·国际政治法律因素 ·各政治利益集团	·社会经济结构 ·经济发展水平 ·经济体制 ·经济政策 ·其他一般经济条件	·人口因素 ·社会流动性 ·消费心理 ·生活方式变化 ·文化传统 ·价值观	·技术水平 ·技术力量 ·新技术发展

图1-41　PEST分析的主要环境因素

资料来源：中国注册会计师协会. 公司战略与风险管理［M］.北京：中国财政经济出版社，2022.

PEST分析方法提供了一个完整的分析框架，常用于企业战略分析、行业研究、市场规划等领域。在实践中，PEST分析的维度判断和指标选择必须结合具体的环境进行，企业可根据自身所处的环境不断去发掘和丰富。具体的分析指标因项目情况不同而不同，企业应根据需要自行选择。本书第5章和第6章将运用PEST分析方法对光伏行业和动力电池行业进行产业链分析。

本章小结 ✅ ....

1.数据分析的基本流程主要包括业务理解、数据理解、数据准备、建立模型、评估模型和结果部署六大部分。

2.统计图包括多种类型，往往用于直观地展现数据的趋势、分布等特征，应在不同场景下灵活选择。常用图示包括直方图、条形图、折线图、散点图、饼图、箱形图、雷达图、茎叶图等。

3.常见的用于数据分析的软件有Python、R、SPSS、MATLAB、Stata和SAS。

4.构成PEST分析方法的主要环境因素包括以下四类：政治因素、经济因素、社会因素和技术因素。

课后思考 ✅ ....

1.数据分析的基本流程包括哪些部分？每个部分需要具体完成什么任务？

2.常见的数据描述性指标有哪些？哪些用于表明数据中心位置？哪些又用于表明分散程度？

3.二元变量相关性分析中，有哪几种不同的相关系数？它们各自有什么特点？

4. 为什么要进行主成分分析？其优缺点分别是什么？

5. 在进行数据分析前为什么需要对数据进行清洗？一般通过哪几个方面来检验数据质量？

6. 异常的直方图包括哪些类型？哪种数据会导致异常？

7. 因变量为有序数列，如季节、年份等时间变量时，可以选择哪种统计图？

8. 哪些概率问题能用树状图解决？怎么解决？

9. Python中的什么包可以实现图形可视化？

10. PEST分析方法中，影响企业战略的环境因素主要包括哪几类？该方法常应用于什么领域？

第1章即测即评

第 **2** 章
数据分析应用——行业景气指数

学习目标

本章介绍景气指数的编制，向读者展示数据分析方法在行业分析中的具体作用以及数据在监测和预测行业发展趋势中的作用。学习本章后，应达到以下目标：

- 了解行业景气指数的分类；
- 掌握指标组选取、预处理以及景气指数合成编制的完整流程。

2.1 景气指数简介

景气指数又称景气度，是指在景气调查过程中，对定性指标通过定量方法进行合成处理，最终综合反映被调查的群体或现象所处的状态或发展趋势的一种指标。

景气指数可面向宏观经济、不同行业等具体对象。其中，宏观经济景气指数是依据经济运行规律而建立的监测宏观经济周期波动的景气动向指标体系，被称作经济运行的"指示器"和"风向标"；行业景气指数能够反映某一行业的繁荣程度和变动趋势，通常运用能综合反映行业发展情况的各种指标进行加权编制。本节主要就行业景气指数进行说明。

编制行业景气指数，可以对行业发展的趋势进行监控和预测，有利于产业投资决策和政策制定，促进行业发展。

行业景气指数通常包含先行指数、一致指数和滞后指数。

1.先行指数

先行指数由一组领先于发展现状的先行指标合成，它在经济波动到高峰或低谷前，先出现高峰或低谷。因此，该指数对将来的经济状况有预示作用，投资者采用该指数可以事先知道经济波动的转折点，从而采取恰当的投资策略。

先行指数的峰值至少要领先基准循环的峰值3个月，同时在最近的连续3次周期波动中，至少有2次是先行的状态。

先行指数常用的合成指标有：消费者预期指数、产品销售率、国债利率差等。

2.一致指数

一致指数能反映当前经济的基本走势，它呈现出来的经济波动与相关行业的变化是高度拟合的。利用一致指数，能对行业现状的总体变化予以分析，监控行业实时的发展变化。

一致指数常用的合成指标有：工业生产指数、社会收入指数、社会需求指数等。

3.滞后指数

滞后指数由落后于一致指数的滞后指标合成得到，相对于经济波动，它呈现出来的波动比较晚，因此该指数主要用于对经济循环的峰谷进行确认，有助于验证先行指标所预示的经济趋势是否真实。

滞后指标常用的合成指标有失业率、库存量、银行未收回贷款规模等。

在编制行业景气指数时，主要关注先行指数和一致指数，滞后指数多用于验证编制结果的准确性。

2.2 景气指数的编制流程与方法

景气指数的编制流程如图2-1所示。

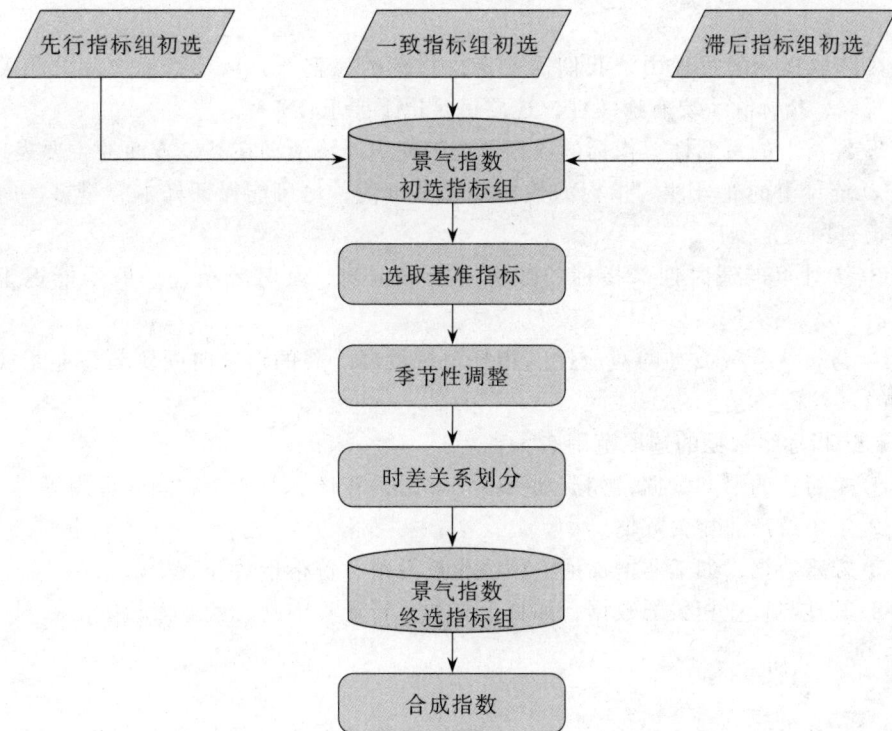

图 2-1 景气指数编制流程图

2.2.1 选取指标

在景气指数合成过程中，最关键的就是筛选景气指标。合成景气指数是建立在基准指标的基础上的，根据各指标和基准指标的关系，从初选指标组中筛选出先行、一致、滞后三种指标组，进行加权合成。

1.基准指标

完成指标初选的第一步是确定基准指标。基准指标能够敏感地反映行业当前的经济活动及经营情况，是其他指标的参照物，也是景气指数的"基石"，因此基准指标的选取至关重要。

基准指标需要满足以下条件：

① 数据具备可得性与准确性；

② 指标的变动与行业规模的变动高度拟合；

③ 能够反映市场的基本供求关系变化。

大部分行业适合以营业收入作为基准指标。考虑到近十年来中国绝大多数的行业处于增长状态，大部分指标均为正向增长的行业可使用营业收入增长率作为基准指标。除此之外，也可根据行业的实际情况，选择其他合适的基准指标，如产品产量、行业规模等。对于后文将要介绍的光伏、动力电池行业的景气指数的合成，本书采取装机量或产量作为基准指标。

2.初选指标组

在选取指标的过程中，我们需要考虑指标的完整性，以及指标之间的相关程度。所以，指标除了要有连续性，还要满足以下要求：

① 经济上的重要性。指标的数据要能够代表经济活动在某一方面的主要表现。

② 统计上的充分性。指标的数据要完整可信，尽可能保证样本容量多、时间跨度长、覆盖范围广。

③ 统计上的适时性。指标的数据要能够定期、及时公布，一般不能迟于两个月。

④ 与行业景气波动的对应性。指标呈现的峰、谷的形成时间要与行业景气波动的峰、谷相对应。

初选指标组常见的选取范围有：

① 本行业的财务数据，如流动资产、非流动资产、负债、利润、费用等。

② 上下游产业相关数据。

③ 宏观数据，如工业增加值、国内生产总值、价格指数等。

④ 其他与行业相关的数据，如百度指数、行业集中度、就业人数等。

2.2.2 季节性调整

一年之中，气候、社会需求、工艺条件等因素会对部分变量产生一定的影响，这种现象称为季节性。为排除季节性的干扰，需要对初选指标进行季节性调整。

以2017—2021年的纯电动汽车销量为例，从图2-2和图2-3中可看出，其销量存在一定的季节性变化，每年的变动规律相似，波动的高峰与低谷基本重合。

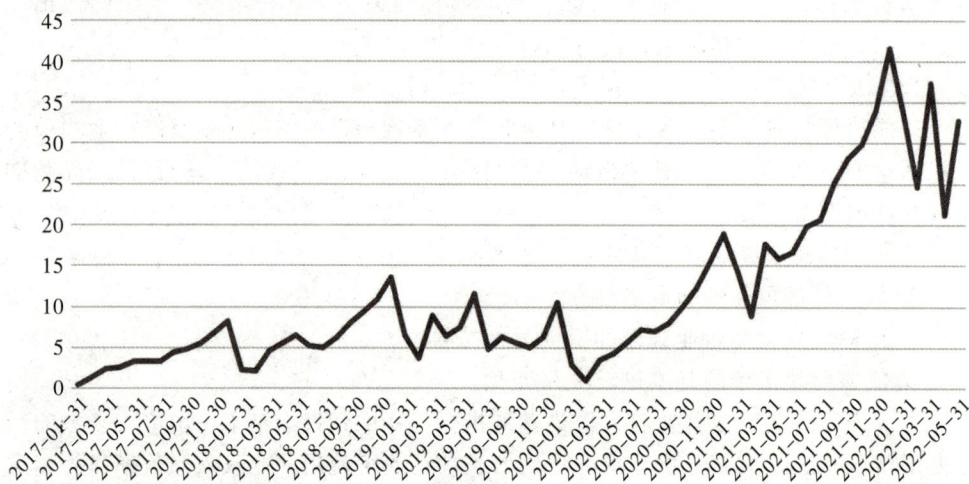

图2-2 纯电动汽车销量的时间序列图（单位：万辆）

资料来源：根据中国汽车工业协会汽车相关统计数据（http://www.caam.org.cn/chn/4/cate_31/list_1.html）绘制．

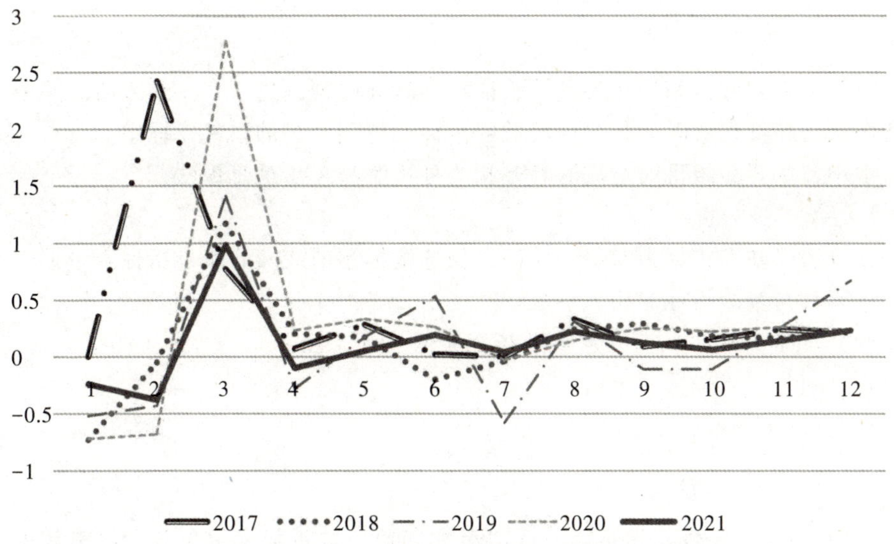

图2-3 纯电动汽车销量季节变动图

资料来源：根据中国汽车工业协会汽车相关统计数据（http：//www.caam.org.cn/chn/4/cate_31/list_1.html）绘制.

因此，在研究指标的长期波动趋势前，需要对数据进行季节性调整。季节性调整是从时间序列中消除季节和特定日期的影响，通过识别和估计时间序列的不同组成部分，更好地了解时间序列中的基本趋势、业务周期和长期运动。

目前，国际上比较流行的、前沿的时间序列季节性调整方法，按基本原理进行分类，可以分为基于模型的方法和基于过滤器的方法。其中，基于模型的方法中比较著名的是由西班牙银行领衔开发的TRAMO/SEATS方法；基于过滤器的方法中最具代表性的就是目前使用最广泛的Census-X12法（以下简称"X12法"）。

X12法基于以下原理：

各个指标的波动是以下四种因素综合作用的结果：

① 趋势因子反映了指标变动的长期趋势；

② 循环因子反映了周期性的循环波动；

③ 季节因子反映了指标在不同年份的同一季度或月份所呈现出的季节性波动；

④ 不规则因子反映的是趋势因子、循环因子和季节因子无法解释的误差或随机因素带来的变化。

X12加法模型可以展现指标与四种因子的关系，其一般形式如下：

$P_t = TC_t + S_t + I_t$

其中：P_t为指标数据；TC_t为趋势循环因子；S_t为季节因子；I_t为不规则因子。

采用X12加法模型对指标进行季节性调整，即可分离出指标的季节因素序列和不规则变动序列，最终得到经季节性调整后的指标数据，以反映序列真正的客观规律和趋势。

2.2.3 时差关系划分

时差关系划分是利用相关系数验证经济时间序列的先行、一致或滞后关系，并陆续淘汰与经济现象时差相关性较低的指标，得到最终的景气指标组。

本小节主要介绍目前主流的时差相关分析法与K-L信息量法。

1.时差相关分析法

该方法以基准指标为参照，使每个初选指标超前或滞后基准指标若干期，然后分别计算其与基准指标的相关系数。

设 $Y = (y_1, y_2, \cdots, y_n)$ 为基准指标，$X = (x_1, x_2, \cdots, x_n)$ 为初选指标，r 为相关系数，则

$$r_l = \frac{\sum_{t=1}^{n_l}(x_{t+l} - \bar{x})(y_t - \bar{y})}{\sqrt{\sum_{t=1}^{n_l}(x_{t+l} - \bar{x})^2(y_t - \bar{y})^2}} \qquad l = 0, \pm 1, \pm 2, \cdots, \pm L; \quad t = \begin{cases} 1, & l \geqslant 0 \\ 1-l, & l < 0 \end{cases}$$

其中：l（时差数）表示超前或滞后的期数，取负数表示超前，取正数表示滞后；L 为最大延迟数；n_l 为数据取齐后的数据个数。

计算取不同时差数情况下的时差相关系数，其中最大的时差相关系数反映了初选指标与基准指标的时差相关关系，相应的时差数表示超前或滞后的期数。根据时差相关系数对应的时差数的正负情况可将初选指标划分为先行指标、一致指标和滞后指标。

在统计学中，相关系数与相关程度的关系见表2-1。

表2-1　　　　　　　　　　　相关系数与相关程度关系表

相关系数	相关程度
0≤|r|<0.3	微相关
0.3≤|r|<0.5	实相关
0.5≤|r|<0.8	显著相关
0.8≤|r|≤1	高度相关

若指标的最大时差相关系数的绝对值大于等于0.5，则认为该指标与基准指标显著相关，否则将该指标剔除，最后得到景气指数终选指标组。

2.K-L信息量法

已知基准随机变量的概率分布，若要估计模型与这一概率分布的相似程度，从而估计模型的好坏，便需要一个度量来判断拟合程度，该度量就是K-L信息量。

设基准随机变量的概率分布列为 $p = \{p_1, p_2, \cdots, p_m\}$，初选指标的随机变量概率分布列为 $q = \{q_1, q_2, \cdots, q_m\}$，$p_t$ 为事件 w_t 发生的概率，限定 $p_t > 0$，$\sum_{t=1}^{m} p_t = 1$，而 q_t 为模型中事件 w_t 发生的概率。

定义

$$I(p, q) = \sum_{t=1}^{m} p_t ln \frac{p_t}{q_t}$$

为 q 关于 p 的 K-L 信息量。

K-L 信息量法的具体计算步骤如下：

①对基准指标进行标准化，使其和为 1，处理后的序列记为 p，表示为：

$$p_t = \frac{y_t}{\sum_{t=1}^n y_t}$$

其中：n 表示样本总个数，下同。

②被选择的指标时间序列 x 也做标准化处理，处理后的序列记为 q，表示为：

$$q_t = \frac{x_t}{\sum_{t=1}^n x_t}$$

③计算 K-L 信息量：

$$k_l = \sum_{t=1}^{n_l} p_t ln \frac{p_t}{q_{l+t}} \quad l = 0, \ \pm 1, \ \pm 2, \ \cdots, \ \pm L$$

④比较 K-L 信息量：

计算得到 $2L+1$ 个信息量后，选取其中的最小值作为初选指标关于基准指标的 K-L 信息量，即

$$k_{l'} = \min_{-L \leqslant l \leqslant L} k_l$$

其对应的时差数 l' 就是初选指标最适当的超前或滞后期数。K-L 信息量越接近 0，说明初选指标与基准指标越接近。

2.2.4 指数合成

目前国际上通用的景气指数编制方法有扩散指数法、合成指数法、主成分分析法以及 S-W 型景气指数法等。本小节主要讲解合成指数法。

1.合成指数法

采用合成指数法编制的景气指数可以预测经济周期波动的转折点，还可以反映经济周期波动的程度，该方法常用于构建行业景气指数。

设定基准年份的景气指数为 100，则合成指数法的具体计算步骤如下：

（1）计算单个指标的对称变化率 $C_{ij}(t)$

$$C_{ij}(t) = \frac{PV_{ij}(t) - PV_{ij}(t-1)}{PV_{ij}(t) + PV_{ij}(t-1)} \times 200 \quad i = 1, \ 2, \ 3, \ \cdots, \ k_j; \quad t = 2, \ 3, \ \cdots, \ n$$

其中：$PV_{ij}(t)$ 是经过季节性调整后的第 j 指标组的第 i 个指标；i 表示组内指标的序号；k_j 是第 j 指标组的指标个数；$j = 1$，2，3，分别代表先行指标、一致指标和滞后指标；$C_{ij}(t)$ 是对称变化率。

（2）计算标准化平均变化率 $V_j(t)$

三种指标的标准化变化率的求法是统一的，步骤如下：

①计算标准化因子 A_{ij}：

$$A_{ij} = \sum_{t=2}^n \frac{|C_{ij}(t)|}{n-1}$$

②计算标准化对称变化率 S_{ij}：

$$S_{ij} = \frac{C_{ij}(t)}{A_{ij}} \quad t = 2, \ 3, \ \cdots, \ n$$

③计算单个指标组的标准化平均变化率 $R_j(t)$：

$$R_j(t) = \frac{\sum_{t=2}^{n} S_{ij}(t) \times W_{ij}}{\sum_{t=2}^{n} W_{ij}} \quad i = 1, \ 2, \ 3, \ \cdots, \ k_j; \ j = 1, \ 2, \ 3$$

其中：W_{ij} 是第 j 组的第 i 个指标的权数。

④计算组间标准化因子 F_j：

$$F_j = \frac{\sum_{t=2}^{n} |R_j(t)|/(n-1)}{\sum_{t=2}^{n} |R_2(t)|/(n-1)} \quad j = 1, \ 2, \ 3$$

其中：一致指标 $F_2 = 1$。

⑤计算标准化平均变化率 $V_j(t)$：

$$V_j(t) = \frac{R_j(t)}{F_j} \quad j = 1, \ 2, \ 3; \ t = 2, \ 3, \ \cdots, \ n$$

（3）计算初始综合指数 $I_j(t)$

$$I_j(t) = I_j(t-1) \times \frac{200 + V_j(t)}{200 - V_j(t)} \quad j = 1, \ 2, \ 3; \ t = 2, \ 3, \ \cdots, \ n$$

$$I_j(1) = 100$$

（4）计算合成指数 $CI_j(t)$

$$CI_j(t) = \frac{I_j(t)}{\overline{I}_j} \times 100$$

其中：$\overline{I}_j$ 是 $I_j(t)$ 在基准年份的平均值。

基于以上流程和方法合成景气指数，即可分析行业景气特征，为行业调控和投资提供有效建议。

2.基于主成分分析的合成指数法

基于主成分分析的合成指数方法构建的景气指数与基于其他方法得到的景气指数的变化趋势完全相同，且具有计算简便、过程直观的特点。

合成指数法求标准化变化率 $V_j(t)$ 的第三步需要用到第 j 组的第 i 个指标的权数 W_{ij}，该方法依据过往经验进行主观赋权，而主成分分析法则利用方差贡献率确定权重。

下面以先行指标的合成为例，介绍基于主成分分析法合成指数的步骤：

（1）按照主成分分析法，确定先行指标的主成分个数

设共有 p 个主成分，第 i 个主成分的方差为 λ_i，则其方差贡献率为：

$$\alpha_i = \frac{\lambda_i}{\sum_{k=1}^{p} \lambda_k}$$

设定方差贡献率的阈值为 α，筛选出 $\alpha_i \geqslant \alpha$ 的主成分，设共有 m 个。

（2）计算主成分权重

主成分权重即每个主成分的方差贡献率，计算公式为：

$$\omega_i = \frac{\lambda_i}{\sum_{k=1}^{p} \lambda_k}$$

（3）计算主成分系数得分

$$F_i = u_{i1}X_1 + u_{i2}X_2 + \cdots + u_{ip}X_p$$

（4）计算初始景气指数

对 m 个主成分进行线性加权即得到初始景气指数：

$$F' = \sum_{i=1}^{m} \omega_i F_i$$

（5）调整数据，计算最终的景气指数

$$F = \frac{F_t' + 100}{F_{t-1}' + 100} \times 100$$

2.3　景气指数的验证与分析

对初次合成的景气指数需要进行验证与调整，以提高景气指数与行业发展情况的拟合性。景气指数的验证流程如图2-4所示。

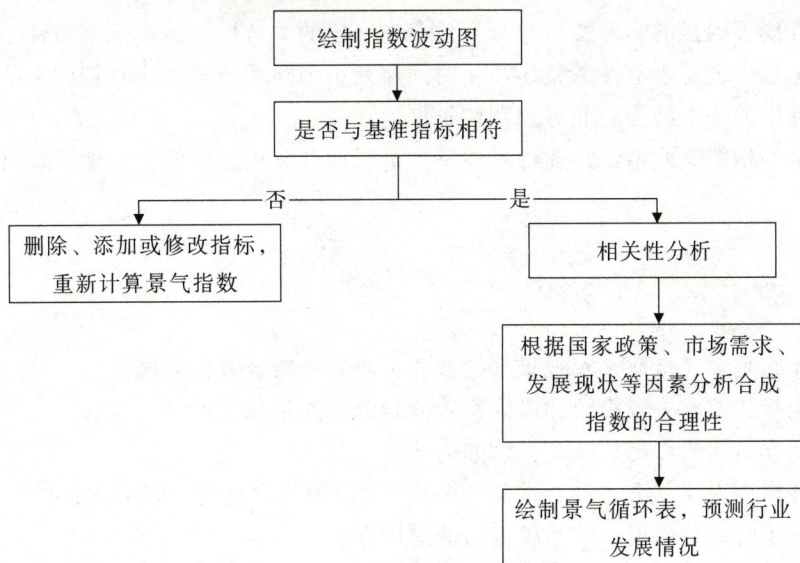

图2-4　景气指数验证流程图

资料来源：ValueGo金融科技实验室绘制．

相关性分析与时差相关分析使用的方法相同：

① 若为一致指数，则直接计算它与基准指标之间的Pearson相关系数；

② 若为先行或滞后指数，则分别超前或滞后1~L期，取相关系数最大的一期。

值得注意的是，即使波动图拟合情况较好，也要不断修改指标，重新计算景气指数，对比最后的相关系数，取最佳指数，以优化后续的分析。

通常采用0~200作为景气值的区间，并以100为临界值：当景气值大于100

时，表示景气，经济状况改善，经济趋于上升；当景气值小于100时，表示不景气，经济状况恶化，经济趋于下降。

分析行业景气度时，除了分析具体数值以外，还要关注行业是否具有周期性波动以及各个时期的波动趋势、波动长度和震荡幅度，总结该行业的波动规律，以便为行业研究、政策制定等进行合理规划。

本章小结 ☑ ·· •

1.行业景气指数通常包含先行指数、一致指数和滞后指数，可作为风向标，反映该行业的状态和发展趋势。

2.编制行业景气指数的主要流程包括初选指标、设定基准指标、季节性调整、时差关系划分、合成指数。对初次合成的景气指数还需要进行验证与调整，以提高景气指数与行业发展情况的拟合性。

3.基准指标的选取至关重要。基准指标能够敏感地反映行业当前的经济活动及经营情况，是其他指标的参照物。

4.气候等因素的影响使得部分变量存在一定的季节性，为排除季节性干扰，需要对初选指标进行季节性调整，即从时间序列中消除季节和特定日期的影响，了解时间序列中的基本趋势、业务周期和长期运动。

5.景气指数需要结合行业的具体特性进行综合分析，以便更好地了解行业发展全貌。

课后思考 ☑ ·· •

1.什么是景气指数？宏观景气指数和行业景气指数有什么区别？

2.先行指数、一致指数和滞后指数的划分标准是什么？

3.基准指标的作用是什么？该如何选取？

4.各指标为什么需要进行季节性调整？X12加法模型的一般形式是什么？

5.简述时差关系划分的两种方法的应用方法。

6.合成指数的流程有哪些？为什么要计算标准化变化率？

7.合成指数时可以用第1章提到的哪些软件工具？

8.基于主成分分析的合成指数法的优点和缺点分别是什么？

9.如何验证构建的景气指数是否符合行业发展情况？

第2章即测即评

第3章
其他数据分析算法

学习目标

本章介绍分类算法、聚类算法、关联分析和链接分析四大类数据分析算法。学习本章后，应达到以下目标：
- 掌握如何使用分类算法解决实际问题；
- 掌握如何使用聚类算法解决实际问题；
- 掌握如何使用关联分析算法解决实际问题；
- 掌握如何使用链接分析算法解决实际问题。

3.1 分类算法

分类是在一群已经知道类别标号的样本中，训练一种分类器，让其能够对某种未知的样本进行分类。分类算法属于一种有监督的学习。分类的目的就是对新的数据集进行划分，它主要涉及分类规则的准确性、过拟合、矛盾划分的取舍等问题。

3.1.1 C4.5算法

已知学生的期中成绩、缺勤率、课堂表现及复习时间（称为已知属性），如果要预测学生在期末考试中的表现，那我们应该将哪一种属性作为优先判断标准？若将期中成绩（优良、非优良）作为首要考虑的条件，又该怎样通过另外三种属性做进一步判断呢？

决策树是一种常用的预测模型的算法，它通过将大量数据有目的地分类，筛选出有效信息，以便做出正确的决策，适合用来解决上述问题。目前，决策树常用的算法有ID3算法、C4.5算法及CART算法，本节主要介绍C4.5算法。

1.决策树

决策树是一种树形结构，内部节点是决策节点，表示对数据实例在某个属性上的测试，叶子节点代表类别，每个分支则表示一个测试输出。我们可以使用IF-THEN分类规则对决策树进行转换。转换过程如下：从决策树的根节点到叶子节点的每一条路径构建一条规则，分支上与内部节点的属性对应着规则的条件，而叶子节点的类别对应着规则的结论。每一条数据实例都被而且仅被一条路径或一条规则覆盖，即实例的属性与分支上的属性一致或实例满足规则的条件。

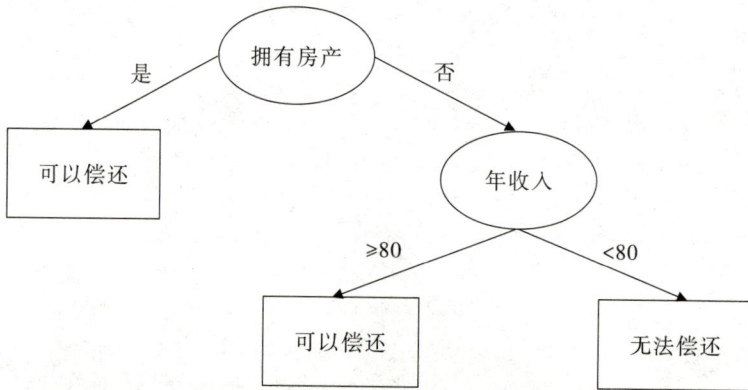

图3-1 决策树示意图

例如，图3-1可转换为：

IF ｛属性1==拥有房产｝，THEN ｛类别=可以偿还｝

IF ｛属性1==没有房产 AND 属性2==年收入>=80｝，THEN ｛类别=可以偿还｝

IF ｛属性1==没有房产 AND 属性2==年收入<80｝，THEN ｛类别=无法偿还｝

2.C4.5算法的相关概念

（1）熵

1948年，香农提出了"信息熵"的概念，解决了对信息的量化度量问题，为信息论和数字通信奠定了基础。在信息论中，熵被定义为信息的期望值，在数据分析中主要用于衡量数据混乱度。

设数据集合D中包含n个离散取值，熵的计算公式为：

$$entropy(D) = -\sum_{j=1}^{n} Pr(c_j) log_2 Pr(c_j)$$

其中：c_j表示离散值，$Pr(c_j)$表示c_j在数据集D中取得的概率。

熵越小，说明数据越纯净。所以，熵可作为数据混杂度或混乱度的衡量指标。

（2）信息增益

信息增益可以衡量数据混杂度或混乱度的减少量。设A_i是D的属性，可取v个值，则D可划分成v个不相交的子集D_1，D_2，$\cdots$，D_v，划分后D的熵为：

$$entropy(A_i, D) = -\sum_{j=1}^{v} \frac{|D_j|}{|D|} entropy(D_j)$$

则属性A_i的信息增益的计算公式为：

$$gain(D, A_i) = entropy(D) - entropy(A_i, D)$$

（3）信息增益率

信息增益偏向选择取值较多的属性，为了修正这种偏袒性，C4.5算法中引入了信息增益率，即利用数据集相对于属性值分布的熵归一化信息增益，使熵都是相对于属性的，计算公式为：

$$gainRatio(D, A_i) = \frac{gain(D, A_i)}{-\sum_{j=1}^{s} (\frac{|D_j|}{|D|} log_2 \frac{|D_j|}{|D|})}$$

其中：s表示属性A_i的可能取值数目；D_j表示D中具有A_i属性第j个值的子集。

3.C4.5算法步骤

C4.5采用自上而下的递归方法构造决策树：

输入：训练样本samples，候选属性的集合为attribute lists。

输出：由训练样本数据产生一棵决策树。

① 对训练样本各项属性数据进行预处理；

② 创建根节点，并确定attribute lists的叶子节点属性；

③ 计算attribute lists中每个属性，选取$gainRatio(D, A_i)$最大且同时$gain(D, A_i)$不低于所有属性平均值的属性作为测试属性；

④ 将当前选中的属性赋值给当前节点，将该属性的值作为该属性的分叉节点，并且将这些分叉节点插入队列中；

⑤ 从attribute lists中将当前使用属性删除；

⑥ 从队列中取出一个节点，递归进行步骤③~⑤，直到attribute lists为空；

⑦ 为每个叶子节点分配类别属性，对相同的类别属性进行合并，将其进行约减。

在基于以上决策算法得到的决策树模型中，之所以选取信息增益率大而信息增益不低于平均值的属性，是因为高信息增益率保证了高分支属性不会被选取，从而决策树的树形不会因某节点分支太多而过于松散。过多的分支会使得决策树过分地依赖某一属性，而信息增益不低于平均值保证了该属性的信息量，使得有利于分类的属性更早地出现。

初步得到决策树后，需要对其进行"剪枝"。剪枝即删除一些最不可靠的分支，用多个类的叶子节点代替，以加快分类的速度和提高决策树正确分类新数据的能力。常用的剪枝方法有预剪枝和后剪枝：预剪枝就是提早结束决策树的构造过程，通过选取一个阈值判断树的构造是否停止，因为适当的阈值很难界定，所以该方法存在危险，不能保证树的可靠性；后剪枝是在决策树构造完毕后得到一棵完整的树再进行剪枝，通常的思想是对每个树节点进行错误估计，通过与其子树的错误估计的比较，来判断是否裁剪子树，如果子树的错误估计较大，则被剪枝，最后用一个独立的测试集去评估剪枝后的准确率，以此得到估计错误率最小的决策树。

C4.5算法的剪枝技术是基于悲观错误的后剪枝方法，首先把构造的决策树转换成规则集合，然后通过删去某些条件来使得规则变短或变少。

4.C4.5算法的运用——学生期末成绩的预测

（1）数据准备和预处理

某学院希望对学生的期末成绩进行预测，主要考虑学生期中成绩、缺勤率、课堂表现及复习时间等对学生成绩影响较大的因素。表3-1列出了该学院200名学生的数据。

表3-1　　　　　　　　　某学院200名学生考试成绩表

编号	期中成绩	缺勤率	课堂表现	复习时间	期末成绩
1	85	5%	积极	50h	81
2	63	0	一般	30h	69
3	77	0	一般	45h	84
4	41	20%	一般	10h	33
5	88	0	积极	40h	90
6	69	0	一般	35h	75
⋮	⋮	⋮	⋮	⋮	⋮

选取数据集时，期末成绩是否优良是算法的类别属性，把80分及以上定为优良的类别值，80分以下为非优良的类别值；为便于分类，对其他数据进行预处理：期中成绩分为优良（80~100分）、非优良（80分以下）2个类别值，缺勤率分为全

勤（0）和缺勤（>0）2个类别值，复习时间分为充足（≥40h）、中等（20~40h）和不足（≤20h）3个类别值。转换后的数据表见表3-2。

表3-2　　　　　　　　　　　　　　考试成绩转换数据表

编号	期中成绩	缺勤率	课堂表现	复习时间	期末成绩
1	优良	缺勤	积极	充足	优良
2	非优良	全勤	一般	中等	非优良
3	非优良	全勤	一般	充足	优良
4	非优良	缺勤	一般	不足	非优良
5	优良	全勤	积极	充足	优良
6	非优良	全勤	一般	中等	非优良
⋮	⋮	⋮	⋮	⋮	⋮

（2）构造决策树

该院共有200名学生，因此 $D = 200$。其中，期末成绩优良的学生有71名（对应"是"），非优良的学生有129名（对应"否"）。

给定样本信息熵：

$$entropy(D) = -\frac{71}{200} \times log_2\frac{71}{200} - \frac{129}{200} \times log_2\frac{129}{200} = 0.9385$$

属性"期中成绩"有2个类别值，分别是"优良"和"非优良"，各值对应样本数及信息熵统计见表3-3。

表3-3　　　　　　　　　　　　　　样本数和信息熵

类别值	对应"是"样本数	对应"否"样本数	总样本数	信息熵
优良	46	21	67	0.8971
非优良	25	108	133	0.6972

$$entropy(\text{期中成绩}, D) = \frac{67}{200} \times entropy(\text{优良}) + \frac{133}{200} \times entropy(\text{非优良}) = 0.7642$$

期中成绩的信息增益为：

$$gain(D, \text{期中成绩}) = entropy(D) - entropy(\text{期中成绩}, D) = 0.9385 - 0.7642 = 0.1743$$

期中成绩的信息增益率为：

$$gainRatio(D, \text{期中成绩}) = \frac{gain(D, \text{期中成绩})}{-\frac{67}{200} \times log_2\frac{67}{200} - \frac{133}{200} \times log_2\frac{133}{200}} = 0.1895$$

同理，计算出属性"缺勤率""课堂表现""复习时间"的信息增益率，通过比较得出属性"期中成绩"的信息增益率最大，因此，选择"期中成绩"作为测试属性，以此创建根节点，引出分支，每个分支迭代地进行计算，按照C4.5算法，最后得出决策树，如图3-2所示。

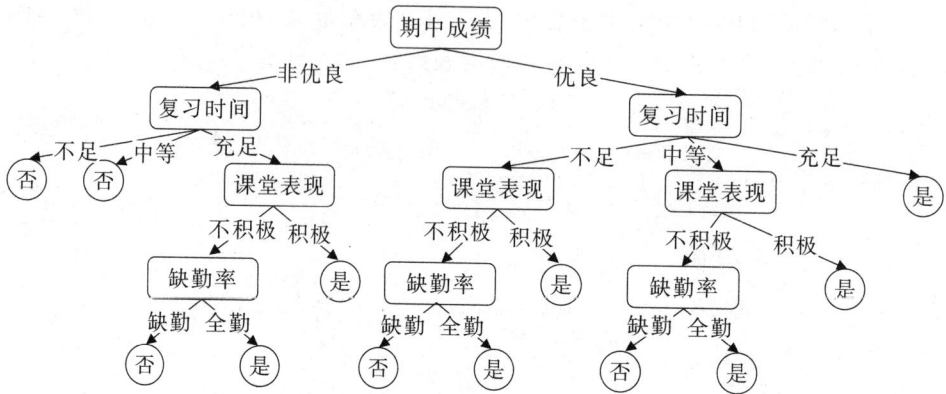

图 3-2　学生期末成绩预测决策树

（3）生成规则及分析

基于修剪后的决策树，对其从根节点到叶子节点的每条路径创建一个规则，以 IF-THEN 形式的分类规则表示。该分类规则沿着给定路径上的每个属性和属性关联值形成规则前件（"IF"）的一个合取项，则叶子节点包含类预测，形成后件（"THEN"）部分，得出最后结论。

规则 1：IF ｛期中成绩＝"非优良" AND 复习时间＝"不足"｝，｛THEN 成绩是否优良＝"否"｝；

规则 2：IF ｛期中成绩＝"非优良" AND 复习时间＝"充足" AND 课堂表现＝"积极"｝，THEN ｛成绩是否优良＝"是"｝；

规则 3：IF ｛期中成绩＝"优良" AND 复习时间＝"中等" AND 课堂表现＝"不积极" AND 缺勤率＝"全勤"｝，THEN ｛成绩是否优良＝"是"｝；

……

生成的规则清晰明了，再结合学生的学习情况，就可以了解学生的考试成绩水平，分析学校整体教学状况，进而调整教学策略。

3.1.2　朴素贝叶斯算法

众所周知，若父母均不近视，则孩子的近视概率会比同龄人更小，但用眼习惯不良，又会导致近视概率增大。我们将近视与不近视当作两个集合，若一名学生的父母均不近视，但他本人的用眼习惯不良，那么该学生有更高的概率属于近视集合还是不近视集合呢？

这是一个分类问题，其具体定义如下：

已知集合 $C = \{y_1, y_2, \cdots, y_n\}$ 和 $I = \{x_1, x_2, \cdots, x_n\}$，确定映射规则 $y = f(x)$，使得任意 $x_i \in I$ 有且只有一个 $y_j \in C$ 使得 $y_i = f(x_i)$ 成立。

C 叫作类别集合，其中每个元素都是一个类别；I 叫作项集合，其中每个元素都是一个待分类项；f 叫作分类器。朴素贝叶斯算法是基于贝叶斯定理来构造分类器 f 的。

1.贝叶斯定理

$P(AB)$ 表示既发生事件 A 又发生事件 B 的概率，$P(A|B)$ 表示事件 B 发生的前提下事件 A 发生的概率，叫作事件 B 发生前提下事件 A 的条件概率，则有贝叶斯定理如下：

$$P(A|B) = \frac{P(AB)}{P(B)}$$

在实际应用中，我们比较容易获得 $P(A|B)$，却难以直接得到更关心的 $P(B|A)$，贝叶斯定理提供了通过 $P(A|B)$ 得到 $P(B|A)$ 的方法：

$$P(B|A) = \frac{P(A|B)P(B)}{P(A)}$$

2.朴素贝叶斯分类的原理与流程

朴素贝叶斯分类的原理如下：

① 设 x 为一个待分类项，有 m 个特征属性 a_1, a_2, $\cdots$, a_m，有类别集合 $C = \{y_1, y_2, \cdots, y_n\}$；

② 计算 $P(y_1|x)$, $P(y_2|x)$, $\cdots$, $P(y_n|x)$；

③ 若 $P(y_k|x) = max\{P(y_1|x), P(y_2|x), \cdots, P(y_n|x)\}$，则 $x \in y_k$。

算法的关键在于计算第②步的各个条件概率，其可以用以下方法得到：

A.找到一个已知分类的待分类项集合，这个集合叫作训练样本集。

B.统计在不同类别下，各个特征属性 a_1, a_2, $\cdots$, a_m 的条件概率，即
$P(a_1|y_1)$, $P(a_2|y_1)$, $\cdots$, $P(a_m|y_1)$；$P(a_1|y_2)$, $P(a_2|y_2)$, $\cdots$, $P(a_m|y_2)$；$\cdots$；
$P(a_1|y_n)$, $P(a_2|y_n)$, $\cdots$, $P(a_m|y_n)$

C.由于各个属性特征是条件独立的，因此

$$P(x|y_i)P(y_i) = P(y_i)\prod_{j=1}^{m}P(a_j|y_i)$$

D.根据贝叶斯定理，有

$$P(y_i|x) = \frac{P(x|y_i)P(y_i)}{P(x)} = \frac{P(y_i)\prod_{j=1}^{m}P(a_j|y_i)}{\sum_i P(y_i)\prod_{j=1}^{m}P(a_j|y_i)}$$

由于对于任意 i，$P(x)$ 都是相等的，因此计算 $P(x|y_i)P(y_i)$ 即可，即 $P(y_i)\prod_{j=1}^{m}P(a_j|y_i)$。

3.应用实例——近视的概率

近视一般认为与遗传基因、用眼习惯有关。本节将计算一名父母均不近视但用眼习惯较差的学生的近视概率。我们将学生近视与不近视作为两个类别，把学生父母是否近视以及学生用眼习惯作为特征属性。

下面示范性地做一个训练过程，训练样本见表3-4。

表 3-4 　　　　　　　　　学生近视数据样本

样本编号	父母近视人数（X_1）	用眼习惯（X_2）	是否近视（Y）
1	2	1	1
2	0	1	0
3	0	0	0
4	1	1	0
5	0	1	0
6	2	0	1
7	1	0	0
8	1	0	1
9	0	1	0
10	2	1	1
11	0	1	1
12	2	0	0

其中：$X_1 = 0$ 表示父母均不近视，$X_1 = 1$ 表示父母中有一方近视，$X_1 = 2$ 表示父母均近视；$X_2 = 0$ 表示用眼习惯良好，$X_2 = 1$ 表示用眼习惯不良；$Y = 1$ 表示近视，$Y = 0$ 表示不近视。

$$P\left(X_1 = 0 | Y = 0\right) = \frac{4}{7}, \ P\left(X_2 = 1 | Y = 0\right) = \frac{4}{7}$$

$$P\left(X_1 = 0 | Y = 1\right) = \frac{1}{5}, \ P\left(X_2 = 1 | Y = 1\right) = \frac{3}{5}$$

$$P\left(Y = 0\right) P\left(X_1 = 0 | Y = 0\right) P\left(X_2 = 1 | Y = 0\right) = \frac{4}{21}$$

$$P\left(Y = 1\right) P\left(X_1 = 0 | Y = 1\right) P\left(X_2 = 1 | Y = 1\right) = \frac{1}{20}$$

由于 $\frac{4}{21} > \frac{1}{20}$，所以父母均不近视但用眼习惯不良的学生有更高的概率不近视。

朴素贝叶斯算法的优点是逻辑简单、易于实现，且分类过程中时空开销小。理论上，朴素贝叶斯模型相较于其他分类方法误差率是最小的，但因为朴素贝叶斯模型对属性之间相互独立的假设在实际应用中不一定成立，在属性个数较多或属性之间相关性较大时，其分类效果不理想。

3.1.3　支持向量机

支持向量机（support vector machine，SVM）是一种较为抽象的算法概念，可用于解决模式识别、分类或者回归等问题。

事实上，"分类"这个概念十分常见，例如可以将实数分为负数和非负数，可以将三角形分为等腰三角形和非等腰三角形等。分类实际上就是构造一个算法，把已知样本的特征和分类情况做一个逻辑映射关系，当遇到一个新的样本时就能够使用该算法对它进行分类。

1.线性可分与线性不可分

给定一组样本 $D = \{(x_1, y_1), (x_2, y_2), \cdots, (x_n, y_n)\}$，注意这里的 $x_1, x_2, \cdots, x_n$ 是 $l \times 1$ 的向量，而 $y_1, y_2, \cdots, y_n$ 是这些向量所对应的标签（$y_i \in \{1, -1\}$），当 $l = 1$ 时这些样本点可以在数轴上表示，当 $l = 2$ 时，这些样本点可以在平面上表示，以此类推。能够用一条直线对样本点进行分类的属于线性可分（linear separable）（如图3-3所示），否则为线性不可分（linear inseparable）（如图3-4所示）。

图3-3　线性可分示意图

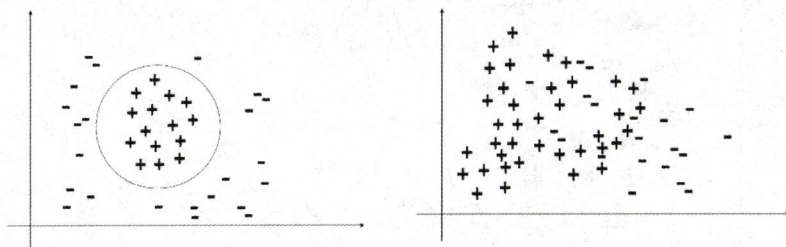

图3-4　线性不可分示意图

2.超平面

在一维空间，只需要一个点就可以将该空间分成两个部分；在二维空间，即平面上，一条直线就可以将该空间分成两个部分；在三维空间，一个平面就可以将该空间分成两个部分。那么，在 p 维空间，它的一个 $p - 1$ 维子空间就可以将该空间分成两个部分。我们将这个 $p - 1$ 维子空间称为超平面。当 $p \geq 4$ 时，空间与超平面都难以可视化，但是这个概念仍然存在。在数学中，这些概念可以表示为：

$$\boldsymbol{\omega} = \left(\omega_1, \ \omega_2, \ \cdots, \ \omega_p \right)^T$$

$$\boldsymbol{X} = \left(x_1, \ x_2, \ \cdots, \ x_p \right)^T$$

在一维空间，超平面即为点，可以表示为：

$$\omega_1 x_1 + b = 0$$

在二维空间，超平面是线，可以表示为：

$$\omega_1 x_1 + \omega_2 x_2 + b = 0$$

在三维空间，超平面是平面，可以表示为：

$$\omega_1 x_1 + \omega_2 x_2 + \omega_3 x_3 + b = 0$$

那么，p维空间的超平面就可以表示为：

$$\omega_1 x_1 + \omega_2 x_2 + \cdots + \omega_p x_p + b = 0$$

$$\boldsymbol{\omega}^T \boldsymbol{X} + b = 0$$

某一样本点$\bar{x}$在该超平面的某一侧可以表示为：

$$\boldsymbol{\omega}^T \boldsymbol{X} + b > 0 \tag{3-1}$$

或者：

$$\boldsymbol{\omega}^T \boldsymbol{X} + b < 0 \tag{3-2}$$

超平面的划分即意味着分类：对于二分类的情况，不妨记$y_i = 1$和$y_i = -1$为两个分类标签，那么式（3-1）和（3-2）可以分别表示将样本i分到1类和-1类。

3.间隔与支持向量

如果样本恰好可以被超平面分开，那么事实上存在无数个可以划分样本的超平面，如图3-5所示。这是因为将超平面进行足够细微的调整时，划分结果可以不发生变化。

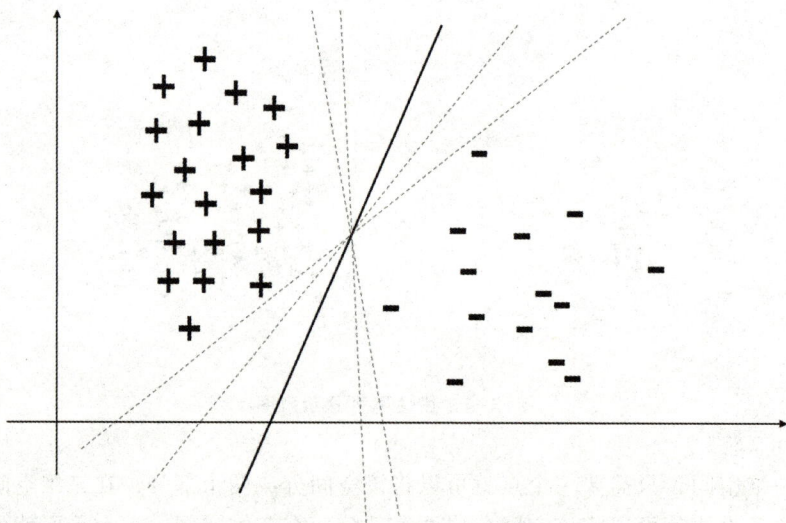

图3-5 超平面分割示意图

那么，我们就必须在这些超平面中找到一个最佳的超平面。一个自然的想法是，当这个超平面与它最近的样本点的距离最大时，这个超平面对于样本分类的容错性是最高的，因此我们认为这个超平面是最佳的（如图3-6所示）。基于这个想法，我们可以依据 $\vec{\omega}$ 来计算最近的样本点与该超平面的距离并得到两个异类支持向量到超平面的距离之和。距离超平面最近的几个点被称为"支持向量"，支持向量机的名字由此而来。支持向量机就是要找到与支持向量的距离之和最大的超平面。两个异类支持向量到超平面的距离之和被称为"间隔"，表达式为：

$$\gamma = \frac{2}{||\boldsymbol{\omega}||}$$

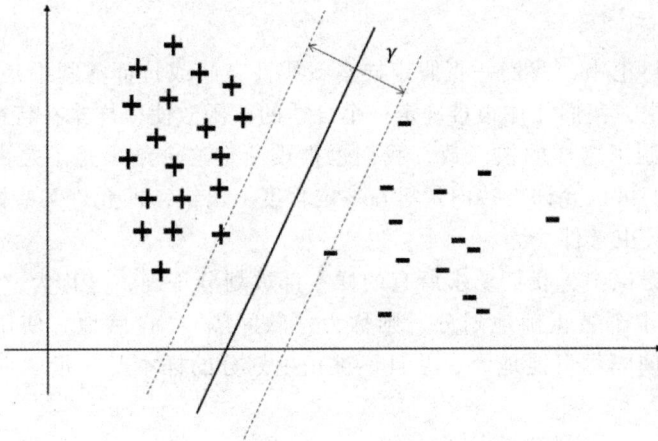

图3-6　最佳超平面

我们的优化目标就是找到最大的间隔，并且需要满足约束条件：

$$\max_{\omega,\,b} \frac{2}{||\boldsymbol{\omega}||} \tag{3-3}$$

$$s.t.\ y_i\left(\boldsymbol{\omega}^T\boldsymbol{x}_i + b\right) > 0$$

根据式（3-3），可以使用拉格朗日乘子法并结合KKT条件得到最优解。

事实上，从上述过程我们可以看出，这个平面的确定仅仅依赖于距离这些超平面很近的一些样本点，即支持向量。也就是说，距离超平面较远的点对于该超平面的确定的影响非常有限，所以该方法对于总体的样本数据来说是很稳健的。

4.核函数

支持向量机的一个重要创新是核技巧（kernel trick），即许多机器学习的算法公式都可以写成样本间点积的形式。例如，支持向量机中的线性函数可以重写为：

$$\boldsymbol{\omega}^T X + b = b + \sum_i \alpha_i \boldsymbol{x}^T x^{(i)}$$

其中：$x^{(i)}$ 是训练样本；$\boldsymbol{\alpha}$ 是系数向量。在样本维数较大时，这可以大幅减少计算量。

前文我们讨论的是样本在原来的线性空间中为线性可分的情况。然而，实际情况往往不是这样的。当样本点在低维空间中为线性不可分的时候，我们可以考虑将它映射到高维线性空间，使它在高维空间中线性可分。所以，我们首先需要将样本点从低维空间映射到高维空间。

设 H 为特征空间，如果存在一个从 χ 到 H 的映射

$$\phi(x): \chi \to H$$

此时，假设我们已经得到了该映射，现在我们面临的问题是如何简化计算。

若存在使得对于所有的 $x, y \in \chi$ 的函数 $K(x, y)$ 满足：

$$K(x, y) = \phi(x) \cdot \phi(y)$$

则称 $K(x, y)$ 为核函数（kernal function）。核函数是用来计算样本被映射到高维空间之后的内积的一种简便方法。

5.软间隔

在前面的讨论中，我们一直假定样本在线性空间或特征空间中是线性可分的。然而，在现实中，我们往往很难确定一个合适的核函数使得样本在特征空间中线性可分，即使找到了这样的核函数，我们也很难断定这个结果是不是由过拟合造成的。所以，我们可以允许支持向量机在一定程度上出错，即允许某些样本不满足该支持向量机的约束条件。

在前面的讨论中，我们要求所有的样本都被划分正确，这称为"硬间隔"；而允许少部分样本不被正确地划分，则称为"软间隔"。自然地，使用软间隔方法时，仍然要求间隔尽可能地大，并且不被正确划分的样本要尽量"少"（如图3-7所示）。

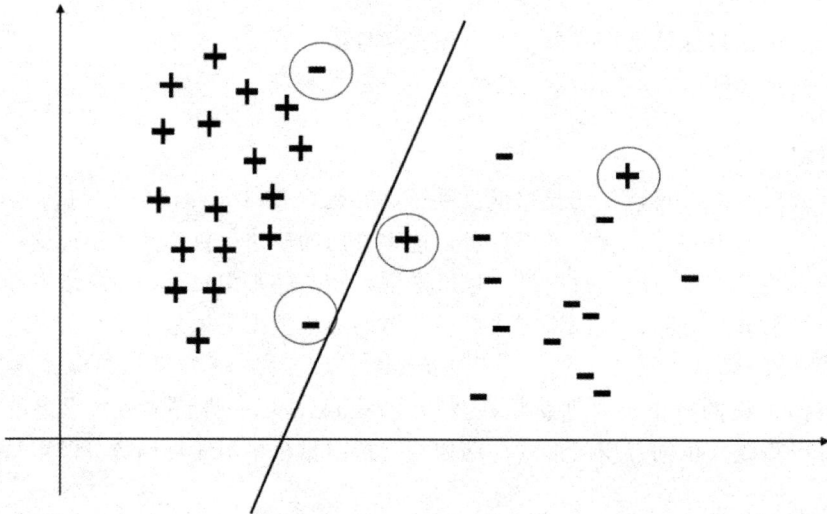

图3-7 软间隔示意图

注：图中用圆圈圈出的样本点即为不被正确划分的样本点。

由于增加了不被正确划分的样本要尽量少的约束条件，我们的优化目标需要做出改变。由此，我们引入一种常用的损失函数，即 Hinge 损失函数，其标准形式

如下：

$$l_{hinge}(z) = max(0, 1 - z)$$

以 Hinge 损失函数为例，使用拉格朗日乘子法，此时的优化目标应该为：

$$\min_{\omega} \frac{1}{2}||\omega||^2 + C\sum_i max[0, 1 - y_i(\vec{\omega}x_i)]$$

其中：$\min_{\omega}\frac{1}{2}||\omega||^2$ 为需要优化的损失；C 为正则项；$max[0, 1 - y_i(\vec{\omega}x_i)]$ 为惩罚项。

6.SVM 的代码实现

使用 Python 时，可以直接调用 Sklearn 来实现该算法（如图 3-8 所示）。

```
from sklearn import svm
model = svm.svc(kernel='linear', c=1, gamma=1)
model.fit(X, y)
model.score(X, y)
#Predict Output
predicted= model.predict(x_test)
```

图 3-8　Sklearn 代码输入

其中，图 3-9 中的参数可以根据需要调整。

```
sklearn.svm.SVC(C=1.0, kernel='rbf', degree=3, gamma=0.0, coef0=0.0, shrinking=True,
probability=False,tol=0.001, cache_size=200, class_weight=None, verbose=False, max_iter=-1,
random_state=None)
```

图 3-9　可调整的参数

3.1.4　KNN

通过前面的学习，我们知道，可以使用基于条件概率的贝叶斯分类方法来对数据进行分类，但事实上我们可能并没有办法得知这个条件概率，所以难以使用贝叶斯分类方法。关于分类问题，一个简单的想法是，对于一个样本点来说，它的归类自然地受到距离它很近的一部分样本点的影响。如果一个样本点周围的大部分样本点都被分到某一类中，那么我们自然地认为这个点很可能也应该被分到这个类中。由此，基于贝叶斯分类方法，有了一种新的分类方法：k 近邻分类法。

k 近邻分类法也叫 KNN（k-nearest neighbors）法，其核心思想是：每个样本都可以用与它最接近的 k 个邻居来代表，如果这 k 个样本中的大多数属于某一个类别，那么我们就认为这个样本也属于这一类。该算法的应用场景有字符识别、文本分类、图像识别等。

该算法的主要步骤是：

① 确定一个正整数 k。

② 对于一个新的样本点 x_0，计算它与原有样本集中所有样本点的距离。

③ 选出距离它最近的 k 个样本点，它们组成集合 N_0。

④ 计算概率：

$$P\left(Y = j|X = \boldsymbol{x}_0\right) = \frac{1}{k} \sum_{i \in N_0} I\left(y_i = j\right) \tag{3-4}$$

其中：

$$I\left(y_i = j\right) = \begin{cases} 1, & \text{if } y_i = j \\ 0, & \text{if } y_i \neq j \end{cases}$$

⑤ 选取 j，使得式（3-4）中的条件概率最大，则该样本点应该被分到 j 类别中。

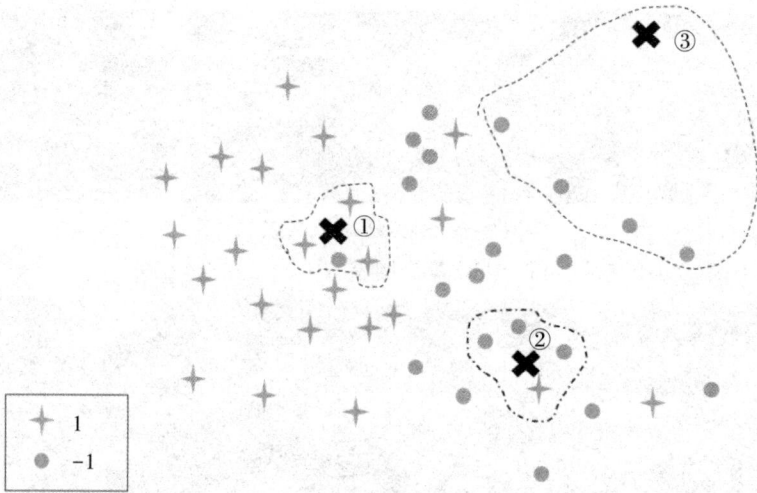

图3-10　k近邻分类法示意图

如图3-10所示，对于点①：

$$P\left(y_1 = 1|X = \boldsymbol{x}_1\right) = \frac{3}{4} > P\left(y_1 = -1|X = \boldsymbol{x}_1\right) = \frac{1}{4}$$

所以，选取"1"作为它的类别。同理，可以得到点②和点③应该都属于"-1"类别。

KNN法的主要优点在于：当样本维数和容量都比较小时，该算法简单且快捷；当训练集中不同分类的样本点重叠较多时，用该算法十分合适。

KNN法在进行分类时也有不足之处：首先，当样本不平衡时，即一个类的样本容量明显大于另一个类时，有可能导致当输入一个新样本时，该样本的 k 个邻居中大容量类的样本始终占多数。此时，可以采用权值的方法（和该样本距离小的邻居的权值大）来改进。其次，当样本容量或样本的维数很大时，该算法所需要的运行时间很长。除此之外，如何确定 k 值也是一个问题。

3.1.5　AdaBoost算法

在数据挖掘中，分类算法是一种核心算法，其中 AdaBoost 算法与随机森林算法属于分类算法中的集成算法。集成的含义就是集思广益、博采众长。集成算法通常有两种方式：投票选举（bagging）和再学习（boosting）。bagging的场景类似于把专家召集到一张会议桌前，在做决定时，让k个专家（k个模型）分别进行分类，然后选择出现次数最多的那个类作为最终的分类结果。boosting相当于把k个专家（k个分类器）进行加权，产生更高级的专家（强分类器），让这个更厉害的专家进行分类。

很明显，投票选举和再学习还是有区别的。boosting的含义是提升，它的作用是在每一次训练的时候都对上一次的训练进行改进提升，在训练的过程中这k个专家之间是有依赖性的，引入第k个专家（第k个分类器）实际上是对前$k-1$个专家的优化。而bagging在做投票选举的时候可以并行计算，也就是k个专家（k个模型）在做判断的时候是相互独立的，不存在依赖性。

1.AdaBoost的原理

了解了集成算法的两种方式之后，下面着重介绍AdaBoost算法。AdaBoost的英文全称是Adaptive Boosting，中文含义是自适应提升算法。它由Freund等人于1995年提出，是对Boosting算法的一种实现。Adaptive Boosting算法通过训练多个弱分类器来组合形成一个强分类器，正所谓"三个臭皮匠，顶个诸葛亮"。这么做是因为弱分类器好训练。因此，要打造一个强分类器，最好的方式就是训练多个弱分类器，然后把这些弱分类器组合起来，这样往往可以得到很好的效果。这其实就是Boosting算法的原理。

假设弱分类器为$G_i(x)$，它在强分类器中的权重为α_i，那么可以得出强分类器$f(x)$：

$$f(x) = \sum_{i=1}^{n} \alpha_i G_i(x)$$

基于这个公式，为了求解强分类器，我们需要关注两个问题：一是如何得到弱分类器？也就是，在每次迭代训练的过程中，如何得到最优弱分类器？二是每个弱分类器在强分类器中的权重是如何计算的？

我们先研究第二个问题。实际上，在一个由k个弱分类器中组成的强分类器中，如果弱分类器的分类效果好，那么其权重应该提高，如果弱分类器的分类效果一般，那么其权重应该降低。所以，我们需要基于弱分类器对样本的分类错误率来决定它的权重，用公式表示就是：

$$\alpha_i = \frac{1}{2} ln \frac{1 - e_i}{e_i}$$

其中：e_i代表第i个分类器的分类错误率。

我们再分析第一个问题。实际上，AdaBoost算法是通过改变样本的数据分布来实现的。AdaBoost会对正确分类的样本降低权重，对错误分类的样本提高权重。然后，根据上一次训练的准确率，确定本次训练的每个样本的权重，再将新的权重传递给下一层的分类器训练。如此，通过每一轮训练的动态权重，让训练聚焦于难分类的样本，最终实现更高的分类准确率。我们可以用 D_{k+1} 代表第 $k+1$ 轮训练中样本的权重集合，其中 $W_{k+1,1}$ 代表第 $k+1$ 轮中第 1 个样本的权重，以此类推，$W_{k+1,N}$ 代表第 $k+1$ 轮中第 N 个样本的权重，因此 D_{k+1} 可用公式表示为：

$$D_{k+1} = (w_{k+1,1}, \ w_{k+1,2}, \ \cdots, \ w_{K+1,N})$$

第 $k+1$ 轮中的样本权重，根据该样本在第 k 轮的权重以及第 k 个分类器的准确率而定，具体的公式为：

$$w_{k+1,i} = \frac{w_{k,i}}{Z_k} exp\left[- \alpha_k y_i G_k(x_i) \right] \quad i = 1, \ 2, \ \cdots, \ N$$

其中：$Z_k = \sum_{i=1}^{n} w_{k,i} exp\left[-\alpha_k y_i G_k(x_i) \right]$，为规范化因子，使得 D_{k+1} 成为一个概率分布。

2.AdaBoost算法示例

下面通过一个简单的数学例子来演示 Adaboost 的使用。假设我们有 10 个训练样本，见表 3-5。

表 3-5　　　　　　　　　　　　　　　　训练样本

X	0	1	2	3	4	5	6	7	8	9
Y	1	1	1	-1	-1	-1	1	1	1	-1

现在我们希望通过 AdaBoost 构建一个强分类器。

按照上面介绍的 AdaBoost 的原理进行计算。首先，在第一轮训练中，我们得到 10 个样本的权重都为 1/10，即初始的 10 个样本的权重一致，D_1=（0.1，0.1，0.1，0.1，0.1，0.1，0.1，0.1，0.1，0.1）。假设我们有 3 个基础分类器：

$$f_1(x) = \begin{cases} 1, & x \leqslant 2.5 \\ -1, & x > 2.5 \end{cases}$$

$$f_2(x) = \begin{cases} -1, & x \leqslant 5.5 \\ 1, & x > 5.5 \end{cases}$$

$$f_3(x) = \begin{cases} 1, & x \leqslant 8.5 \\ -1, & x > 8.5 \end{cases}$$

我们可以知道分类器 f_1 的错误率为 0.3，也就是 x 取值 6、7、8 时分类错误；分类器 f_2 的错误率为 0.4，即 x 取值 0、1、2、9 时分类错误；分类器 f_3 的错误率为 0.3，即 x 取值为 3、4、5 时分类错误。

这 3 个分类器中，f_1、f_3 分类器的错误率最低，因此我们选择 f_1 或 f_3 作为最优分类器。假设我们选 f_1 分类器作为最优分类器，则第一轮训练得到：

$$G_1(x) = \begin{cases} 1, & x \leqslant 2.5 \\ -1, & x > 2.5 \end{cases}$$

根据分类器权重公式得到：

$$\alpha_1 = 0.4236$$

然后，我们对下一轮的样本更新权重值，代入 $W_{k+1,i}$ 和 D_{k+1} 的计算公式，可以得到新的权重：D_2=（0.0715，0.0715，0.0715，0.0715，0.0715，0.0715，0.1666，0.1666，0.1666，0.0715）。在第二轮训练中，我们继续统计 3 个分类器的准确率。

可以得到，分类器f_1的错误率为0.4998（0.1666×3），也就是x取值为6、7、8时分类错误。分类器f_2的错误率为0.286（0.0715×4），即x取值为0、1、2、9时分类错误。分类器f_3的错误率为0.2145（0.0715×3），即x取值3、4、5时分类错误。在这3个分类器中，f_3分类器的错误率最低，因此我们选择f_3作为第二轮训练的最优分类器，即：

$$G_2(x) = \begin{cases} 1, & x \leqslant 8.5 \\ -1, & x > 8.5 \end{cases}$$

根据分类器权重公式得到：

$\alpha_2 = 0.6496$

同样，我们对下一轮的样本更新权重值，代入$W_{k+1,\ i}$和D_{k+1}的计算公式，可以得到$D_3 =$（0.0455，0.0455，0.0455，0.1667，0.1667，0.01667，0.1060，0.1060，0.1060，0.0455）。在第三轮训练中，我们继续统计3个分类器的准确率。可以得到，分类器f_1的错误率为0.318（0.1060×3），也就是x取值6、7、8时分类错误。分类器f_2的错误率为0.182（0.0455×4），即x取值为0、1、2、9时分类错误。分类器f_3的错误率为0.5001（0.1667×3），即x取值3、4、5时分类错误。

在这3个分类器中，f_2分类器的错误率最低，因此我们选择f_2作为第三轮训练的最优分类器，即：

$$G_3(x) = \begin{cases} -1, & x \leqslant 5.5 \\ 1, & x > 5.5 \end{cases}$$

根据分类器权重公式得到：

$\alpha_3 = 0.7514$

假设我们只进行3轮训练，选择3个弱分类器组合成1个强分类器，那么最终的强分类器$G(x) = 0.4236G_1(x) + 0.6496G_2(x) + 0.7514G_3(x)$。

以上便是AdaBoost算法的一个示例。AdaBoost就是一种集成算法，通过训练不同的弱分类器，将这些弱分类器集成得到一个强分类器。AdaBoost在每一轮的训练中都会加入一个新的弱分类器，直到达到足够低的错误率或者达到指定的最大迭代次数为止。在弱分类器的集合中，我们无须担心弱分类器效果不好。事实上，它只需要比随机猜测的效果略好一些即可。如果随机猜测的准确率是50%的话，那么每个弱分类器的准确率只要大于50%就可以使用。AdaBoost的强大之处在于利用迭代训练的机制得到一个强分类器。

3.1.6　CART算法

CART的全称为classification and regression tree，即分类与回归树。CART只支持二叉树，同时它比较特殊，既可以作分类树，又可以作回归树。

首先需要了解的是：什么是分类树，什么是回归树？举个例子，我们在生活中会看到从事不同职业的人，他们年龄不同，学习时间也不同。如果我们构造一棵决策树，想要基于数据判断这个人的职业，这就属于分类树，因为是从几个分类中做选择。如果给定了数据，想要预测这个人的年龄，那就属于回归树。

分类树可以处理离散型数据，也就是种类有限的数据，它输出的是样本的类别，而回归树可以预测连续型数值，也就是数据在某个区间内都有取值的可能，它输出的是一个数值。

CART分类树的工作流程引入了纯度的概念。在属性选择上，我们通过统计"不确定度"来做判断，采用基尼系数作为指标。

基尼系数本身反应了样本的不确定度。基尼系数越小，说明样本之间的差异性越小，不确定度越低。分类的过程本身是一个降低不确定度即提升纯度的过程。所以，使用CART算法构造分类树的时候，会选择基尼系数最小的属性。

1.基尼系数

假设t为节点，那么该节点的基尼系数的计算公式为：

$$GINI(t) = 1 - \sum_k [\, p(C_k|t)\,]^2$$

这里$p(C_k|t)$表示节点t属于类别C_k的概率，节点t的基尼系数为1减去t属于各类别概率的平方和。下面通过一个具体的例子来计算两个集合的基尼系数分别为多少。

集合1：6人打篮球。

集合2：3人打篮球，3人不打篮球。

对于集合1，所有人都去打篮球，所以$p(C_k|t)=1$，因此$GINI(t)=1-1=0$。对于集合2，有一半人去打篮球，而另一半不去打篮球，所以$p(C_1|t)=0.5$，$p(C_2|t)=0.5$，$GINI(t)=1-(0.5^2+0.5^2)=0.5$。

由此可以看出，集合1的基尼系数更小，说明集合1的样本更稳定，而集合2的样本更不稳定。

在CART算法中，基于基尼系数对特征属性进行二元分裂。假设属性A将节点D划分成了D_1和D_2，如图3-11所示。

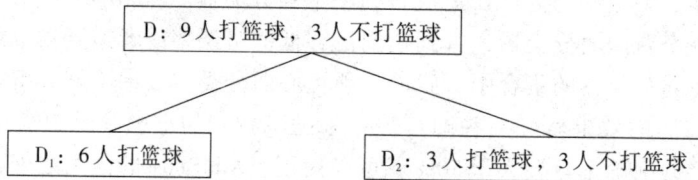

图3-11 二元分裂示意图

节点D的基尼系数等于子节点D_1和D_2的归一化基尼系数之和，用公式表示为：

$$GINI(D, A) = \frac{D_1}{D} GINI(D_1) + \frac{D_2}{D} GINI(D_2)$$

上面我们已经计算了集合D_1和集合D_2的基尼系数，有：

$GINI(D_1) = 0$，$GINI(D_2) = 0.5$

所以，在属性A的划分下，节点D的基尼系数为：

$GINI(D, A) = 0.25$

节点 D 被属性 A 划分后的基尼系数越大，说明样本集合的不确定度越高，纯度越低。

由此可知，我们需要对样本进行不同的划分，计算每个集合的基尼系数，找到基尼系数最小的集合，便找到了最优的划分方法。

2.使用CART算法创建分类树

通过上面的讲解我们可以知道，CART分类树实际上是基于基尼系数来做属性划分的。在 Python 的 Sklearn 中，如果我们想要创建 CART 分类树，就可以直接使用DecisionTreeClassifier这个类。创建这个类的时候，默认 criterion 这个参数等于 gini，也就是按照基尼系数来选择属性划分，即默认采用的是 CART 分类树。下面我们通过 Python，用 CART 分类树给 iris 数据集构造一棵分类树。其代码如图3-12所示。

```
from sklearn.model_selection import train_test_split
from sklearn.metrics import accuracy_score
from sklearn.tree import DecisionTreeClassifier
from sklearn.datasets import load_iris
iris=load_iris()  # 准备数据集
# 获取特征集和分类标识
features = iris.data
labels = iris.target
# 随机抽取33%的数据作为测试集，其余为训练集
train_features, test_features, train_labels, test_labels = train_test_split(
    features, labels, test_size=0.33, random_state=0)
clf = DecisionTreeClassifier(criterion='gini')  # 创建CART分类树
clf = clf.fit(train_features, train_labels)  # 拟合构造CART分类树
test_predict = clf.predict(test_features)  # 用CART分类树做预测
score = accuracy_score(test_labels, test_predict)  # 预测结果与测试集结果相比对
print("CART分类树准确率 %.4lf" % score)
```

图3-12 构造CART分类树代码

我们会得到如下结果：

CART分类树准确率0.9600。

以下为对代码的解读：

① train_test_split 可以帮助我们从数据集中抽取一部分作为测试集，这样我们就可以得到训练集和测试集。

② 使用 clf = DecisionTreeClassifier（criterion='gini'）初始化一棵 CART 分类树，这样就可以对 CART 分类树进行训练。

③ 使用 clf.fit（train_features, train_labels）函数将训练集的特征值和分类标识作为参数进行拟合，可以得到 CART 分类树。

④ 使用 clf.predict（test_features）函数进行预测，传入测试集的特征值，可以得到测试结果 test_predict。

⑤ 使用 accuracy_score（test_labels, test_predict）函数，传入测试集的预测结果与实际的结果作为参数，可以得到准确率 score。

可见，Python 的 Sklearn 模块针对 CART 分类树封装了许多预处理函数，使用起来非常方便。

3.CART 决策树的剪枝

CART 决策树的剪枝主要采用 CCP 方法，它是一种后剪枝的方法。CCP 的英文全称为 cost-complexity prune，中文意思为代价复杂度。这种剪枝方法采用节点的表面误差率增益值这一指标定义剪枝前后的误差，用公式表示如下：

$$\alpha = \frac{C(t) - C(T_t)}{|T_t| - 1}$$

其中：T_t 代表以 t 为根节点的子树；$C(T_t)$ 表示节点 t 的子树没被剪枝时子树 T_t 的误差；$C(t)$ 表示节点 t 的子树被剪枝后节点 t 的误差；$|T_t|$ 代表子树 T_t 的叶子数，剪枝后，T_t 的叶子数减少了 $|T_t|-1$。

所以，节点的表面误差率增益值等于节点 t 的子树被剪枝后的误差变化除以剪掉的叶子数量。

因为我们希望剪枝前后误差最小，所以我们要寻找的就是最小的 α 值对应的节点，然后把它剪掉。这时候生成了第一个子树。重复上面的过程，继续剪枝，直到最后只剩下根节点，即为最后一个子树。

得到剪枝后的子树集合后，我们要用验证集对所有子树的误差进行计算。我们可以通过计算每个子树的基尼系数或者平方误差，取误差最小的那个子树，得到想要的结果。

3.2 聚类算法

3.2.1 聚类算法概述

1.什么是聚类

聚类是进行无标签数据探索的重要工具，是无监督学习的一种常用方法。在了解什么是聚类前，我们需要先了解什么是无监督学习。无监督学习与监督学习是相对应的。例如，监督学习是在浏览了很多人像后，学习到了不同年龄段人们的特征，于是在看到新的人像时，就可以识别出这个人所处的年龄段；而无监督学习就是看了很多人像后，发现有一类人脸上有皱纹，头发大多是白色，有肌肉萎缩的情况，于是认为这可能是老人。简单来说，监督学习就是老师教知识，学生学会举一反三；无监督学习就是学生从大量的数据中自己总结知识，自学成才。

如果要对一群哺乳动物进行比较，我们可以通过一些判断特征，比如肢体、嘴巴、毛发等，来划分动物的种类。根据判断特征之间的差距大小我们可以将这些哺乳动物分类，划分出某一类为猴、某一类为狗等，这就是聚类。在认识客观世界的过程中，人类并不选择通过认识每一个客观事物个体的方式来进行学习，因为这样的学习量是人类所无法承受的。因此，取而代之的是，人类选择使用分类与归纳的方式来认识世界。从定义上讲，聚类就是针对大量数据，根据数据本身的特性研究分类方法，并遵循这个分类方法对数据进行合理的分类，最终将相似数据分为一组的过程。

对数据进行聚类分析可以简化数据，有助于发现数据的内部结构，例如可以根据在全球各地观测到的气候特征，将全球划分成不同的气候区域。聚类也可以作为后续处理环节的先导步骤，例如用户在使用搜索引擎进行信息检索时，搜索引擎通常会先对网页进行聚类，找到与当前查询内容最接近的网页在同一簇的网页数据作为结果返回给用户。

给定一组数据点，我们可以使用聚类算法将每个数据点分类到图像中的特定组中。理论上，同一组中的数据点应具有相似的属性和特征，而不同组中的数据点的属性和特征则应高度不同。在数据科学中，我们可以通过聚类分析观察使用聚类算法后这些数据点分别落入了哪个组，并从中获得一些有价值的信息。

2.聚类与分类

有观点认为聚类就是分类，其实在严格意义上，聚类与分类有很大的差异。分类是按照已定的程序模式和标准进行判断和划分。例如，我们直接规定把数据的平均值作为分类的依据，那么我们的工作就剩下了一项：判断每一个数据是否达到平均值。就是说，在进行分类之前，我们事先已经有了一套数据划分标准，只需要严格按照标准进行数据分组。

聚类则不同，我们在开始时并没有一个标准的分类依据，而是需要靠算法判断数据之间的相似性，把相似的数据放在一起，也就是说，聚类最关键的工作是探索和挖掘数据中的潜在差异和联系。

在聚类的结论出来之前，我们不知道每一类有什么特点，而是一定要根据聚类的结果，结合经验来分析，从而总结出每一类的特点。

3.2.2 常用聚类方法

在讨论常用聚类方法前，我们需要对一些概念做简要的介绍。

① 簇类：将一群样本点归于一类，例如一堆苹果，或是一群人。聚类得到的簇可以用聚类中心、簇大小、簇密度和簇描述等来表示。

② 聚类中心：一个簇中所有样本点的均值（质心）。

③ 簇大小：簇中所含样本的数量。

④ 簇密度：簇中样本点的紧密程度。

⑤ 簇描述：簇中样本的业务特征。

不同的聚类算法有不同的应用场景：有的算法适合于大数据集，可以发现任意形状的聚簇；有的算法思想简单，适用于小数据集。表3-6列出了几种常用的聚类方法和主要算法。图3-13展示了不同聚类算法在具有多种聚类形状的合成数据集上的应用比较。图中每种颜色表示不同的标签，右下角的数字表示算法运行的时间。

　　　　第3章　其他数据分析算法

表 3-6 聚类方法和主要算法

方法类别	主要算法
基于划分的聚类方法 （partition-based methods）	K-Means（K-平均）算法、K-Medoids（K-中心点）算法、CLARANS算法（基于选择的算法）
层次聚类方法 （hierarchical methods）	BIRCH（平衡迭代规约和聚类）算法、CURE（代表点聚类）算法、CHAMELEON（动态模型）算法、Ward（离差和平方）算法
基于密度的聚类方法 （density-based methods）	DBSCAN（基于高密度连接区域）算法、DENCLUE（密度分布函数）算法、OPTICS（对象排序识别）算法、MeanShift（均值漂移）算法
基于网格的聚类方法 （grid-based methods）	STING（统计信息网络）算法、CLIOUE（聚类高维空间）算法、WAVE-CLUSTER（小波变换）算法
基于图的聚类方法 （graph-based methods）	Affinity Propagation（吸引力传播）算法、Spectral Clustering（谱聚类）算法
基于模型的聚类方法 （model-based methods）	Gaussian Mixture（高斯混合）模型算法、Neural Network（神经网络）模型算法

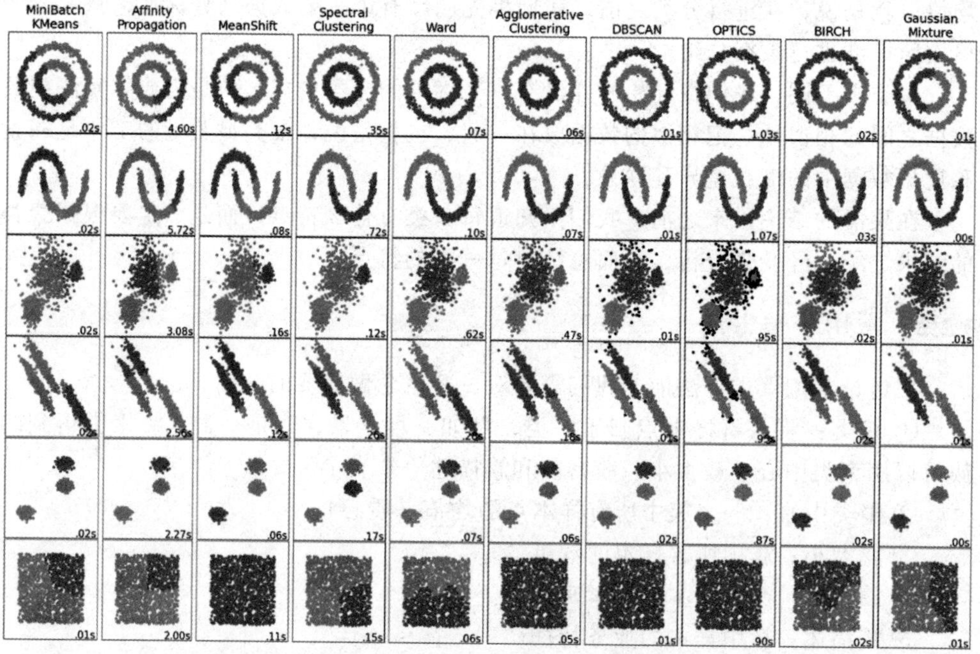

图 3-13 一些算法在不同类型样本中的应用

资料来源：ANON. 2.3. Clustering［EB/OL］.［2022-11-22］. https：//scikit-learn.org/stable/modules/clustering.html.

1.基于划分的聚类方法

基于划分的聚类方法的基本路径可以概括为自顶向下。自顶向下的核心思想是：先将所有的样本置于一个簇中，该簇是层次结构的根；然后，将根上的簇划分为多个较小的子簇，并且递归地把这次簇划分成更小的簇，直到满足终止条件。例如，将所有水果看作完整的一大堆水果，再通过各种方法将其拆分成不同小堆的水果。

基于划分的聚类方法需要事先指定簇类的数目或者聚类中心，反复迭代，直至最后达到"簇内的点足够近，簇间的点足够远"的目标。

2.层次聚类方法

层次聚类方法是指以层为单位对数据集进行分解，按照层次把数据划分到不同的簇，从而形成一个树形的聚类结构的方法。层次聚类方法可以揭示数据的分层结构，根据层次分解的顺序，它可以分为自底向上法和自顶向下法。

（1）自底向上法

自底向上法的思想是将每个对象作为一个簇，然后根据某些准则将这些簇一步步地合并。首先，将数据集中每一个数据样本作为一个簇，计算不同数据样本之间的距离，并且依次将距离最近的数据合并到同一个簇。然后，计算簇与簇之间的距离（距离矩阵），将距离最近的簇合并为一个新的簇。重复上述步骤，直到所有的数据成为同一个簇，或者达到某个终止条件为止。以水果为例，先将每个水果看作一小堆，再通过合并小的水果堆获得一大堆水果。

计算两个簇之间的距离，常用的方法有最短距离法、类平均法、离差平方和法等。其中，最短距离法是将不同簇中两个距离最近的样本的距离作为两个簇的距离。自底向上法的代表算法是 AGNES（Agglomerative Nesting）算法。

（2）自顶向下法

如上文所述，自顶向下法的思想是将所有对象作为一个簇，然后根据某些准则对这些簇一步步地分割。该方法先将所有样本看作同一个簇，再将这个包含所有数据的簇通过一些方法或规则进行拆分，直到最终每个数据对象都在不同的簇中，或者达到某个终止条件为止。自顶向下法的代表算法是 DIANA（Divisive Analysis）算法。

层次聚类算法的主要优点包括：距离和规则的相似度容易定义，限制少；不需要预先制定簇的个数；可以发现簇的层次关系。

层次聚类算法的主要缺点包括：计算复杂度高；异常值能产生很大影响；算法很可能聚类成链状等。

3.基于密度的聚类方法

基于密度的聚类方法利用密度思想将样本中的高密度区域（样本点分布稠密的区域）的分布作为划分簇的依据，将簇看作样本空间中被稀疏区域（噪声）分隔开的稠密区域。以水果为例，同样是分一堆水果，基于密度的聚类方法考虑了水果在地上的密度。基于划分的聚类方法和层次聚类方法的聚类结果在样本空间上进行可视化后获得的簇的图案通常是球状的，而基于密度的聚类算法的优点在于，它的结果在样本空间上进行可视化后获得的簇可以是任意形状的。

基于密度的聚类方法是从数据对象分布区域的密度着手的。如果给定类中的数据对象在给定的范围内，则数据对象的密度超过某一阈值就继续聚类。这种方法通过连接密度较大的区域能够形成不同形状的簇，而且可以消除孤立点和噪声对聚类质量的影响，以及发现任意形状的簇。

4.基于网格的聚类方法

基于网格的聚类方法将空间量化为有限数目的单元，形成一个网格结构，所有聚类都在网格上进行。以一堆水果为例，基于网格的聚类方法相当于先在地上画出网格，将格子里的水果看作一类，再用网格进行聚类。其基本思想就是先划分网格，再统计网格内的数据信息并以此作为使网格单元相连的依据，最后将相连的单元输出为簇。

基于网格的聚类方法的主要优点是处理速度快，其处理时间独立于数据对象个数，而仅依赖于量化空间中的每一维的单元数。这类算法的缺点是只能发现边界是水平或垂直的簇，而不能检测到斜边界。另外，在处理高维数据时，网格单元的数目会随着属性维数的增长而呈现指数级增长。

5.基于图的聚类方法

基于图的聚类方法源于图划分理论，是近年来较为流行的聚类算法。这里的图指的不是图片，而是顶点+边构成的图。这类算法的核心是将聚类问题看成图分割问题，并求解图分割这个NP困难问题（NP-hard problem，即需要超多项式时间才能求解的问题）。其核心思想为，在原始数据图中用相似性矩阵衡量边，从数据点之间的相似性得出聚类的结果。以一堆水果为例，基于图的聚类方法先建立一个带权重的无向图，以图的节点代表水果，以图的边代表水果间的距离，构成一个权重矩阵，并对图进行切割，让不同的子图间的边权重和尽可能地小，而子图内的边权重和尽可能地大，从而达到聚类的目的。

基于图的聚类方法对数据分布的适应性更强，聚类效果优秀，聚类的计算量也小很多，实现起来并不复杂，因此近几年越来越受欢迎。

6.基于模型的聚类方法

基于模型的聚类方法是尝试优化数据集和某些数学模型之间相似程度的方法，主要包括基于概率模型的方法和基于神经网络模型的方法，尤其以基于概率模型的方法居多。基于概率模型的方法是给每一个簇假定一个模型，然后在数据集中寻找可以满足这个模型的簇。假定的模型可以是代表数据对象空间分布情况的密度函数或者其他函数。这种方法的基本原理是假定目标数据集是由一系列潜在的概率分布决定的，并以此为依据进行划分。以一堆水果为例，基于概率模型的聚类方法就是先假定这堆水果是符合某种概率分布的，再通过数学的方法调整分布的参数，使模型与那堆水果的真实分布拟合。

在基于模型的聚类方法中，簇的数目是基于标准的统计数字自动决定的，噪声或孤立点也是通过统计数字来分析的。

3.2.3 常用聚类算法

1.K-Means算法

K-Means算法是典型的基于划分的聚类方法。在 K-Means 中，k 代表样本的类别数。以一堆水果为例，$k=2$ 就代表我们希望将手中的水果分为两类。通过这个例子，我们可以梳理 K-Means 算法的流程：

① 在空间中随机选择两个样本作为分类基准，计算、比较其他样本与它们之间的距离，这些样本离哪个分类基准近就将其归为哪一类；

② 找到这两个类别的中心，计算所有样本与中心点的距离，根据距离远近再进行分类；

③ 再次寻找新的分类中心，计算距离，重新分类；

④ 重复上述过程，直到某次分类的结果不再变化或达到最大迭代次数，我们可以对其进行命名，比如苹果和梨。

这里需要注意的是：第一，需要事先确定类别的数量；第二，需要事先确定初始的分类中心（聚类中心）。

聚类的结果可能依赖于对初始聚类中心的随机选择，同一个数据集，选择的初始聚类中心不同会导致聚类结果非常不同。在现实应用中，通常会随机选择数个初始聚类中心，多次运行 K-Means 算法，以得到更好的结果。在所有对象分配完成后，重新计算 k 个聚类中心时，对于连续数据，聚类中心取该簇的均值，在某些情况下，如果样本数据的均值没有定义（数据是分类变量），那么这时可以使用 K-众数（K-Modes）方法。

2.DBSCAN聚类

基于划分的聚类方法和层次聚类方法的聚类结果通常是球状的簇，当数据集中的聚类结果是非球状结构时，这类方法的聚类效果并不好。DBSCAN（Density-Based Spatial Clustering of Applications with Noise）是一种比较典型的基于密度的聚类方法。与基于划分的聚类方法和层次聚类方法不同，它将簇定义为密度相连的点的最大集合，能够把具有足够高密度的区域划分为簇，并可在有噪声的空间数据库中发现任意形状的聚类。

DBSCAN算法的过程如下：

① 任意选取一个点（起始点），然后找到所有与这个点的距离小于等于 ε 的点。如果与起始点的距离在 ε 之内的数据点个数小于 min_samples，那么这个点被标记为噪声；如果与起始点的距离在 ε 之内的数据点个数大于 min_samples，则这个点被标记为核心样本，并被分配一个新的簇标签。简单来说，以分水果为例，就是在一堆水果中任意选择一个，并找到与这个水果的距离在 ε 之内的所有水果，如果这类水果的总数较小，则称这个水果为噪声，如果这类水果的总数较多，则称这个水果为核心样本，并将这类水果当作新的一堆水果。

② 访问该点的所有邻居（距离在ε以内）。如果它们还没有被分配一个簇，那么就将刚刚创建的新的簇标签分配给它们。如果它们是核心样本，那么就依次访问其邻居，以此类推，簇逐渐增大，直到与簇的距离在ε内没有更多的核心样本为止。

③ 选取另一个尚未被访问过的点，并重复以上过程。

DBSCAN算法的优点在于：首先，它不需要在开始时人为设置聚类的数量。其次，即使某个数据的特征与其他数据的特征相差较大，它也会将这个数据分类，因为该算法能将异常值识别为噪声，这就意味着它可以通过输入过滤噪声的参数过滤掉异常值。最后，它对样本聚类的形状并没有特别的限制，可以找到任意大小和形状的簇。

DBSCAN算法的主要缺点是，当聚类的密度不同时，聚类效果不如其他算法。这是因为当密度变化时，用于识别邻近点的距离阈值ε和核心点的设置会随着聚类发生变化，尤其是在高维数据中，估计ε会变得更加困难。

3.2.4 Python中主要聚类算法应用

Python中与聚类相关的应用主要集中于Sklearn的使用。Sklearn中实现的聚类主要包括K-Means、Affinity Propagation、MeanShif等，见表3-7。

表3-7 Sklearn的聚类相关算法

对象名	函数功能	工具箱
K-Means	K-均值聚类	sklearn.cluster
Affinity Propagation	吸引力传播聚类	sklearn.cluster
MeanShift	均值漂移聚类	sklearn.cluster
Spectral Clustering	谱聚类，具有效果比K-均值好、速度比K-均值快等特点	sklearn.cluster
Agglomerative Clustering	层次聚类，给出一棵聚类层次树	sklearn.cluster
DBSCAN	有噪声的基于密度的聚类方法	sklearn.cluster
BIRCH	综合的层次聚类方法，可以处理大规模数据聚类	sklearn.cluster

这些算法的使用方法大同小异：基本的方法是先输入数据，利用对应的函数建立模型，并且通过 .fit() 方法来训练模型。在模型训练完成后，可以用 .label_ 方法输出样本数据的标签，或者用 .predict() 方法预测新的输入数据的标签。此外，SciPy库也提供了一个聚类子库 scipy.cluster，这里也包含某些聚类算法，如Linkage、Dendrogram等基于层次的聚类速算法。虽然SciPy库内的算法没有Sklearn中的丰富，但这些算法的函数名与功能更加贴近常用的Python生态，因此已经熟悉

Python的读者，可以尝试使用SciPy提供的聚类库，在此不予赘述。

3.3 关联分析

关联分析是在大规模数据集中寻找关联关系的任务。这些关系可以有两种形式，它们是两种递进的抽象形式，并且前者是后者的抽象基础。

一种是代表共现关系的频繁项集：频繁项集（frequent itemsets）是经常一起出现的物品的集合，它暗示了某些事物之间总是结伴或成对出现。从本质上来说，不管是因果关系还是相关关系，都是共现关系，所以从这点上来讲，频繁项集是覆盖量（coverage）这个指标的一种度量关系。

另一种是代表因果/相关关系的关联规则：关联规则（association rules）暗示两种物品之间可能存在很强的关系，它更关注的是事物之间的互相依赖和条件先验关系。它暗示了组内某些属性间不仅共现，而且存在明显的相关和因果关系。关联关系是一种更强的共现关系。所以，从这点上来讲，关联规则是准确率（accuracy）这个指标的一种度量关系。

关联规则最早是由 Rakesh Agrawal 等人在1993年提出的。1994年，他们提出了Apriori算法，至今该算法仍是关联规则挖掘（association rule mining）的重要算法。关联规则挖掘可以发现数据中项与项之间的关系，它在我们的生活中有很多应用场景，例如"购物篮分析"就是一个常见的场景。"购物篮分析"可以从消费者交易记录中挖掘不同商品之间的关联关系，通过修改销售方式或推荐方式实现更大的销售量。

3.3.1 关联规则中的相关概念

我们通过一个例子来介绍。

假定现在要去超市购物，表3-8列出了几名顾客要购买的商品。

表 3-8   商品列表

订单编号	购买的商品
①	牛奶、面包、纸尿裤
②	可乐、面包、纸尿裤、啤酒
③	牛奶、纸尿裤、啤酒、鸡蛋
④	面包、牛奶、纸尿裤、啤酒
⑤	面包、牛奶、纸尿裤、可乐

1.支持度

支持度指的是某个商品或商品组合出现的次数与总次数之间的比例。支持度越高，代表这个组合出现的频率越高。在这个例子中，我们能看到"牛奶"出现了4次，那么这5笔订单中"牛奶"的支持度就是4/5=0.8。同样"牛奶+面包"出现了

3次，那么这5笔订单中"牛奶+面包"的支持度就是3/5=0.6。

2.置信度

置信度指的是当顾客购买了商品A，会有多大的概率购买商品B。在上面的例子中，置信度（牛奶→啤酒）代表如果顾客购买了牛奶，有多大的概率会购买啤酒，置信度（啤酒→牛奶）代表如果顾客购买了啤酒，有多大的概率会购买牛奶。

同时，我们能看到，在4次购买牛奶的情况下，有2次购买啤酒，所以置信度（牛奶→啤酒）=0.5，而在3次购买啤酒的情况下，有2次购买牛奶，所以置信度（啤酒→牛奶）=0.67。也就是说，置信度是一个条件概率，表示在A发生的条件下，B发生的概率是多少。

3.提升度

我们在做商品推荐的时候重点考虑的是提升度，因为提升度代表"商品A的出现对商品B的出现概率的提升程度"。

还是看上面的例子：单纯来看，置信度（可乐→尿布）=1，也就是说，顾客购买可乐的时候，都会购买纸尿裤，那么当顾客购买可乐的时候，我们需要推荐纸尿裤吗？实际上，就算顾客不购买可乐，也会直接购买纸尿裤，所以用户是否购买可乐对纸尿裤销量的提升作用并不大。

我们可以用下面的公式来计算商品A对商品B的提升度：

提升度（A→B）= 置信度（A→B）/ 支持度（B）

这个公式衡量A出现的情况下，是否会对B出现的概率有所提升，所以提升度有3种可能：

提升度（A→B）> 1：代表概率有提升。

提升度（A→B）= 1：代表概率既没有提升，也没有下降。

提升度（A→B）< 1：代表概率有下降。

3.3.2 Apriori算法的原理

了解关联规则中支持度、置信度和提升度这几个重要概念后，我们根据一个实践过程来演示Apriori算法是如何工作的。首先，我们把上面案例中的商品用ID来代表，将牛奶、面包、纸尿裤、可乐、啤酒、鸡蛋的商品ID分别设置为1～6，则表3-8可以变为表3-9。

表3-9　　　　　　　　　　　商品ID列表

订单编号	购买的商品
①	1、2、3
②	4、2、3、5
③	1、3、5、6
④	2、1、3、5
⑤	2、1、3、4

Apriori算法其实就是查找频繁项集的过程。频繁项集是支持度大于等于最小支持度（min support）阈值的项集，而小于最小支持度的项集就是非频繁项集。项集既可以是单个的商品，也可以是商品的组合。

我们再来看下面的例子。我们随机指定最小支持度是0.5。首先，我们计算单个商品的支持度，也就是得到$k=1$的支持度，见表3-10。

表3-10　　　　　　　　　　　　　　　　$k=1$的支持度

商品项集	支持度
1	4/5
2	4/5
3	5/5
4	2/5
5	3/5
6	1/5

因为最小支持度是0.5，而商品项集4、6的支持度小于0.5，所以它们不属于频繁项集。于是得到经过筛选的频繁项集，见表3-11。

表3-11　　　　　　　　　　　　　　　经过初筛的频繁项集

商品项集	支持度
1	4/5
2	4/5
3	5/5
5	3/5

在这个基础上，我们将商品两两组合，得到$k=2$的支持度，见表3-12。

表3-12　　　　　　　　　　　　　　　　$k=2$的支持度

商品项集	支持度
1、2	3/5
1、3	1/5
1、5	2/5
2、3	4/5
2、5	2/5
3、5	3/5

我们再筛掉小于最小支持度的商品项集，可以得到表3-13。

表3-13　　　　　　　　　　　经过二次筛选的频繁项集

商品项集	支持度
1、2	3/5
1、3	4/5
2、3	4/5
3、5	3/5

我们再将商品进行$k=3$的组合，可以得到表3-14。

表3-14　　　　　　　　　　　$k=3$的支持度

商品项集	支持度
1、2、3	3/5
1、3、5	2/5
2、3、5	2/5
1、2、5	1/5

再筛掉小于最小支持度的商品项集，可以得到表3-15。

表3-15　　　　　　　　　　　经过三次筛选的频繁项集

商品项集	支持度
1、2、3	3/5

经过上面的过程，我们可以得到$k=3$的频繁项集 |1，2，3|，也就是 |牛奶、面包、纸尿裤| 的组合。

到这里，我们通过一个具体案例模拟了一遍Apriori算法的整个流程。实际上，Apriori算法的递归流程如下：

第一步，$k=1$，计算k项集的支持度；

第二步，筛选掉小于最小支持度的项集；

第三步，如果项集为空，则对应$k-1$项集的结果为最终结果；

第四步，如果项集不为空，则$k=k+1$，重复上面第一至三步。

以上便是应用Apriori算法进行购物篮分析的一个例子。

在实际工作中，Apriori算法需要对数据集扫描多次，会消耗大量的计算时间。2000年，韩嘉炜等人提出了FP-Growth算法，它只需要扫描两次数据集即可完成关联规则挖掘。FP-Growth算法最主要的贡献就是提出了FP树和项头表，并通过FP树减少了频繁项集的存储及计算时间。当然，Apriori的改进算法除了FP-Growth算法以外，还有CBA算法、GSP算法等，这里不进行深入的介绍。

3.4 链接分析

互联网发展到现在，搜索引擎已经非常好用，用户只要输入关键词，基本上能找到匹配的内容。其实，早期的搜索引擎并不考虑网页的质量，而是按照时间顺序进行检索，用户的体验并不好，规则也容易被利用，比如，通过故意增加特定检索词的频率来提升网页在搜索引擎上的排名。受论文影响因子评价的启发，谷歌的创始人之一拉里·佩奇提出了PageRank算法，目的是从众多网页中筛选出权重高的呈现给用户。

3.4.1 PageRank的简化模型

我们先通过例子来了解PageRank是如何计算的。

假设一共有4个网页A、B、C、D，它们之间的链接信息如图3-14所示。

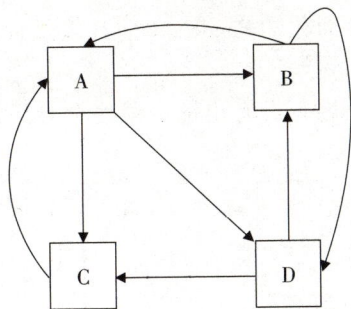

图3-14　网页之间的链接信息

这里涉及"出链"和"入链"两个概念：出链指的是链接出去的链接，入链指的是链接进来的链接。比如，图3-14中，A有2个入链、3个出链。

简单来说，一个网页的影响力可以通过所有入链集合中的页面的加权影响力求和得到，计算公式如下：

$$PR(u) = \sum_{v \in B_u} \frac{PR(v)}{L(v)}$$

其中：u为待评价的网页；B_u为网页u的入链集合；$PR(v)$为入链集合中的任意网页v自身的影响力；$L(v)$为网页v的出链数量。

也就是说，针对入链集合中的任意网页v，它能给u带来的影响力是其自身的影响力除以其出链数量，即页面v把影响力平均分配给了它的出链，这样统计所有能给u带来链接的网页v的影响力，得到的总和就是网页u的影响力，即为$PR(u)$。

所以，我们能看到，出链会给被链接的网页赋予影响力，当我们统计了一个网页链出去的数量时，也就是统计了这个网页的跳转概率。

在这个例子中，我们能看到A有3个出链，分别链接到了B、C、D上，那么当用户访问A的时候，就有跳转到B、C、D的可能性，即每次跳转的概率是1/3。B

有2个出链，链接到了A和D上，每次跳转的概率是1/2。这样，我们可以得到A、B、C、D这4个网页的转移矩阵M：

$$M = \begin{bmatrix} 0 & 1/2 & 1 & 0 \\ 1/3 & 0 & 0 & 1/2 \\ 1/3 & 0 & 0 & 1/2 \\ 1/3 & 1/2 & 0 & 0 \end{bmatrix}$$

我们假设A、B、C、D4个网页的初始影响力都是相同的，即：

$$w_0 = \begin{bmatrix} 1/4 & 1/4 & 1/4 & 1/4 \end{bmatrix}^T$$

进行第一次转移之后，各网页的影响力w_1会变为：

$$w_1 = \begin{bmatrix} 9/24 & 5/24 & 5/24 & 5/24 \end{bmatrix}^T$$

然后，我们再用转移矩阵乘以w_1得到w_2，直到第n次迭代后，得到的w_n不再发生变化，可以收敛到（0.3333，0.2222，0.2222，0.2222），这也就对应着A、B、C、D4个网页最终平衡状态下的影响力。由此可知，网页A比其他网页的权重更大，也就是PR值更高，而网页B、C、D的PR值相等。

至此，我们模拟了一个简化的PageRank的计算过程，实际情况更加复杂，可能会面临两个问题：

①等级泄露：如果一个网页没有出链，最终会导致其他网页的PR值为0，如图3-15中的C。

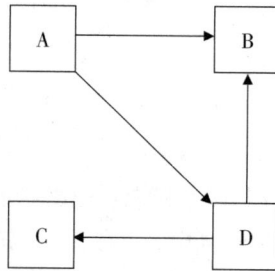

图3-15　等级泄露举例

②等级沉没：如果一个网页只有出链，没有入链（如图3-16中的C），会导致这个网页的PR值为0（也就是不存在公式中的v）。

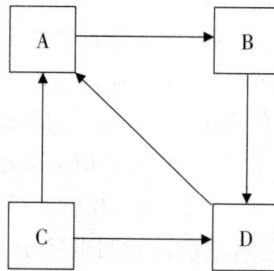

图3-16　等级沉没举例

针对等级泄露和等级沉没的情况，我们需要灵活处理。比如，针对等级泄露的情况，我们可以把没有出链的节点先从图中去掉，等计算完所有节点的PR值之后，再加上该节点进行计算。不过，这种方法会导致新的等级泄露的节点产生，所以工作量还是很大。

3.4.2 PageRank的随机浏览模型

为了同时解决简化模型中存在的等级泄露和等级沉没的问题，PageRank的随机浏览模型给出了以下假设：用户并不都是按照跳转链接的方式来上网，还有一种可能是不论当前处于哪个页面，都有概率访问到其他任意的页面，比如用户就是要直接输入网址访问其他页面，尽管这个概率比较小。

该模型定义了阻尼因子 d，它代表用户按照跳转链接来上网的概率，通常可以取一个固定值0.85，而 $1-d=0.15$ 则代表用户不是通过跳转链接的方式来访问网页的，比如直接输入网址。那么，$PR(u)$ 的计算公式如下：

$$PR(u) = \frac{1-d}{N} + d \sum_{v \in B_u} \frac{PR(v)}{L(v)}$$

其中：N 为网页总数。

这样我们就可以重新迭代计算网页的权重了，因为加入阻尼因子 d 在一定程度上解决了等级泄露和等级沉没的问题。

数学上可证明，最终 PageRank 随机浏览模型是可以收敛的，也就是可以得到一个稳定正常的 PR 值。

网页之间会形成一个网络，论文之间也存在相互引用的关系，可以说，我们所处的环境就是各种网络的集合。只要是有网络的地方，就存在出链和入链，就会有 PR 权重的计算，也就可以运用 PageRank 算法。

例如，我们可以把 PageRank 算法延展到社交网络领域。比如在微博上，如果我们想要计算某个人的影响力，该怎么做？一个人的微博粉丝数并不一定能说明他的实际影响力。按照 PageRank 算法，我们还需要看粉丝的质量如何。如果有很多大 V 关注这个人的微博，那么他的影响力一定很高。如果他的粉丝是通过购买僵尸粉得来的，那么即使粉丝再多，影响力也不会高。

同样，在工作场景中，我们怎样探究一个人在职场的影响力？如果这个人的工作关系里有任正非、马化腾这样的名人，那么他的职场影响力大概率会很高。反之，如果这个人只是一名学生，在职场上被链入的关系比较少的话，那么他的职场影响力就会比较低。

还有，如果我们想要分析一家公司的竞争能力，也可以看这家公司和哪些公司有合作。如果它的合作伙伴都是世界500强企业，那么它在行业内大概率是引领者，如果它的客户都是中小企业，即使数量比较多，它在业内的影响力也不一定大。

本章小结 ☑ ·· •

1.数据分析算法中最常见的四类分别为：分类、聚类、关联分析和链接分析。

2. 分类是训练一种分类器，让其能够对某种未知的样本进行分类。

3. C4.5中的熵主要是衡量数据混乱程度，熵越小，说明数据越纯净，而信息增益是衡量混杂度或混乱度的减少量的指标。

4. 朴素贝叶斯算法基于贝叶斯定理，贝叶斯定理则提供了由 $P(A|B)$ 转换得到 $P(B|A)$ 的方法。

5. 支持向量机可以用来解决模式识别、分类或者回归等问题。

6. KNN是一种分类算法，其核心思想是每个样本可以用与其最接近的 k 个邻居来代表，若邻居样本大多数属于某一类别，那么可以认为目标样本也属于这一类。该算法主要应用于字符识别、文本分类、图像识别等领域。

7. CART算法中的基尼系数反应了样本的不确定度。基尼系数越小，说明样本之间的差异性小，不确定度低。分类的过程是纯度提升的过程，所以CART算法会选择基尼系数最小的属性作为划分标准。

8. 聚类是无监督学习的一种常用方法，是一个将相似数据分为一组的过程。无监督学习与监督学习相对应：监督学习是老师教知识，学生学会举一反三；无监督学习就是学生从大量的数据中自己总结知识，自学成才。

9. 分类与聚类不同：分类是按照已定的程序模式和标准进行划分，事先已经具备数据划分标准，只需要严格按照标准进行数据分组；聚类并不具备标准的分类依据，需要靠算法判断数据之间的差异和联系。

10. 关联分析中的支持度指的是某组合出现的次数与总次数之间的比例，支持度越高，代表这个组合出现的频率越高；置信度是条件概念，表示在A发生的条件下，B发生的概率是多少；提升度多应用在商品推荐中，代表的是"商品A出现对商品B的出现概率的提升程度"。

11. 在PageRank的简化模型中，一个网页的影响力可以通过所有入链集合中的页面的加权影响力求和得到。PageRank的随机浏览模型通过加入阻尼因子 d 在一定程度上解决了等级泄露和等级沉没的问题，从而可以得到一个稳定正常的PR值。PageRank算法可以应用于工作生活中的很多场景。

课后思考 ☑️

1. 信息增益率的概念是什么？它对比信息增益有什么优点？
2. 朴素贝叶斯算法的前提假设是什么？具体体现在哪一个计算步骤中？
3. 在SVM中，核函数的作用是什么？
4. 在SVM中，为什么需要考虑软间隔？
5. 本章介绍了二分类的支持向量机，那么多分类（将样本分到两个以上的类别中）的支持向量机是如何实现的？
6. 对于给定的样本量 n，KNN中的正整数 k 过大或过小分别会对分类结果有什么样的影响？在给定数据的情况下，如何确定 k？

7. 如果训练样本中，某一类别的样本数显著多于另外一个类别，该情况会对分类结果产生什么样的影响？针对这一情景，如何改良 KNN 使得该算法能够更好地应用于这样的场景？

8. CART 算法有什么用处？通过什么指标可以找到最好的划分方法？在 Python 中如何实现？

9. 聚类和分类有什么不同？常见的聚类分析有哪些类型？

第 3 章即测即评

第 **4** 章

"碳达峰" 与 "碳中和"

学习目标

本章从国家战略出发，讲解"碳达峰"和"碳中和"的相关基础概念、历史沿革、现实背景和政策法规，既是本书的课程思政章节，也是学习后面两章中的产业链分析案例的预备章节。学习本章后，应达到以下目标：

- 深入理解"碳达峰"与"碳中和"的重要内涵；
- 深入理解"碳达峰"与"碳中和"的实践意义；
- 了解"碳达峰"与"碳中和"的相关重要政策。

4.1 什么是"碳达峰"和"碳中和"？

2020年9月22日，习近平主席在第七十五届联合国大会一般性辩论上的讲话中指出："应对气候变化《巴黎协定》代表了全球绿色低碳转型的大方向，是保护地球家园需要采取的最低限度行动，各国必须迈出决定性步伐。中国将提高国家自主贡献力度，采取更加有力的政策和措施，二氧化碳排放力争于2030年前达到峰值，努力争取2060年前实现碳中和。"这是中国政府向世界做出的减排承诺。

那么，到底什么是"碳达峰"？什么是"碳中和"？两者之间又有什么关系呢？

碳达峰（Peak Carbon Dioxide Emissions）是指在某一个时段二氧化碳排放达到峰值，之后逐步回落。碳达峰是二氧化碳排放量由升转降的转折点。

碳中和（Carbon Neutrality）是指国家、企业、产品、活动或个人在一定时间内直接或间接产生的碳排放总量，通过植树造林、节能减排等措施得以抵消，实现"净零碳排放"。

碳达峰与碳中和（简称"双碳"）两者之间紧密联系，碳达峰是实现碳中和目标的基础，只有实现了碳达峰，才能推动碳中和目标的实现，越早实现碳达峰，越有利于碳中和行动。

我国碳排放端主要集中在电力、工业和交通运输等行业。碳吸收端主要为负碳技术。负碳技术通常指捕集、贮存和利用二氧化碳的技术，主要包括碳汇（carbon sink）技术，碳捕集、利用与封存（carbon capture，utilization and storage，CCUS）技术，直接空气捕集（direct air capture，DAC）技术等。

碳汇是指生态系统中的植被、土壤和微生物等利用自身的碳循环吸收大气中的二氧化碳，减少二氧化碳净排放。CCUS是指捕集工业生产过程中产生的二氧化碳，并将其投入新的工业生产中进行循环再利用。DAC是指从空气中直接吸收二氧化碳，原理是通过吸附剂对二氧化碳进行捕集，通过改变热量、压力或温度使完成捕集后的吸附剂恢复原状并用于再次捕集，而捕集到的二氧化碳则被提取并储存起来。

4.2 为什么提"碳达峰"和"碳中和"？

"双碳"目标的提出，既有对遏制全球变暖趋势的急切要求，也有对推动能源结构调整的迫切需要，更有对实现经济持续高质量发展的殷切希望。

1.遏制全球变暖趋势

工业革命以来，随着人类社会工业化生产水平的大幅度提高，全产业的大规模发展导致对能源尤其是化石能源的需求也快速增长，由此产生的大量碳排放导致全球气温快速上升。2020年的全球平均气温比工业化前升高了1.2℃。《美国国家科学院学报》研究显示，全球平均气温每升高1℃，意味着海平面可能升高超过2米。

2.履行大国责任，提升国际影响力

随着全球变暖速度加快，自然灾害频发，人类意识到环境保护的重要性，日益重视气候变化问题，为应对全球气候变化开展了广泛的国际合作，并建立了国际合作框架。我国是碳排放大国，国际能源署（IEA）的数据显示，2021年我国二氧化碳排放总量达到119亿吨，全球占比超过30%；同时，我国也是国际环境保护的主要倡导者，认真履行环境保护的大国责任，不断加大国家自主贡献力度，积极参与国际合作，为推动国际社会合力应对气候变化做出了突出贡献！

1992年6月，世界各国政府首脑在巴西里约热内卢参加联合国环境与发展会议，签署了世界上第一个应对全球气候变暖给人类社会发展带来不利影响的国际公约，即《联合国气候变化框架公约》（以下简称《公约》）。我国于1992年11月7日由全国人大常委会批准《公约》，并于1993年1月5日将批准书交存联合国。

同时，为加强对《公约》的实施，1997年12月《公约》第三次缔约方会议通过《京都议定书》（以下简称《议定书》）。《议定书》于2005年2月16日生效。我国于1998年5月29日签署并于2002年8月30日核准《议定书》，《议定书》于2005年2月16日起对中国生效。

2015年11月30日至12月12日，《公约》第二十一次缔约方大会暨《议定书》第十一次缔约方大会（"气候变化巴黎大会"）在法国巴黎举行，最终达成《巴黎协定》。该协定对2020年后应对气候变化国际机制做出安排，这标志着全球应对气候变化进入新阶段。《巴黎协定》设定了一个重要的长期目标：重申2℃的全球温升控制目标，同时提出要努力实现1.5℃的目标，并且提出在21世纪下半叶实现温室气体人为排放与清除之间的平衡。

人类应对全球气候变化的国际框架逐渐建立并完善。

3.推动能源消费结构转型

化石能源的消耗使用是碳排放的重要源头，实现"双碳"目标，核心是要解决能源问题。社会经济发展离不开能源的开发和利用，生产和生活用能需求上升是必然趋势。当前人类能源获取主要依赖煤、石油与天然气等化石能源，使用这些能源会产生大量二氧化碳，而且它们属于不可再生能源。虽然人类意识到了能源稀缺与环境污染问题的严重性，全球化石能源的使用占比也开始下降，但仍未完全摆脱对化石能源的依赖，新能源消耗量占比较低，短期内无法支撑经济社会发展的用能需求（如图4-1所示）。

然而，化石能源总量有限，终将耗竭。因此，探索光伏、风电等可再生能源的开发利用模式，是优化能源消费结构、提升能源供给质量的重要手段。

我国是能源消费大国，在可预见的未来，经济发展的要求将持续带动对能源的巨大需求；同时，"富煤贫油少气"的现状使我国成为能源进口大国。我国是世界上最大的原油进口国，能源对外依存度高。2021年，我国进口原油5.13亿吨，对外依存度超过70%，面临严峻的能源安全问题。而我国风电、光伏、水电等可再生能源资源丰富，对新能源的开发利用能够优化能源消费结构，降低能源安全威胁。

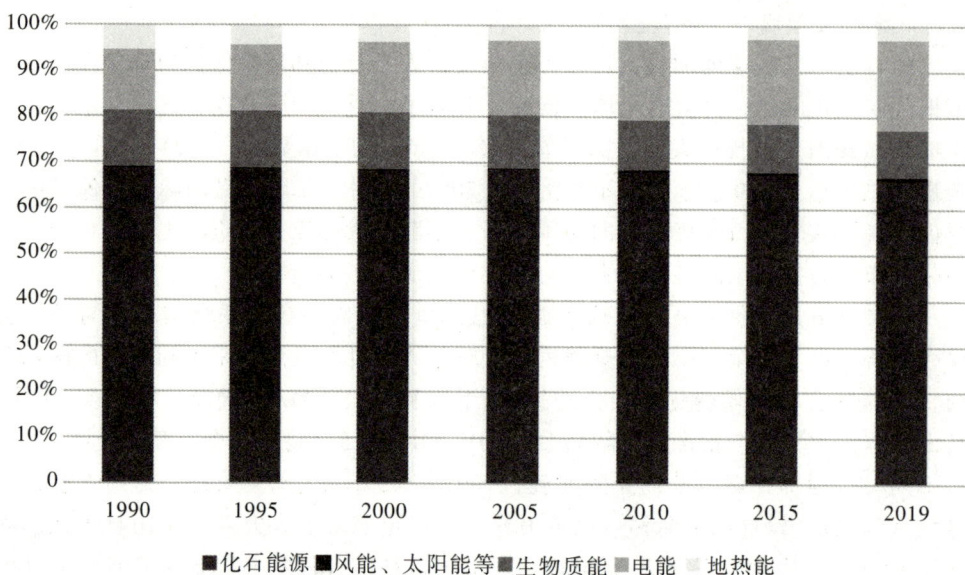

图 4-1　全球能源消费结构变化趋势

资料来源：根据国际能源署能源统计数据（https：//www.iea.org/data-and-statistics/data-tools/energy-statistics-data-browser？country=WORLD&fuel=Energy%20consumption&indicator=TFCbySource）绘制.

4.实现经济持续高质量发展

"双碳"目标的实现要求产业链多环节低碳排放，这有利于发展模式从粗放式向高质量演进，产业将逐渐追求低碳和高附加值，有利于开展从基础研究到技术应用的全方位探索。技术创新是企业实现低碳化的关键，未来越能低碳高效发展的企业，竞争力越强，越能快速向低碳转型的行业，成长空间越大，越能有效推动全行业的技术转型、升级和循环经济的发展，实现社会效益、经济效益和生态效益平衡，构建经济与环境有机融合、和谐发展的模式。

2009年，中国在哥本哈根世界气候大会上宣布，到2020年中国单位GDP二氧化碳排放较2005年下降40%~45%，并将其作为约束性指标纳入国民经济和社会发展中长期规划中。《中国应对气候变化的政策与行动2019年度报告》显示，2018年中国单位GDP二氧化碳排放比2005年累计下降45.8%，相当于减排52.6亿吨二氧化碳，非化石能源占能源消费总量的比重达到14.3%，提前实现了2020年碳排放强度比2005年下降40%~45%的承诺。截至2020年底，中国单位GDP二氧化碳排放较2005年降低约48.4%，超额完成下降40%~45%的目标。

4.3　"碳达峰"和"碳中和"的相关重要政策

1.《新时代的中国能源发展》白皮书

国务院新闻办公室于2020年12月21日发布《新时代的中国能源发展》白皮书。该书介绍了党的十八大以来中国推进能源革命所取得的历史性成就，全面阐述了新时代新阶段中国能源安全发展战略的主要政策和重大举措，旨在让国内外社会全面了解中国能源政策和发展状况。相关政策和举措列举如下：

（1）全面推进能源消费方式变革：实行能耗双控制度；健全节能法律法规和标准体系；完善节能低碳激励政策；提升重点领域能效水平；推动终端用能清洁化。

（2）建设多元清洁的能源供应体系：优先发展非化石能源；清洁高效开发利用化石能源；加强能源储运调峰体系建设；支持农村及贫困地区能源发展。

（3）发挥科技创新第一动力作用：完善能源科技创新政策顶层设计；建设多元化多层次能源科技创新平台；开展能源重大领域协同科技创新；依托重大能源工程提升能源技术装备水平；支持新技术新模式新业态发展。

（4）全面深化能源体制改革：构建有效竞争的能源市场；完善主要由市场决定能源价格的机制；创新能源科学管理和优化服务；健全能源法治体系。

（5）全方位加强能源国际合作：持续深化能源领域对外开放；着力推进共建"一带一路"能源合作；积极参与全球能源治理；携手应对全球气候变化；共同促进全球能源可持续发展的中国主张。

2.《关于加快建立健全绿色低碳循环发展经济体系的指导意见》

2021年2月，国务院印发《关于加快建立健全绿色低碳循环发展经济体系的指导意见》，这是我国首次从全局高度对建立健全绿色低碳循环发展经济体系做出顶层设计和总体部署。根据指导意见，到2025年和2030年，我国关于碳中和与绿色经济方面的主要目标如下：

（1）到2025年，产业结构、能源结构、运输结构明显优化，绿色产业比重显著提升，基础设施绿色化水平不断提高，清洁生产水平持续提高，生产生活方式绿色转型成效显著，能源资源配置更加合理、利用效率大幅提高，主要污染物排放总量持续减少，碳排放强度明显降低，生态环境持续改善，市场导向的绿色技术创新体系更加完善，法律法规政策体系更加有效，绿色低碳循环发展的生产体系、流通体系、消费体系初步形成。

（2）到2035年，绿色发展内生动力显著增强，绿色产业规模迈上新台阶，重点行业、重点产品能源资源利用效率达到国际先进水平，广泛形成绿色生产生活方式，碳排放达峰后稳中有降，生态环境根本好转，美丽中国建设目标基本实现。

3.《中华人民共和国国民经济和社会发展第十四个五年规划和2035年远景目标纲要》

2021年3月12日，《中华人民共和国国民经济和社会发展第十四个五年规划和2035年远景目标纲要》全文发布，其内容包括一系列重点任务、诸多标志性工程、翔实的指标数据，擘画出中国发展的蓝图。其中，涉及"双碳"目标的内容如下：

（1）绿色生态目标：国土空间开发保护格局得到优化，生产生活方式绿色转型成效显著，能源资源配置更加合理、利用效率大幅提高，单位国内生产总值能源消耗和二氧化碳排放分别降低13.5%、18%，主要污染物排放总量持续减少，森林覆盖率提高到24.1%，生态环境持续改善，生态安全屏障更加牢固，城乡人居环境明显改善。

（2）推进能源革命，建设清洁低碳、安全高效的能源体系，提高能源供给保障能力。加快发展非化石能源，坚持集中式和分布式并举，大力提升风电、光伏发电规模，加快发展东中部分布式能源，有序发展海上风电，加快西南水电基地建设，安全稳妥推动沿海核电建设，建设一批多能互补的清洁能源基地，非化石能源占能源消费总量比重提高到20%左右。推动煤炭生产向资源富集地区集中，合理控制煤电建设规模和发展节奏，推进以电代煤。有序放开油气勘探开发市场准入，加快深海、深层和非常规油气资源利用，推动油气增储上产。因地制宜开发利用地热能。提高特高压输电通道利用率。加快电网基础设施智能化改造和智能微电网建设，提高电力系统互补互济和智能调节能力，加强源网荷储衔接，提升清洁能源消纳和存储能力，提升向边远地区输配电能力，推进煤电灵活性改造，加快抽水蓄能电站建设和新型储能技术规模化应用。完善煤炭跨区域运输通道和集疏运体系，加快建设天然气主干管道，完善油气互联互通网络。

4.《"十四五"循环经济发展规划》

2021年7月1日，国家发展和改革委员会印发《"十四五"循环经济发展规划》，全面部署了今后一个时期我国循环经济发展的总体思路、主要任务、重点工程行动和保障措施，指明了"十四五"循环经济发展路径，对于推进循环经济发展，构建绿色低碳循环的经济体系，助力实现碳达峰、碳中和目标意义重大。规划的主要目标如下：

（1）到2025年，循环型生产方式全面推行，绿色设计和清洁生产普遍推广，资源综合利用能力显著提升，资源循环型产业体系基本建立。废旧物资回收网络更加完善，再生资源循环利用能力进一步提升，覆盖全社会的资源循环利用体系基本建成。资源利用效率大幅提高，再生资源对原生资源的替代比例进一步提高，循环经济对资源安全的支撑保障作用进一步凸显。

（2）到2025年，主要资源产出率比2020年提高约20%，单位GDP能源消耗、用水量比2020年分别降低13.5%、16%左右，农作物秸秆综合利用率保持在86%以上，大宗固废综合利用率达到60%，建筑垃圾综合利用率达到60%，废纸利用量达到6 000万吨，废钢利用量达到3.2亿吨，再生有色金属产量达到2 000万吨，其中再生铜、再生铝和再生铅产量分别达到400万吨、1 150万吨、290万吨，资源循环利用产业产值达到5万亿元。

5.《中共中央 国务院关于完整准确全面贯彻新发展理念做好碳达峰碳中和工作的意见》

2021年10月24日，《中共中央 国务院关于完整准确全面贯彻新发展理念做好碳达峰碳中和工作的意见》正式发布，明确了我国做好碳达峰、碳中和工作的重要意见，提出如下主要目标：

（1）到2025年，绿色低碳循环发展的经济体系初步形成，重点行业能源利用效率大幅提升。单位国内生产总值能耗比2020年下降13.5%；单位国内生产总值二氧化碳排放比 2020 年下降 18%；非化石能源消费比重达到 20% 左右；森林覆盖率达到 24.1%，森林蓄积量达到 180 亿立方米，为实现碳达峰、碳中和奠定坚实基础。

（2）到 2030 年，经济社会发展全面绿色转型取得显著成效，重点耗能行业能源利用效率达到国际先进水平。单位国内生产总值能耗大幅下降；单位国内生产总值二氧化碳排放比 2005 年下降 65% 以上；非化石能源消费比重达到 25% 左右，风电、太阳能发电总装机容量达到 12 亿千瓦以上；森林覆盖率达到 25% 左右，森林蓄积量达到 190 亿立方米，二氧化碳排放量达到峰值并实现稳中有降。

（3）到 2060 年，绿色低碳循环发展的经济体系和清洁低碳安全高效的能源体系全面建立，能源利用效率达到国际先进水平，非化石能源消费比重达到 80% 以上，碳中和目标顺利实现，生态文明建设取得丰硕成果，开创人与自然和谐共生新境界。

6.《2030 年前碳达峰行动方案》

2021 年 10 月 24 日，国务院印发《2030 年前碳达峰行动方案》，把碳达峰、碳中和纳入经济社会发展全局，提出如下主要目标：

（1）"十四五"期间，产业结构和能源结构调整优化取得明显进展，重点行业能源利用效率大幅提升，煤炭消费增长得到严格控制，新型电力系统加快构建，绿色低碳技术研发和推广应用取得新进展，绿色生产生活方式得到普遍推行，有利于绿色低碳循环发展的政策体系进一步完善。到 2025 年，非化石能源消费比重达到 20% 左右，单位国内生产总值能源消耗比 2020 年下降 13.5%，单位国内生产总值二氧化碳排放比 2020 年下降 18%，为实现碳达峰奠定坚实基础。

（2）"十五五"期间，产业结构调整取得重大进展，清洁低碳安全高效的能源体系初步建立，重点领域低碳发展模式基本形成，重点耗能行业能源利用效率达到国际先进水平，非化石能源消费比重进一步提高，煤炭消费逐步减少，绿色低碳技术取得关键突破，绿色生活方式成为公众自觉选择，绿色低碳循环发展政策体系基本健全。到 2030 年，非化石能源消费比重达到 25% 左右，单位国内生产总值二氧化碳排放比 2005 年下降 65% 以上，顺利实现 2030 年前碳达峰目标。

7.党的二十大报告

党的二十大报告对碳达峰、碳中和的部署，在我国建设生态文明、推动社会可持续发展方面起到了"举旗定向"的作用，具体内容如下：

积极稳妥推进碳达峰碳中和。立足我国能源资源禀赋，坚持先立后破，有计划分步骤实施碳达峰行动。完善能源消耗总量和强度调控，重点控制化石能源消费，逐步转向碳排放总量和强度"双控"制度。推动能源清洁低碳高效利用，推进工业、建筑、交通等领域清洁低碳转型。深入推进能源革命，加强煤炭清洁高效利用，加大油气资源勘探开发和增储上产力度，加快规划建设新型能源体系，统筹水电开发和生态保护，积极安全有序发展核电，加强能源产供储销体系建设，确保能源安全。完善碳排放统计核算制度，健全碳排放权市场交易制度。提升生态系统碳汇能力。积极参与应对气候变化全球治理。

本章小结 ☑

1. 2020年9月22日，习近平主席在第七十五届联合国大会一般性辩论上的讲话中指出："中国将提高国家自主贡献力度，采取更加有力的政策和措施，二氧化碳排放力争于2030年前达到峰值，努力争取2060年前实现碳中和。"

2. 碳达峰（Peak Carbon Dioxide Emissions），是指在某一个时段二氧化碳排放达到峰值，之后逐步回落。碳达峰是二氧化碳排放量由升转降的转折点。

3. 碳中和（Carbon Neutrality），是指国家、企业、产品、活动或个人在一定时间内直接或间接产生的碳排放总量，通过植树造林、节能减排等措施得到抵消，实现"净零碳排放"。

4. "双碳"目标的提出与实施意义重大，于全球而言，能有效遏制气候变暖趋势，减少自然灾害和粮食危机；于我国而言，有助于推动能源消费供需结构转型，实现经济的可持续高质量发展，提升国际影响力。

课后思考 ☑

1. 为什么提出碳达峰与碳中和？两者之间的关系是什么？
2. 我国碳排放的行业分布呈现什么样的格局？未来可能有哪些发展变化？
3. 我国目前在推进碳中和战略上有什么困难？有什么解决方案？
4. 查阅相关资料，说明有哪些方法措施可以减少碳排放，目前都取得了什么进展。
5. 简要说明我国推动实现碳达峰与碳中和的重要意义。

第4章即测即评

第 **5** 章

光伏行业产业链分析案例

学习目标

本章运用 PEST 模型分析光伏行业发展的政治、经济、社会、技术影响因素，编制光伏行业的景气指数，跟踪行业动态发展情况。学习本章后，应达到以下目标：

- 了解光伏行业的整体概况以及全产业链各个环节的发展现状、市场规模、竞争格局、未来趋势等要素；
- 掌握 PEST 分析逻辑和方法，能建立产业链分析的思维与框架；
- 掌握光伏行业景气指数的编制方法。

5.1.1 传统能源面临的问题

1.世界能源危机日益加剧，急需稳定的新能源予以替代

当前，世界主要的传统能源石油及其副产品（天然气）都只存在于地球上的特定区域，资源有限且不可再生，随着全球能源消费的增加和能源价格的上涨，资源枯竭的风险越来越高。根据英国石油公司（BP）发布的《世界能源统计年鉴》第70版的统计数据，世界已探明的石油储量为17 324亿桶。虽然今后可能发现新的油田，技术的进步也能够使石油的利用效率得到提升，但石油的消耗量也在不断增加。如果不能有效改变能源使用结构，未来势必会面临能源供给不足的问题。

2.以石油为核心的能源体系过度排放二氧化碳，导致自然生态环境恶化，急需清洁的新能源予以改进

使用石油、天然气和煤炭产生了大量的二氧化碳，据美国国家海洋和大气管理局（NOAA）的统计，2020年5月（空气中的碳排放水平达到峰值的月份），在夏威夷冒纳罗亚观测站，主要由人类产生的温室气体二氧化碳浓度的平均测量结果为417.1ppm（1ppm为百万分之一），比1958年（第一次有直接测量数据的记录）的二氧化碳浓度高出近100ppm，即62年来上升了31%。由此造成的温室效应导致全球出现气温升高、极地冰川融化、海平面上升等一系列问题。世界气候研究计划（WCRP）也指出，自1993年以来，由于气温上升，全球海平面平均每年升高了3.1毫米。未来50年，全球气温的大幅升高将使气候随之改变，干旱、台风等自然灾害将危害全世界。

3.常规电网存在一定的局限性，急需方便的新能源予以补充

传统的煤炭发电一般需要在某地建立坑口电站发电，再通过电网输电到各个地区。由于常规电网通过线路传送，要将电力传送到边远地区（比如山区、沙漠等地），不仅需要耗费大量电线，而且长距离的输电会导致电力供应不足及不稳定，造成电力资源的浪费。

因此，光伏发电作为当前能够大规模应用的新能源技术，在缓解世界能源危机、减少碳排放、保护自然环境及优化能源使用结构等方面都具有重要的战略意义。

5.1.2 光伏发电的基本原理

光伏发电的基本原理是通过半导体的光生伏特效应将太阳辐射能直接转换为电能。光生伏特效应简称光伏效应，指光照使不均匀半导体或半导体与金属结合的不同部位之间产生电位差的现象。光子照射到金属上时，它的能量可以被金属中某个电子全部吸收，电子吸收的能量足够大时便能够克服金属内部引力做功，离开金属表面逃逸出来，成为光电子。

半导体指常温下导电性能介于导体与绝缘体之间的材料。常见的半导体材料有硅、锗、砷化镓等，其中硅是各种半导体材料中最具有影响力的一种。硅原子有 4 个外层电子，如果在硅晶体中掺入有 5 个外层电子的元素（如磷元素、锑元素、砷元素），其外层的 5 个电子中的 4 个与周围的硅原子形成共价键，多出的 1 个电子几乎不受束缚，较容易成为自由电子，于是这类半导体就成为含电子浓度较高的 N 型半导体，其导电性主要缘于自由电子导电。N 为 negative 的字头，由于电子带负电荷而得此名。如果在硅晶体中掺入有 3 个外层电子的元素（如硼元素、铟元素、镓元素），其外层的 3 个电子与周围的硅原子形成共价键的时候会产生 1 个"空穴"，这个空穴可能吸引束缚电子来"填充"，使得杂质原子成为带负电的离子，于是这类半导体由于含有较高浓度的"空穴"（相当于正电荷）而成为 P 型半导体。P 为 positive 的字头，由于"空穴"带正电荷而得此名。当 P 型半导体和 N 型半导体结合在一起时，N 型区的电子会扩散到 P 型区，此时在两种半导体的交界面附近区域会形成一个特殊的薄层，形成一个由 N 指向 P 的"内电场"，这个特殊的薄层就是 PN 结。当太阳光照射到 PN 结后，光电子由 N 型区向 P 型区移动，从而形成电流。PN 结的工作原理如图 5-1 所示。

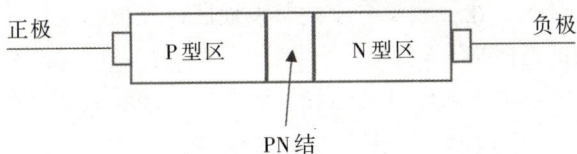

图 5-1　PN 结的工作原理

资料来源：根据公开资料整理.

5.1.3　光伏发电的优势

相较于传统能源，光伏发电具有以下优势：

1.光伏发电的能量来源为可再生的太阳能资源

光伏发电所需要的太阳辐射能来自太阳内部氢原子发生聚变之后释放的核能。与煤炭和石油资源不同，太阳每小时照射到地球的能源相当于人类一年的能源消耗量，地球一年所获得的太阳辐射能就超过了人类现有各种能源在同期内所提供的能量的上万倍。在太阳预期寿命长达几十亿年的情况下，我们可以认为其能源的供给是无限的，从理论上来说，只要有开采装置，太阳能就可以无限生产。表 5-1 对石油和太阳能进行了比较。

2.光伏发电原理先进，建设周期短

在发电原理上，光伏发电是利用太阳能电池板有效地吸收太阳辐射能，实现直接从光子到电子的转换，没有中间过程和机械运动，能量利用效率较高。截至 2020 年底，我国光伏行业的龙头企业隆基绿能科技股份有限公司研发的 N 型

表 5-1   石油与太阳能比较

项目	石油	太阳能
持续性	约170年	20亿年以上
地域分布	不平等、不均匀	相对平等、相对均匀
资源性质	不可再生	可再生
资源储存	逐渐枯竭	无穷
环境影响	大气污染	绿色环保
能源价格	上涨	下降

资料来源：ValueGo金融科技实验室.

TOPCon电池、P型TOPCon电池和HJT电池等三项电池的转换效率均已突破25%。在组装上，光伏电池组件结构较为简单，体积小、质量轻，便于运输和安装，这大大缩短了建设周期。

3.无须消耗燃料和架设输电线路，可就地发电供电

相比于传统能源发电，光伏发电是利用太阳能发电，不需要消耗燃料，也不需要冷却水。因此，在有用电需求的地区可以充分利用建筑屋面的优势，就地安装发电系统，就近发电供电。在一些没有水的荒漠地区以及偏远山区，光伏发电可以避免长距离输电造成的电能损失。

4.光伏发电过程中不排放温室气体和其他废气、废水，提供真正的环境友好型能源

光伏发电不会产生二氧化碳和其他废气、废水，不会像燃烧煤炭和石油一样造成空气污染。根据世界自然基金会（WWF）的统计，在我国平均日照条件下，安装1千瓦光伏发电系统，1年可发电1 200千瓦时，可减少煤炭（标准煤）使用量约400千克，减少二氧化碳排放量约1吨。形象地说，安装1平方米太阳能光伏组件相当于造林约100平方米。

5.光伏发电系统性能稳定可靠，使用寿命长

世界多家著名实验室和研究机构（如美国可再生能源实验室（NRL））研究认为，光伏组件长期在户外暴晒下的老化程度较低，完全可实现25年以上的使用时长。很多实际案例也证明光伏组件甚至可以持续工作超30年。例如，我国最早的光伏电站由甘肃自然能源研究所建设于1983年，迄今已有近40年的使用历史，仍旧能够正常发电。

总体而言，光伏发电具有诸多优势，为解决传统能源时代的诸多问题提供了新的全面的解决方案。

5.2 光伏行业 PEST 分析

5.2.1 政治环境分析

1.国际与国内行业环境

（1）全球光伏行业的发展情况

全球光伏行业的发展主要经历了四个阶段：

起步阶段（2004—2008年）：政策补贴带动需求爆发式增长，驱动光伏行业商业化发展。光伏发电在欧洲的大规模商业化兴起于2004年。2004年，德国率先修订了《可再生能源法》，该法案提出：根据不同的太阳能发电形式，政府给予为期20年、每千瓦时0.45～0.62欧元的补贴。在德国之后，西班牙、意大利等光照条件好的国家相继颁布鼓励政策，推动光伏行业大规模商业化发展。

调整阶段（2009—2012年）：政策补贴弱化，光伏经济效应增强。金融危机爆发之后，各国财政政策收紧，对光伏行业的补贴政策大幅退坡，导致全球光伏装机量增速趋缓。2012年，欧债危机爆发，欧洲各国政府再次大幅减少光伏补贴，光伏投资收益率下行导致下游需求减少，早期行业上游的快速扩张进一步加剧供需失衡，产品价格大幅下降。与此同时，美国、欧洲分别在2011年和2012年对中国光伏行业发起"双反"（反倾销和反补贴）调查，贸易保护主义兴起，致使光伏行业整体遭到惨重打击。这一时期，在多重因素共同作用下，全球光伏新增装机量首次下滑，行业进入调整重组阶段。

成长阶段（2013—2019年）：政策补贴逐步退出，光伏发电逐渐进入平价上网过渡期。随着技术的不断进步，光伏度电成本不断降低，愈发接近平价上网电价，世界各国逐步取消政策补贴。例如，德国于2016年6月通过《可再生能源法》改革方案，宣布自2017年起不再以政府指定价格收购绿色电力。其他欧盟国家如瑞士、丹麦、意大利等国均计划减少甚至取消光伏补贴。美国同样采取逐步减少补贴的政策，以MACRS（加速成本折旧法）中的折旧补贴为例，2017年前折旧补贴为50%，2018年降至40%，2019年降为30%，而在2020年之后完全取消。

平价阶段（2020年至今）：光伏发电平价上网。伴随光伏工艺技术的不断进步和成本的不断改善，光伏发电在很多国家已成为清洁、低碳、兼具价格优势的新能源技术，光伏电价进入全面平价期。全球光伏市场开启新一轮由光伏发电经济效应驱动的内生增长。

（2）中国光伏行业的发展情况

中国的光伏行业经过多年发展，已有不少子行业的发展水平居于世界前列，多项技术达到世界领先水平。总体来说，中国光伏行业的发展经历了如下五个阶段：

起步发展阶段（2004—2008年）：受益于中国扶持项目和欧洲市场需求迅速起步。进入21世纪以来，以德国为首的欧洲国家通过大幅补贴刺激光伏装机需求爆发。在此背景下，中国光伏制造业利用国外的市场、技术、资本迅速形成规模，以尚德电力、中国英利和江西赛维为代表的一批太阳能电池制造企业快速发展壮大。据国家能源局的数据，至2007年中国太阳能电池产能达2 900兆瓦，太阳能电池产量首次达到1 088兆瓦，超过日本（920兆瓦）和欧洲（1 062.8兆瓦），一跃成为世界太阳能电池的第一大生产国。

政策引导阶段（2009—2012年）：欧洲市场需求逐渐减弱，国家政策引导发力。金融危机爆发后，德国、意大利市场在预期光伏发电补贴力度削减和光伏产品价格下跌的背景之下爆发过短暂的抢装潮，此后欧洲市场光伏装机需求逐渐减弱。与此同时，我国出台了应对金融危机的一揽子政策，光伏行业获得战略性新兴产业的定位，高额初装补贴在带动大型光伏电站建设投产的同时，也带动了分布式光伏装机量的增长。这一阶段我国的光伏行业呈现出"两头在外"（产业链上游的硅料和硅锭生产长期依靠国外的技术，产业链下游的光伏产品几乎90%以上用于出口）的隐忧，为下个阶段的大幅调整埋下了伏笔。

重挫回暖阶段（2013—2017年）：遭遇美欧"双反"重挫，依靠政府产业政策支持回暖。2011年美国对我国光伏行业发起"双反"调查，随后欧洲加入贸易战阵营，我国光伏行业发展遭遇重挫，大批企业倒闭。这一阶段我国光伏行业海外需求萎缩，企业快速回归国内市场。2012年12月，国务院常务会议确定了促进光伏产业发展的五项措施，一方面强调在市场倒逼机制下鼓励企业兼并重组，淘汰落后产能，另一方面严格控制单纯扩大产能的多晶硅、光伏电池及组件项目。在政府产业政策的支持下，随着技术不断更新迭代，光伏发电系统的整体投资成本不断下降，光伏应用市场在我国逐渐回暖。

快速发展阶段（2018—2020年）：政府补贴的边际效应降低，技术迭代带来的成本下降优势成为推动行业发展的主要动力。2016年后国家继续鼓励自发自用屋顶分布式光伏，分布式光伏快速发展，进一步完善了光伏行业的产业链格局。自2011年开始，我国太阳能光伏发电上网电价每年至少调整一次，其中一类资源区从最初的每千瓦时1.15元，降低到2020年的每千瓦时0.35元，降幅为70%，补贴价格也从每千瓦时0.42元降低至每千瓦时0.05元或0.08元（见表5-2）。根据《国家发展改革委关于2021年新能源上网电价政策有关事项的通知》，2021年，对新备案集中式光伏电站、工商业分布式光伏项目和新核准陆上风电项目，中央财政不再补贴，实行平价上网。

平价上网阶段（2021年至今）：发电侧实现平价上网后推动配套设施完善，进而实现用户侧平价上网。国内成本最低、利用范围最广的电力来源为煤电，因此我们可以将光伏在我国实现发电侧平价的条件理解为光伏发电成本达到煤电水平。用户侧平价的实现则要求光伏发电成本低于售电价格。根据用户类型及购电成本的不同，用户侧平价又可分为工商业平价、居民用户平价（如图5-2所示）。在这一阶段，光伏发电将逐步成为主要能源，发展潜力巨大。

表 5-2　　　　2011—2020年我国太阳能光伏发电上网电价及补贴　　单位：元/千瓦时

电价和补贴	2011	2012	2013	2014	2015	2016	2017	2018（5月31日前）	2018（5月31日后）	2019	2020
一类资源区电价	1.15	1.00	0.90	0.90	0.90	0.80	0.65	0.55	0.50	0.40	0.35
二类资源区电价	1.15	1.00	0.95	0.95	0.95	0.88	0.75	0.65	0.60	0.45	0.40
三类资源区电价	1.15	1.00	0.90	0.90	0.90	0.96	0.85	0.75	0.70	0.55	0.49
单位电量定额补贴	0.42	0.42	0.42	0.42	0.42	0.42	0.42	0.37	0.32	0.10/0.18	0.05/0.08
资源分区	各资源区所包含的地区										
一类资源区	宁夏，青海海西，甘肃嘉峪关、武威、张掖、酒泉、敦煌、金昌，新疆哈密、塔城、阿勒泰、克拉玛依，内蒙古除赤峰、通辽、兴安盟、呼伦贝尔以外的地区										
二类资源区	北京，天津，黑龙江，吉林，辽宁，四川，云南，内蒙古赤峰、通辽、兴安盟、呼伦贝尔，河北承德、张家口、唐山、秦皇岛，山西大同、朔州、忻州，陕西榆林、延安，青海、甘肃、新疆除一类资源区以外的其他地区										
三类资源区	除一类、二类资源区以外的其他地区										

资料来源：根据国家能源局相关统计资料整理.

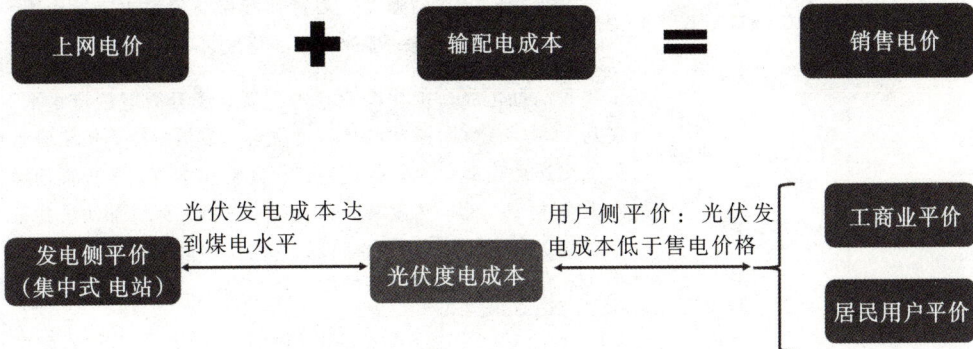

图 5-2　发电侧与用电侧平价示意图

　　总体而言，无论是全球市场还是中国市场，光伏行业的发展都大体经历了如下几个阶段：在发展初期，由于成本高昂，光伏发电的经济效应相对于火力发电没有竞争力，此时主要依赖政策补贴，整个行业由政策驱动；在发展中期，随着光伏产业链各个环节的降本增效，逐渐实现发电侧及用电侧的平价上网，此时光伏发电的综合成本仍旧高于火力发电，行业发展仍部分依赖于政策的隐性扶持；在发展后期，随着光伏发电技术和储能技术的发展，政策补贴逐步退出，光伏发电的经济效应逐渐成为支撑装机量增长的核心动力。

2.行业政策环境

在光伏行业发展的不同阶段，我国出台了众多法规和政策，表5-3整理了与光伏行业相关的关键性发展政策。

表5-3 中国光伏行业关键性发展政策

时间	文件名	颁布部门	主要内容
2021年7月	《"十四五"循环经济发展规划》	国家发展改革委	推行热电联产、分布式能源和光伏储能一体化系统应用
2020年3月	《关于2020年光伏发电上网电价政策有关事项的通知》	国家发展改革委	对集中式光伏发电继续制定指导价，降低工商业分布式光伏发电补贴标准，降低户用分布式光伏发电补贴标准
2019年4月	《关于完善光伏发电上网电价机制有关问题的通知》	国家发展改革委	完善集中式光伏发电上网电价形成机制、适当降低新增分布式发电补贴标准
2019年1月	《关于积极推进风电、光伏发电无补贴平价上网有关工作的通知》	国家发展改革委、国家能源局	推进风电、光伏发电平价上网试点项目和低价上网试点项目建设，并提出相关支持政策
2018年5月	《关于2018年光伏发电有关事项的通知》（"531新政"）	国家发展改革委、财政部、国家能源局	合理把握发展节奏，优化光伏发电新增建设规模；加快光伏发电补贴退坡，降低补贴强度；发挥市场配置资源决定性作用，进一步加大市场化配置项目力度
2018年4月	《智能光伏产业发展行动计划（2018—2020年）》	工业和信息化部、住房和城乡建设部、交通运输部、农业农村部、国家能源局、国务院扶贫办	加快产业技术创新，提升智能制造水平；推动两化深度融合，发展智能光伏集成运维；促进特色行业应用示范，积极推动绿色发展；完善技术标准体系，加快公共服务平台建设；加强综合政策保障，统筹推动产业健康发展
2017年10月	《关于开展分布式发电市场化交易试点的通知》	国家发展改革委、国家能源局	分布式发电项目单位（含个人）与配电网内就近电力用户进行电力交易；电网企业（含社会资本投资增量配电网的企业）承担分布式发电的电力输送并配合有关电力交易机构组织分布式发电市场化交易，按政府核定的标准收取"过网费"

时间	文件名	颁布部门	主要内容
2016年12月	《太阳能发展"十三五"规划》	国家发展改革委	推动光伏发电多元化利用并加速技术进步;通过示范项目建设推进太阳能热发电产业化;不断拓展太阳能热利用的应用领域和市场
2015年1月	《能效"领跑者"制度实施方案》	国家发展改革委、财政部、工业和信息化部、国管局、国家能源局、国家质检总局、国家标准委	建立能效"领跑者"制度,通过树立标杆、政策激励、提高标准,形成推动终端用能产品、高耗能行业、公共机构能效水平不断提升的长效机制,促进节能减排。定期发布能源利用效率最高的终端用能产品目录,单位产品能耗最低的高耗能产品生产企业名单,能源利用效率最高的公共机构名单,以及能效指标,树立能效标杆。对能效领跑者给予政策扶持,引导企业、公共机构追逐能效领跑者。适时将能效领跑者指标纳入强制性能效、能耗限额国家标准,完善标准动态更新机制,不断提高能效准入门槛
2014年9月	《关于进一步落实分布式光伏发电有关政策的通知》	国家能源局	分布式光伏项目可自行选择"自发自用、余电上网"或"全额上网";允许分布式光伏发电项目向同一变电站下同一变台区的符合政策和条件的电力用户直接售电,电价由供用电双方协商,电网企业负责输电和电费结算
2009年7月	《关于实施金太阳示范工程的通知》	财政部、科技部、国家能源局	综合采取财政补助、科技支持和市场拉动方式,加快国内光伏发电的产业化和规模化发展

资料来源:ValueGo金融科技实验室整理.

5.2.2 经济环境分析

1.全球光伏市场经济效益

全球光伏发电系统装机成本和平准化度电成本(levelized cost of energy, LCOE)持续下降,刺激光伏装机需求爆发。近年来,光伏发电技术进步使得装机成本不断下行,带动光伏发电性价比提升,全球平价市场逐步扩大。根据国际可再生能源机构(IRENA)的数据,2020年全球光伏平均装机成本已经降低至883USD/kW,

比2010年的光伏平均装机成本降低约81%（如图5-3所示）。同时，相较于其他发电方式的装机成本，光伏发电的装机成本明显较低，是唯一装机成本低于1 000 USD/kW的发电技术，光伏发电在很多国家已经成为成本最低的能源发电方式。

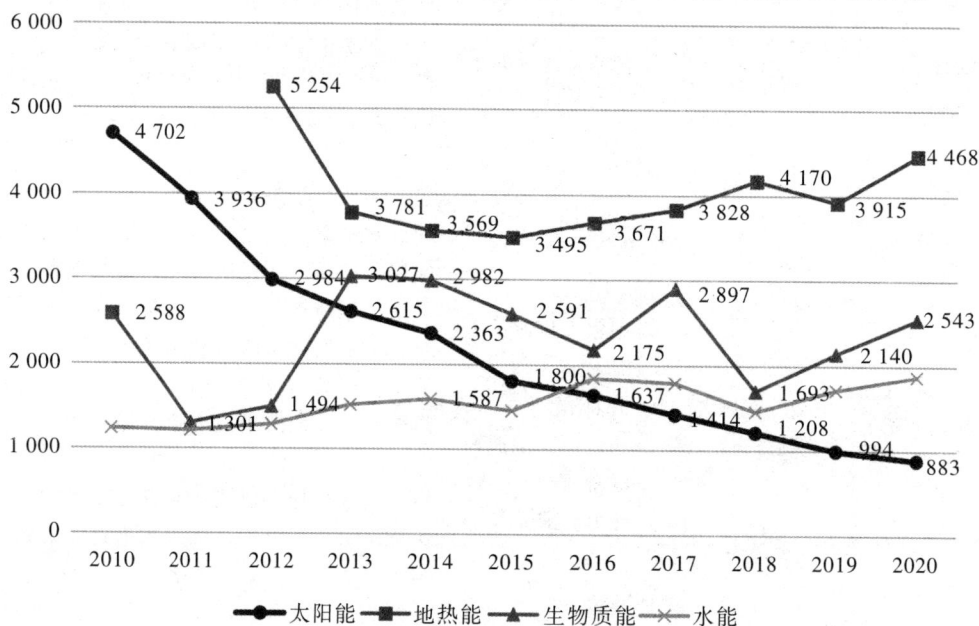

图5-3　全球各主要发电方式平均装机成本（单位：USD/kW）

资料来源：根据IRENA数据绘制.

在度电成本方面，全球光伏发电平均度电成本已从2010年的0.381 USD/kWh降低至2021年的0.048 USD/kWh（如图5-4所示），11年间下降了87%，各国度电成本下降幅度为77%～88%。装机成本和度电成本的下降刺激光伏装机需求的增长，根据BP的统计数据，2010—2021年间平均每年光伏装机增速达到32%，全球装机总量已从2010年的40GW增加到2021年的843GW。

2.中国光伏市场经济效益

国内光伏发电进一步加速平价上网，平价之后优势明显。随着光伏发电效率的快速提升和成本的稳步下降，国内光伏发电平价范围显著扩大。凭借较低的土地租赁成本，此类项目的总成本低于地面电站，具有较强的竞争优势。受益于此，我国在光伏新增装机规模上表现优异，2021年新增装机规模达54.9GW，占全球新增装机规模的40%（如图5-5所示）。

户用市场发展迅速，历年装机量屡创新高。户用光伏项目因其低成本高收益的特性进入千家万户，成为光伏应用重要场景。据统计，2021年，我国户用光伏装机量达21.6GW，同比增长113.3%，占新增光伏装机量的39.4%；分布式光伏装机量达29.3GW，同比大幅增长89%，占新增光伏装机量的53.4%，超过集中式光伏（如图5-6所示）。

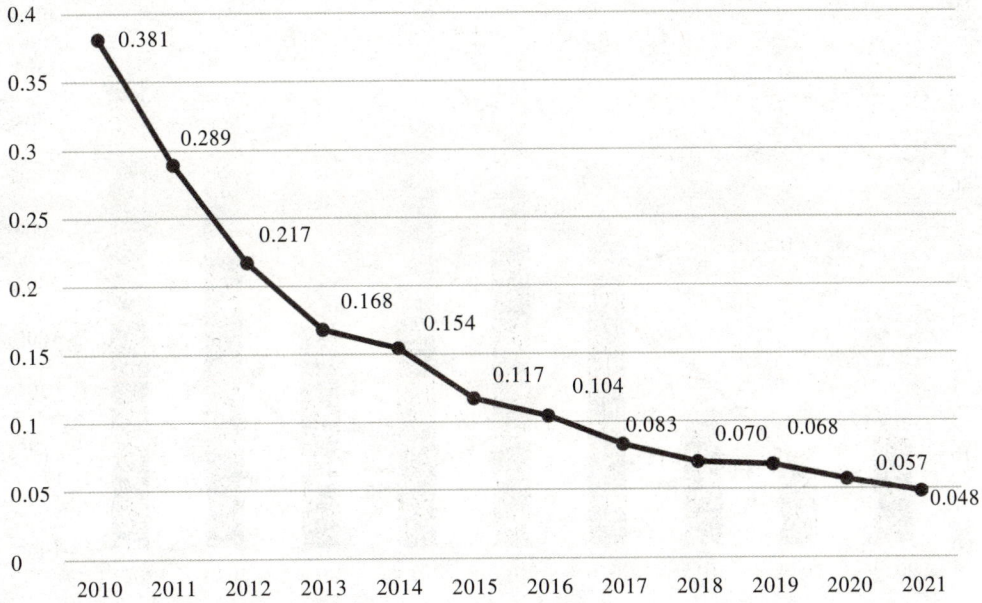

图5-4　全球光伏发电平均度电成本（单位：USD/kWh）

资料来源：根据 IRENA 数据绘制.

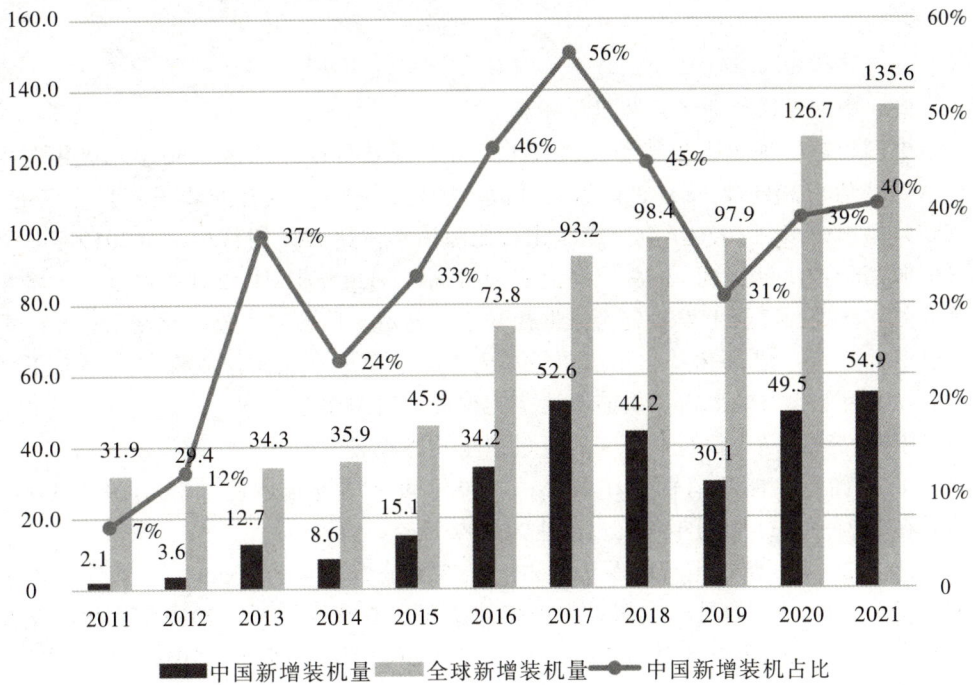

■中国新增装机量　■全球新增装机量　—●—中国新增装机占比

图5-5　全球、中国光伏新增装机量统计（单位：GW）

资料来源：BP. BP Statistical Review of World Energy 2022 ［R/OL］. ［2022-11-27］. https：// www. bp. com/content/dam/bp/business-sites/en/global/corporate/pdfs/energy-economics/statistical-review/bp-stats-review-2022-full-report.pdf.

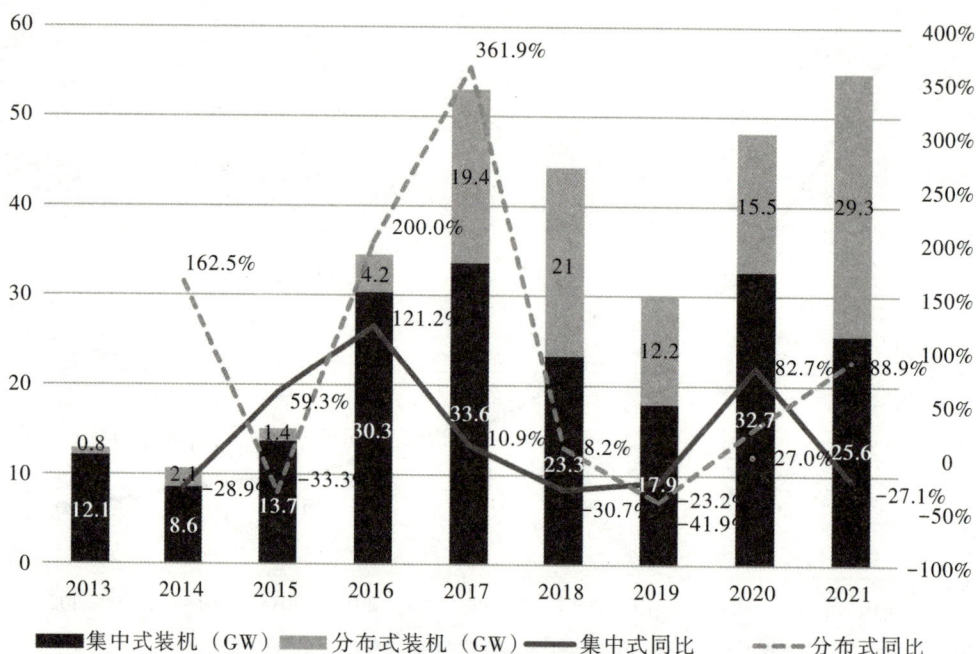

图 5-6　我国历年集中式与分布式光伏新增装机量统计

资料来源：根据国家能源局相关统计资料整理绘制．

3.光伏行业未来增长空间建模与测算

（1）中国光伏行业未来装机量测算

中国提前实现可再生能源发展"十三五"规划目标，承诺2030年二氧化碳排放达到峰值。2016年12月，国家发展改革委印发的《可再生能源发展"十三五"规划》提出中国到2020年应完成非化石能源消费占比15%的目标，至2019年非化石能源消费占比已达到15.3%，提前实现目标。2020年12月12日，习近平主席在联合国气候雄心峰会上发表题为《继往开来，开启全球应对气候变化新征程》的重要讲话并宣布：到2030年，中国单位国内生产总值二氧化碳排放将比2005年下降65%以上，非化石能源占一次能源消费比重将达到25%左右。

因此，对中国光伏行业未来装机量预测的核心假设如下：

① 中国一次能源消费量在2016—2020年间年均复合增速（CAGR）为3.0%，假设在2021—2025年间年均复合增速为2.8%。

② 2020年中国非化石能源消费占一次能源消费比重为15.9%，提前实现国家能源局制定的15%的目标。假设中国按期实现"双碳"目标，2030年非化石能源消费占一次能源消费比重达到25%，则2025年预期占比能够达到20%。

③ 2020年可再生能源发电量占非化石能源消费量的比重为34.38%，相比2016年增加了1.7%。假设2021—2025年间可再生能源发电量占非化石能源消费量的比重增加到37%。

④ 2016—2020年光伏发电量占可再生能源发电量的比重从4.27%增加至

11.76%，增速较快。假设2021—2025年间光伏发电量占可再生能源发电量的比重增加至20%。

⑤ 假设光伏发电年平均利用小时数在2025年达到1 200小时（如图5-7所示）。

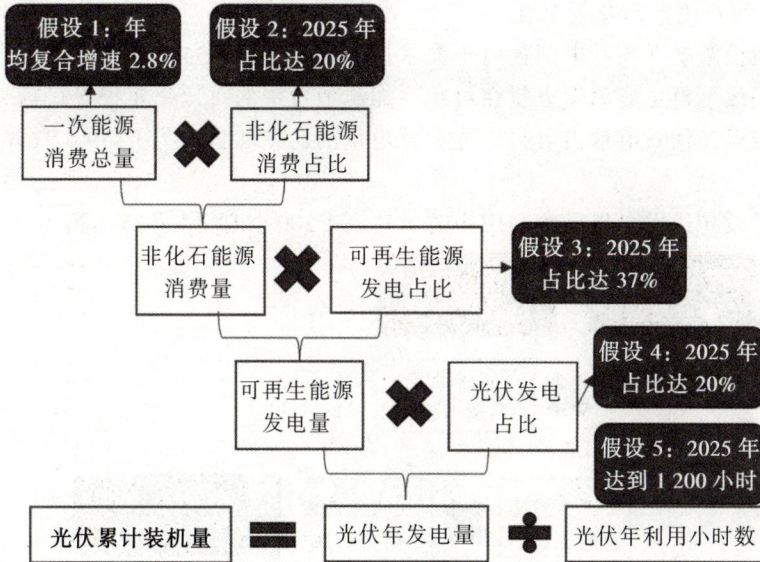

图5-7　中国未来光伏装机量预测逻辑图

资料来源：ValueGo金融科技实验室绘制.

基于上述假设，分别测算在2025年中国非化石能源消费占比达到18%、20%和22%的情景下中国光伏行业新增装机量。结果显示，到2025年我国光伏行业新增装机量有望达到89.00GW～132.40GW，年均复合增速达19.09%～23.75%。2021—2025年，年平均装机量有望到65.28GW～91.07GW（见表5-4）。

表5-4　　　　2021—2025年中国光伏行业新增装机量测算（单位：GW）

情景假设	2020A	2021A	2022E	2023E	2024E	2025E	CAGR	平均
非化石能源消费占比18%	48.20	54.88	54.01	63.79	75.35	89.00	19.09%	65.28
非化石能源消费占比20%	48.20	54.88	62.81	75.77	91.41	110.27	21.51%	78.17
非化石能源消费占比22%	48.20	54.88	71.22	87.58	107.68	132.40	23.75%	91.07

资料来源：ValueGo金融科技实验室根据国家能源局统计数据测算.

（2）欧盟光伏行业未来装机量测算

欧盟碳减排力度持续加大，多项立法持续推进。2020年9月17日，欧盟委员会发布《2030年气候目标计划》，提出将2030年的温室气体减排目标由40%提升至55%，可再生能源消费在最终能源消费总量中的份额提升至38%～40%。

因此，对欧盟光伏行业未来装机量预测的核心假设如下：

① 欧盟一次能源消费总量在2016—2020年间年均复合增速为0.1%，随着未来

进一步加大减排力度，假设 2021 年一次能源消费总量恢复至 2019 年水平，并在 2021—2025 年间年均复合增速保持为 0。

② 假设欧盟《2030 年气候目标计划》顺利实施，至 2030 年可再生能源消费占一次能源消费比重提升至 39%。

③ 假设未来平均发电消耗由于技术进步每年下降 0.55%。

④ 假设可再生能源发电量在可再生能源消费中的占比每年提升 0.3%。

⑤ 假设光伏发电量占可再生能源发电量的比重从 2020 年的 19.42% 增加至 2030 年的 40%。

⑥ 假设光伏发电年平均利用小时数达到 1 200 小时（如图 5-8 所示）。

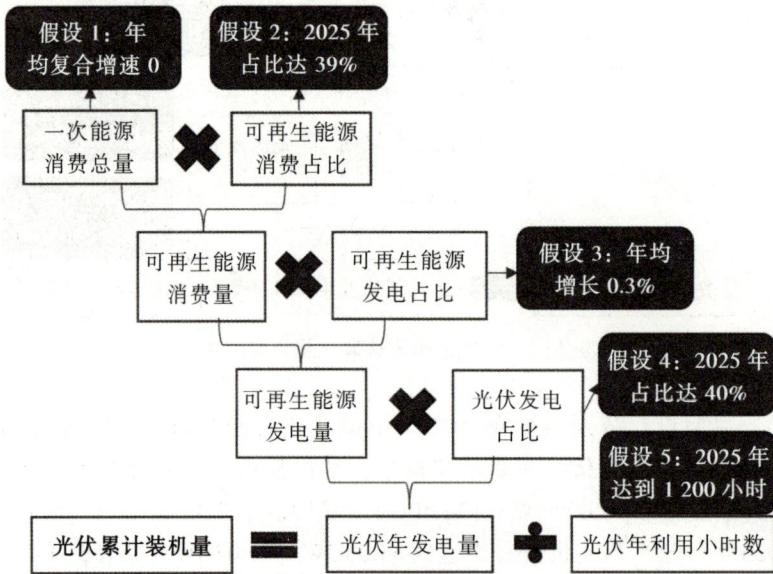

图 5-8 欧盟未来光伏装机量预测逻辑图

资料来源：ValueGo 金融科技实验室绘制.

基于上述假设，分别测算欧盟未来可再生能源消费占比分别为 37%、39% 和 41% 的情境下光伏行业新增装机量。结果显示，到 2025 年，欧盟光伏行业新增装机量有望达到 41.60 GW ~ 46.88GW，年均复合增速达到 14.44% ~ 15.62%。2021—2025 年，年平均新增装机量有望达到 32.34 GW ~ 35.81GW（见表 5-5）。

表 5-5　2021—2025 年欧盟光伏行业新增装机量测算（单位：GW）

情景假设	2020A	2021A	2022E	2023E	2024E	2025E	CAGR	平均
可再生能源消费占比 37%	21.50	25.9	27.75	31.76	36.35	41.60	14.44%	32.34
可再生能源消费占比 39%	21.50	25.9	29.07	33.44	38.47	44.26	15.05%	34.10
可再生能源消费占比 41%	21.50	25.9	30.33	35.07	40.55	46.88	15.62%	35.81

资料来源：ValueGo 金融科技实验室根据 BP 统计数据测算.

（3）全球光伏行业未来装机量测算

在过去10年里，全球能源转型得到了显著发展。从2015年开始可再生能源技术在全球能源发电市场占据主导地位，新增装机量超过了不可再生能源装机量，预计2021—2025年全球光伏行业新增装机量有望大幅提升。以此为依据做出如下假设：

① 基准情形：到2025年，中国非化石能源消费占比达到20%，欧盟可再生能源消费占比达到39%，全球其他地区2020年新增装机量为57GW，预期此后每年按照15%的复合增速增长。

② 保守情形：到2025年，中国非化石能源消费占比达到19%，欧盟可再生能源消费占比达到39%，全球其他地区2020年新增装机量为57GW，预期此后每年按照15%的复合增速增长。

③ 乐观情形：到2025年，中国非化石能源消费占比达到21%，欧盟可再生能源消费占比达到40%，全球其他地区2020年新增装机量为57GW，预期此后每年按照15%的复合增速增长。

基于上述情形测算，到2025年全球光伏行业新增装机量有望达到245.25 GW～293.93GW，年均复合增速达16.30%～18.67%。2021—2025年，年均新增装机量有望达到186.01 GW～215.27GW（见表5-6）。

表5-6　　　　2021—2025年全球光伏行业新增装机量测算（单位：GW）

情景假设	2020A	2021A	2022E	2023E	2024E	2025E	CAGR	平均
保守	126.70	175	157.14	182.24	211.39	245.25	16.30%	186.01
基准	126.70	175	167.26	195.90	229.57	269.18	17.46%	200.66
乐观	126.70	175	176.94	209.33	247.92	293.93	18.67%	215.27

资料来源：ValueGo金融科技实验室测算.

5.2.3　社会环境分析

可再生能源的兴起不仅改变了人类日常生活所用的能源的结构，更是掀起了一场社会认知的革命。要实现碳中和目标，各行各业都必须投入资金研发低碳减排技术和推进电能替代等，产业链的每个环节都要付出一定的"绿色成本"。

上到国家要出台政策支持发展，中到企业要加强研发、承担社会责任，下到消费者要支持电能替代，只有树立正确的理念并积极主动地参与，才有可能顺势迎来碳中和目标下能源发展的时代。作为世界上最大的发展中国家，从《联合国气候变化框架公约》到《巴黎协定》，中国一直都表现出大国风范，主动引领碳中和建设，向世界展示出坚定的中国态度。

消费者的环境保护意识不断增强，中国节能减排的成果得到了社会的广泛认同，越来越多的消费者为"绿色"买单，为中国实现碳中和目标奠定了良好的社会基础。

5.2.4 技术环境分析

根据光伏的生产环节,可以将光伏产业链分为上游、中游和下游。上游主要包含多晶硅料环节和硅片环节,其中硅片环节包含单晶硅片和多晶硅片两种不同的技术;中游主要包含电池片环节和组件环节,其中电池片环节包含单晶电池和多晶电池技术,组件则是将电池片和相关辅材组装结合;下游主要包含逆变器和光伏发电系统,逆变器主要将光伏产生的直流电转换为交流电,发电系统则包括集中式发电系统和分布式发电系统(如图5-9所示)。

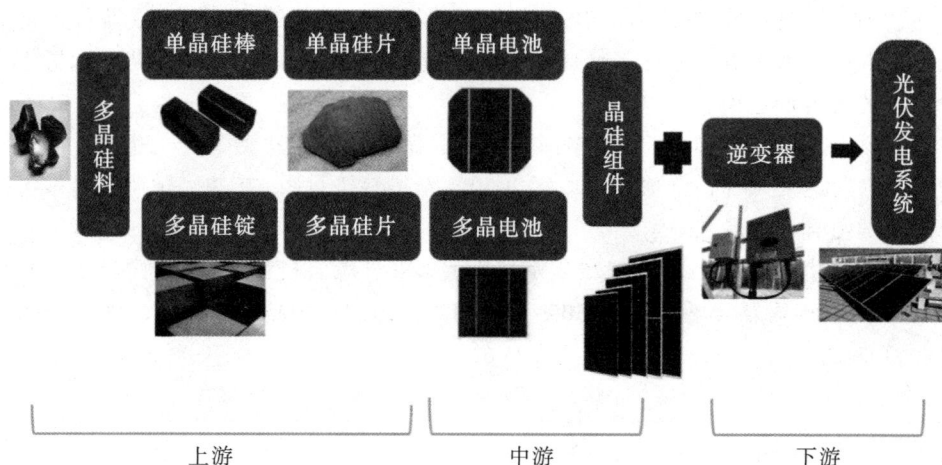

图5-9 光伏产业链简图

资料来源:中国光伏行业协会,赛迪智库集成电路研究所.中国光伏产业发展路线图(2020年版)[R].北京:中国光伏行业协会,2021.

1.多晶硅料

多晶硅料处于光伏产业链的最上游。按照产品纯度的不同,多晶硅料可分为工业硅、冶金级多晶硅、太阳能级多晶硅和电子级多晶硅。太阳能级多晶硅是以冶金级硅为原料,经过一系列的物理化学反应提纯后达到6N~9N(99.9999%~99.9999999%)纯度的非金属材料,它经过融化铸锭或拉晶切片后可以分别做成多晶硅片和单晶硅片,进而用于制造晶硅电池片。

(1)制备工艺

由于各多晶硅生产厂家所用主辅原料不尽相同,因此生产工艺和技术也不同,对应的多晶硅产品技术经济指标、产品质量指标、用途、产品检测方法、过程安全等方面也存在差异,各有技术特点和技术秘密。总体而言,市场上多晶硅的制备工艺主要有两种:改良西门子法和硅烷流化床法。其多晶硅的产品形态分别为棒状硅和颗粒硅。

西门子法自1957年应用于多晶硅的生产以来,经过了60多年的持续改良,已经是生产多晶硅最为成熟的工艺,也是主流的生产方法。第三代改良西门子法的主要制备过程如图5-10所示。

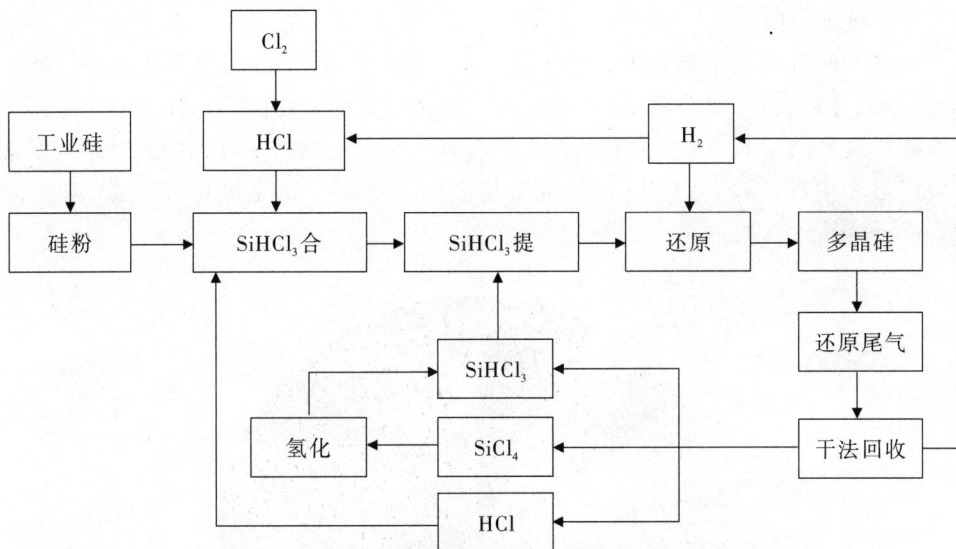

图5-10 改良西门子法制作工艺流程

资料来源：王世江. 当代多晶硅产业发展概论［M］.北京：人民邮电出版社，2017.

硅烷流化床法是以硅烷为反应材料的化学提纯法，是在改良西门子法用于工业化生产20多年后开发的新一代多晶硅制备工艺，核心是硅烷气体在流化床反应器中直接分解为颗粒状的多晶硅产品。相比于改良西门子法，硅烷流化床法具有转换率高、能耗低、可连续生产、副产物污染小的优势，但也存在安全性较差、成本过高、产品纯度不足等问题，从而制约其进一步的大规模应用。总体而言，改良西门子法和硅烷流化床法各有特点，其对比见表5-7。

表5-7　　　　　　　　　　　改良西门子法与硅烷流化床法对比

生产技术	改良西门子法	硅烷流化床法
原料	三氯氢硅、氢气	硅烷、氢气
产品质量	电子级、太阳能级	太阳能级
反应温度	1 150℃～1 200℃	550℃～700℃
转换率	10%～20%	大于90%
能耗	高	低
物耗	将尾气中的各种组分全部进行回收利用	参与反应的硅料得到充分利用，排出的废料极少
安全性	工艺成熟、操作安全	硅烷易爆炸、安全性差
生产工艺成熟度	工艺最成熟、可靠，投产速度最快	工艺不够成熟，仅少数厂家使用
最高多晶硅纯度	较高（9N～12N）	较低（6N～9N）
生产连续性	批次生产，需要装炉、拆炉	连续不间断生产
副产物	产生大量硅烷，需要通过氢化处理	副产物少，污染性排放少
单位生产成本	国外：70～90元/千克；国内：40～60元/千克	大于100元/千克
代表企业	江苏中能、德国Wacker、美国Hemlock、韩国OCI等	美国MEMC、美国REC、陕西天宏瑞科、江苏中能部分产能

资料来源：佟宝山. 多晶硅生产方法探讨及展望［J］.天津化工，2017（3）：6-9.

（2）成本结构

在多晶硅料的成本结构中，生产成本=现金成本+折旧，其中现金成本（可变成本）=原材料成本+制造费用+人工成本。原材料即冶金硅粉，制造费用主要包含电费和蒸汽费，人工成本主要包括员工工资和福利等。据SOLARZOOM统计，多晶硅生产过程中占比较大的三项成本分别是电费（35%）、冶金硅粉（30%）和折旧（15%）（如图5-11所示）。

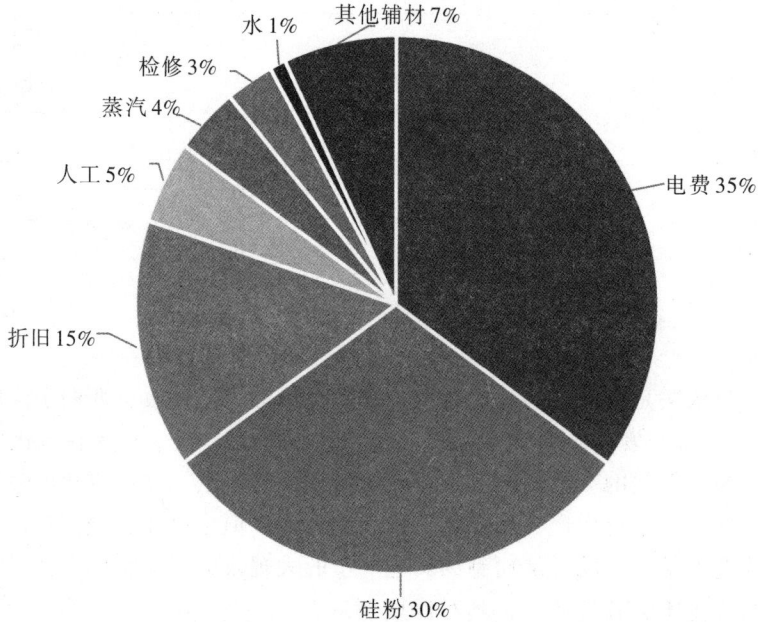

图5-11 多晶硅料成本构成

资料来源：根据 SOLARZOOM 统计数据绘制．

对生产企业而言，冶金硅粉的价格主要受行情波动影响，各家企业的硅粉成本基本相同；生产过程中的电费支出一方面取决于生产地的电价，另一方面取决于先进生产技术带来的电耗减少；折旧则取决于设备的产能和使用时间。因此，多晶硅行业降低成本、获取竞争优势的关键在于：通过规模经济降低单位产品折旧成本、通过技术改进降低单位产品电耗成本及通过低电价优惠降低直接生产成本。

在规模经济方面，生产企业主要通过扩大单线规模摊薄配套设施成本以及提高设备国产化率来降低成本。在扩大单线规模方面，随着系统集成水平的提高，国内多晶硅生产企业已成功地将还原、回收、精馏、氢化等系统有效整合，充分发挥单体装置的能力，现已基本掌握单线万吨级多晶硅生产技术。由于单线产能扩大，尾气、尾液等处理系统可以作为公用，从而可以进一步降低企业的投资成本。在设备国产化方面，中国多晶硅还原炉的主流设备为24对棒、36对棒、40对棒和48对棒，已基本实现国产化。

在技术改进方面，经过多年的发展，多晶硅制备技术取得了较大的进步，各项成本显著降低，但已逼近降本极限。2010—2020年，还原电耗和综合电耗分别从

80kWh/kg 和 170kWh/kg 降低至不足 45kWh/kg 和 65kWh/kg，综合能耗从 32.5kgce/kg 降低至不足 10kgce/kg，降低了近 70%（见表 5-8）。各项技术经济指标的改善使中国多晶硅生产的综合成本显著降低，从 2010 年的 35 万元/吨降低至 2020 年的 6 万元/吨，降幅达到 83%。因此，在改良西门子法工艺趋于成熟的条件下，短期内通过技术路线大幅改善成本空间的可能性已经不大，新进入者凭借技术优势弯道超车的概率也已大幅降低，各主要垄断厂商通过自身积累的成熟技术构筑了行业壁垒，同时相互之间获取细微的成本优势。

表 5-8   多晶硅料行业生产能耗

项目	2010	2011	2012	2013	2014	2015	2016	2017	2018	2019	2020
还原电耗（kWh/kg）	80	<70	<60	<58	<57	<55	<50	<48	<45	<45	<45
综合电耗（kWh/kg）	170	<135	<120	<110	<105	<85	<80	<75	<68	<65	<65
蒸汽消耗（kg/kg）	120	80	50	40	35	26	25	23	21	20	20
综合能耗（kgce/kg）	32.5	<24.4	<19.6	<17.4	<16.3	<13.0	<12.3	<11.5	<10.7	<10.2	<10
降低幅度（%）	18.84	25.08	19.45	11.21	6.32	20.39	5.49	6.61	6.8	4.5	2.5

资料来源：根据中国有色金属工业协会硅业分会统计资料、《2020 年中国光伏产业发展路线图》整理.

在利用电价优势方面，龙头企业主要通过将生产地布局在低电价地区来获得成本优势，并不断扩产。例如，大多数龙头企业布局的新疆、内蒙古处于一类资源区，电价具有先天优势，云南等地则具有水电优势。中国主要多晶硅生产企业的产地布局和电价见表 5-9。

表 5-9   中国主要多晶硅生产企业产地布局和电价   单位：元/千瓦时

企业名称	地区	1～10千伏	20～35千伏	35～110千伏	110～220千伏	220千伏以上
保利协鑫	江苏	0.660	0.654	0.645	0.630	0.615
	新疆	—	0.382	0.376	0.363	0.363
新疆大全	新疆	—	0.382	0.376	0.363	0.363
特变电工	新疆	—	0.382	0.376	0.363	0.363
通威股份	四川	0.535	—	0.515	0.495	0.475
	内蒙古	0.448		0.433	0.421	0.414
洛阳中硅	河南	0.580	—	0.565	0.550	0.542

资料来源：根据各地发改委官网数据整理.

（3）竞争格局

作为欧美地区针对我国工业硅和电池组件实施制裁的反制措施，2014年和2017年，我国对原产于美国、韩国、欧盟等地的多晶硅也实施了反倾销和反补贴措施。针对美国的反倾销税率普遍在50%以上；对欧洲的反倾销税率维持在42%，仅德国Wacker与中国政府达成价格承诺，暂不征收"双反"税；同时对韩国部分公司征收高达113.8%的反倾销税（见表5-10）。高额的"双反"税率阻止国内企业直接从欧美进口多晶硅材料，未来国内市场进口替代空间仍旧广阔。

表5-10   我国针对他国多晶硅行业征收"双反"税率情况

原产地	公司名称	反倾销税率	反补贴税率	期限
美国	REC太阳能级硅有限责任公司（REC Solar Grade Silicon LLC）	57.0%	0	2014年1月20日起5年
	REC先进硅材料有限责任公司（REC Advanced Silicon Materials LLC）	57.0%	0	
	Hemlock半导体公司（Hemlock Semiconductor Corporation）	53.3%	2.1%	
	MEMC帕萨迪纳有限公司（MEMC Pasadena，Inc.）	53.6%	0	
	AE多晶硅公司（AE Polysilicon Corporation）	57.0%	2.1%	
	其他美国公司（All Others）	57.0%	2.1%	
韩国	熊津多晶硅有限公司（Woongjin Polysilicon Co.，Ltd.）	113.8%	无	2017年11月22日起
	OCI株式会社（OCI Company Ltd.）	4.4%	无	
	韩国硅业株式会社（Hankook Silicon Co.，Ltd.）	9.5%	无	
	韩国化学株式会社（Hanwha Chemical Corporation）	8.9%	无	
	KCC Corp and Korean Advanced Materials（KAM Corp.）	113.8%	无	
	Innovation Silicon Corp	113.8%	无	
	其他韩国公司（All Others）	88.7%	无	
德国	Wacker	价格承诺	价格承诺	2017年5月1日起18个月
	Schmid Group	42.0%	1.2%	
	Joint Solar Silicon（JSS）	42.0%	1.2%	
意大利	MEMC Electronic Materials SpA	42.0%	1.2%	2017年5月1日起18个月
	MEMC Electronic Materials	42.0%	1.2%	
	SILFAB S.p.A.	42.0%	1.2%	
	Estelux S.r.l.	42.0%	1.2%	
	PrimeSolar S.r.l.	42.0%	1.2%	
西班牙	Siliken Spain	42%	1.2%	2017年5月1日起18个月
	其他欧盟公司（All Others）	14.3%	1.2%	2017年5月1日起18个月

资料来源：根据商务部发布的有关公告内容整理.

2018年10月31日，商务部发布2018年第86号公告，决定自2018年11月1日起，对原产于欧盟的进口太阳能级多晶硅所适用的反倾销措施和反补贴措施终止实施。2020年1月19日，商务部发布2020年第1号公告，决定自2020年1月20日起，对原产于美国和韩国的进口太阳能级多晶硅继续征收反倾销税，实施期限为5年，继续征收反倾销税的税率与商务部2014年第5号公告和商务部2017年第78号公告的规定相同。同日，商务部发布2020年第2号公告，决定自2020年1月20日起，对原产于美国的进口太阳能级多晶硅继续征收反补贴税，实施期限为5年，继续征收反补贴税的税率与商务部2014年第4号公告的规定相同。

我国是多晶硅料进口大国，据海关总署统计，2010—2017年中国多晶硅料的进口数量逐年上升至15.89万吨；2017—2020年，在中国针对欧盟国家和美国实施反制措施后，多晶硅料的进口数量大体呈现下降趋势（如图5-12所示）。同时，随着多晶硅料的进口价格不断下降，多晶硅料的进口金额也呈现逐年下降的态势，2020年进口金额首次降至10亿美元以下（如图5-13所示）。

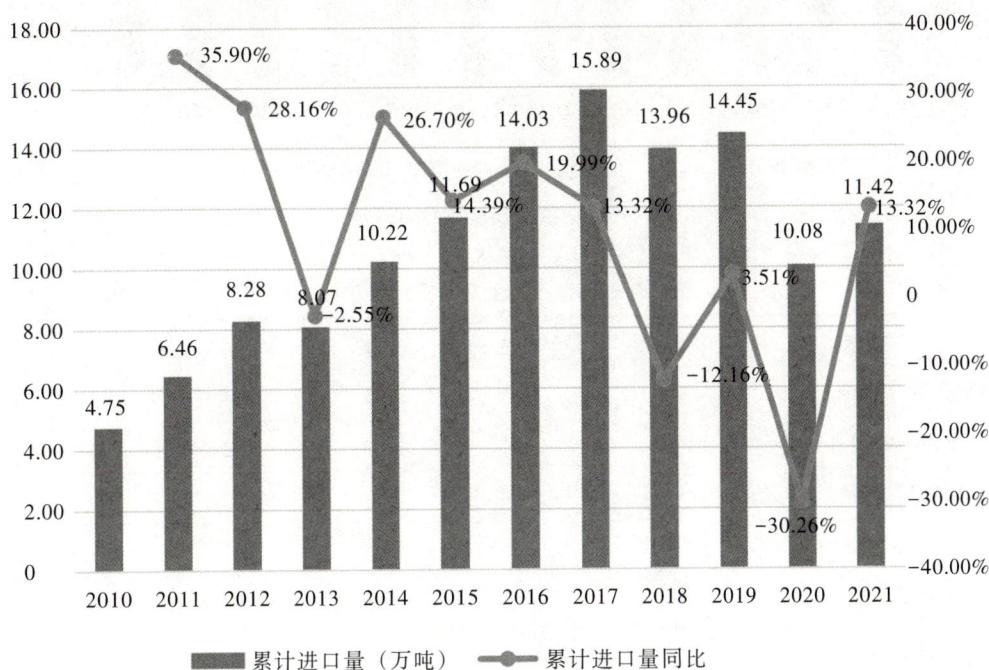

图 5-12　中国多晶硅进口数量统计

资料来源：根据 Wind、海关总署统计数据绘制．

在国内竞争格局方面，头部企业占据了绝大多数市场份额。国内企业主要有保利协鑫、通威股份（四川永祥）、新特能源、新疆大全等，国外企业主要是韩国OCI、德国 Wacker 等（见表5-11）。根据中国有色金属工业协会硅业分会统计，2019年底保利协鑫多晶硅产能占比约为19%，其次为通威股份、新特能源和新疆大全，占比分别为18%、16%和15%，这4家企业总共占比约为68%；2020年底上述4家企业产能均在5万吨以上，其产能合计约34.7万吨，约占国内多晶硅总产能的72.2%，产能集中度较高。

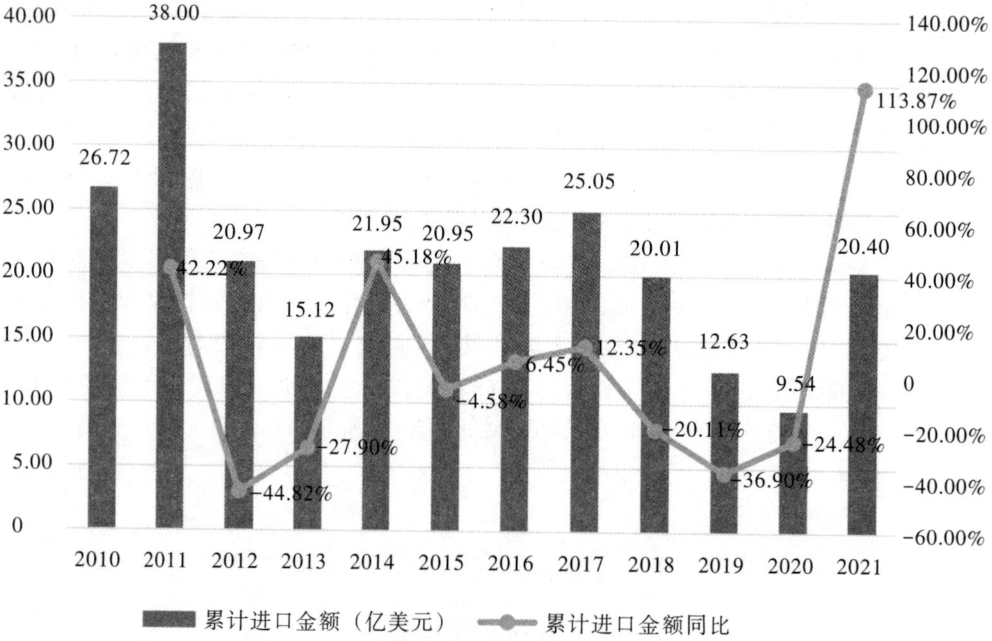

图5-13 中国多晶硅进口金额统计

资料来源：根据 Wind、海关总署统计数据绘制．

表5-11　　　　　　　　国内外主要多晶硅生产企业产能统计　　　　　　　　单位：万吨

企业名称	国别	2018A	2019A	2020A	2021A
永祥（乐山）	中国	1.9	4.2	5.4	10.0
永祥（内蒙古）			2.3	3.2	3.5
通威（云南）			0	0	4.5
新疆大全	中国	2.3	4.2	7.7	7.5
江苏中能	中国	6.4	3.9	4.4	6.6
保利协鑫			3.8	3.1	6.0
Wacker	德国	5.4	5.1	5.9	6.0
	美国	1.2	0.6	0.9	2.0
新特能源	中国	3.4	5.0	6.5	8.0
东方希望	中国	1.6	2.8	4.0	9.0
OCI	韩国	4.9	3.9	0.1	0.5
	马来西亚	1.3	2.2	2.66	3.0

企业名称	国别	2018A	2019A	2020A	2021A
亚洲硅业	中国	1.4	2.0	2.1	2.0
Hemlock	美国	1.6	1.6	1.6	1.8
东立	中国	0.7	0.8	1.14	1.2
全球前十合计（万吨）		32.4	42.5	48.7	71.6
全球硅料合计（万吨）		44.6	50.8	52.1	77.7

注：保利协鑫2021年新增颗粒硅料产能5.4万吨，其中2万吨于2021年6月投产；通威股份旗下四川永祥乐山二期3.5万吨硅料产能于2021年9月投产，保山一期4万吨硅料产能于2021年12月投产。

资料来源：表中各公司公告．

2.硅片

硅片位于光伏产业链上游，硅片制造企业通过采购多晶硅料，利用单晶硅生长炉或多晶硅铸锭炉生产出单晶硅棒或多晶硅锭，再将其切割为单晶硅片或多晶硅片，之后销售给其下游企业用于生产太阳能电池及组件。

（1）制备工艺

光伏硅片分为单晶硅片和多晶硅片，主要制备流程如下：

①原料预处理：对多晶硅料进行预处理，为后续长晶过程做准备。

②长晶过程。长晶过程是运用一定的方法使多晶硅料生长成较大的硅块材料。生产单晶硅片主要采用多次直拉单晶技术（Recharged Czocharlski，RCZ），即在传统的一炉拉一根晶棒工艺基础上，拉完第一根后（坩埚内剩余一定重量的硅熔液）通过二次加料工艺向坩埚内重新装料，进而拉制第二、第三甚至更多根晶棒。这一方法有效降低了加工成本。另外，由于RCZ需要等待晶棒冷却后才能加料拉下一根晶棒，影响效率的提升，拉晶过程中熔液面的下降会造成温场不稳定，多次拉晶杂质沉积导致晶棒的品质逐渐下降，造成硅片的电阻率不均等不足，一种新工艺——连续直拉单晶技术（Continuous Czocharlski，CCZ）走出象牙塔。它在拉晶过程中连续加料，拉晶效率更高、综合电耗更低，同时由于保持熔液面及温场的稳定，可以拉出更均质、电阻分布更窄的晶棒，但目前工艺还不够成熟。太阳能电池多晶硅锭的定向凝固生长方法主要有浇铸法、热交换法（HEM）、布里曼（Bridgeman）法、电磁铸锭法，其中热交换法与布里曼法通常结合使用。

③切片：将单晶硅棒或多晶硅锭切割成单晶硅片、多晶硅片。

④检测包装：对硅片进行检验分选。检验指标为硅片尺寸、厚度、表面质量等。最后将合格成品进行包装。

（2）成本结构

单晶硅片和多晶硅片的竞争核心在于其性价比。硅片的生产成本可分为硅料成本和非硅成本两部分。硅料成本一般占硅片生产成本的50%~60%；非硅成本是指除硅料以外的硅片成本，是体现硅片生产企业技术水平和成本控制能力的重要指标，主要包括长晶成本和切割成本。不同种类的硅片成本占比略有不同，根据 PV Infolink 的数据，单晶硅片长晶成本占比33%，切割成本占比17%；而多晶硅片长晶成本占比12%，切割成本占比29%，其他成本占比7%（如图5-14所示）。

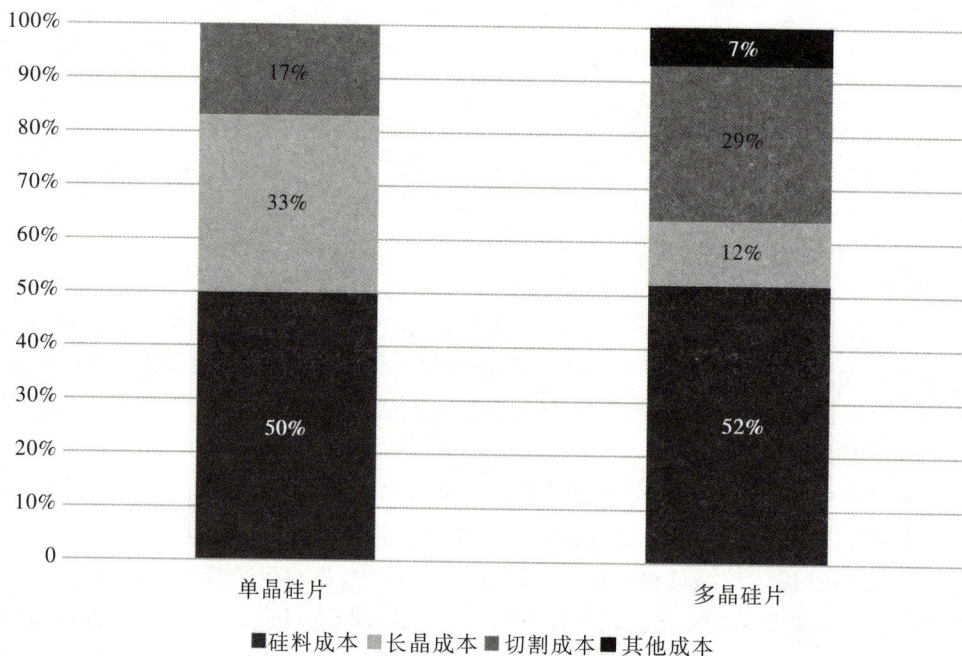

图5-14　单晶硅片与多晶硅片各项成本占比

资料来源：根据 PV Infolink 统计数据整理绘制．

在切割成本上，金刚石切割线（简称金刚线）带动了单晶硅片切割成本下降的革命。2014年之前，国内硅片企业基本都采用游离磨砂浆料进行切割，金刚线的渗透率还较低。彼时由于日本企业的生产技术领先且产能较为集中，占据了全球金刚线市场的大部分市场份额，其产品售价也居高不下（售价约合人民币3元/米），制约了金刚线的推广使用。随后，国内金刚线企业打破日本技术垄断，金刚线的成本逐渐降低，2015年降至0.2~0.5元/米，2020年最低已降至0.06元/米。游离磨砂浆料切割与金刚线切割的对比见表5-12。

国内硅片企业中，隆基绿能科技股份有限公司（简称隆基股份）率先采用金刚线替代传统工艺，并在2016年全部改用金刚线技术，其非硅成本也得以下降36%至1.71元/片，从而取得了与多晶硅片竞争的成本优势。多晶硅片生产企业则于2017年开始改用金刚线，2019年后基本实现全部渗透。总体而言，由于多晶硅锭的硬质点较多，切片的断线率、切割速度都比单晶硅片要差，因此采用同样的技术时，多晶硅片的切片成本要高于单晶硅片。

对比项目	游离磨砂浆料切割	金刚线切割
表5-12	游离磨砂浆料切割与金刚线切割对比	
切割磨损	磨料颗粒磨损约为60μm	金刚石颗粒磨损约为20μm
切割速度（m/min）	580～900	1 000～1 500
理论每小时出片量（PCS/h）	333	880
切片成本（元/片）	0.8～0.9	0.4
辅料消耗	聚乙二醇（PEG）悬浮液，较难处理	水基切割液，较易处理
加工硅片规格（mm×mm）	156×156	156×156
片厚（μm）	190	130～180
导轮横距（μm）	340	285

资料来源：ValueGo金融科技实验室根据美畅股份年报、岱勒新材年报、阿特斯年报整理.

在效能上，新电池技术的发展进一步巩固了单晶硅片的效能优势。由于单晶硅片的位错密度更低，单晶电池的能量转换效率较多晶电池高。根据绿色科技传媒研究中心（GTM）的数据，多年以来普通P型单晶电池较多晶电池的转换效率始终维持1.2～1.4个百分点的优势。近年来，随着发射极钝化和背面接触（passivated emitter and rear cell，PERC）等高效技术的成功应用，单晶产品较多晶产品的效率优势进一步拉大。

总结起来，单晶硅片的长晶成本和切割成本均显著下降，随着PERC电池技术的进步，单晶硅片转换效率得到显著提升，在综合性价比方面已经远远超过多晶硅片。因此，2018—2020年，各家生产企业均大幅扩大单晶硅片的产能，单晶硅片迅速取代多晶硅片的市场份额。据中国光伏行业协会统计，多晶硅片市场份额从2018年的55.0%快速下降至2020年的9.3%，市场主流的P型单晶硅片市场份额则由39.5%增长至86.9%（如图5-15所示）。可以预见，随着多晶硅片产能的逐步缩小和单晶硅片产能的逐步扩大，未来单晶硅片将完成对多晶硅片的全面替代。

（3）竞争格局

总体而言，中国硅片企业在全球硅片行业占据绝对主导地位。从产量看，中国硅片产量占全球硅片产量的比重从2011年的55.56%快速上升至2019年的97.32%，2020年略有下降，为96.18%，2021年中国硅片产量进一步扩大至226.6GW，占全球产量的比重为97.29%（如图5-16所示）。从产能布局看，世界产能布局不断向中国集中，其中2019年中国硅片产能约为173.7GW，占全球硅片产能的93.7%；2020—2021年，随着中国龙头企业进一步布局扩产以及国外低端产能的退出，市场产能进一步向中国集中。

图 5-15　2018—2021年不同类型硅片市场份额占比

资料来源：根据中国光伏行业协会统计数据绘制．

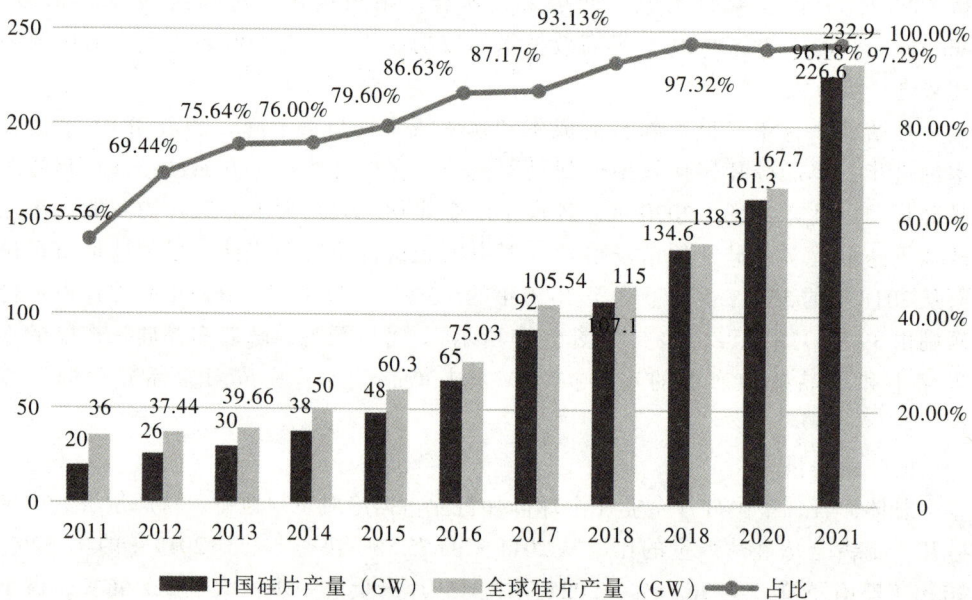

图 5-16　2011—2021年中国硅片产量及占比

资料来源：根据中国光伏行业协会统计数据绘制．

当前中国硅片行业主要呈现如下格局：

第一，从厂家类型来看，中国硅片市场的供应商主要有两大类。一类是垂直一体化厂商，如晶澳、晶科等，这一类企业只要生产硅片的现金成本不高于外购成本，都倾向于自产自用；另一类是第三方龙头厂商，如隆基、中环等，其产能用于满足自家组件需求及供应其他电池厂的硅片需求。

第二，从产能布局来看，市场集中度较高且不断提升，呈现双寡头垄断格局。中国光伏行业协会数据显示，2020年中国硅片行业前五大企业的市场占有率约为90%，其中隆基和中环的产能遥遥领先于其他生产企业，合计占据了我国单晶硅片市场超过60%的产能；晶科、晶澳作为"硅片–电池–组件"一体化公司，硅片产量虽然不低，但均用于内部消化，不对外销售；京运通和上机数控从上游设备端介入下游硅片行业，所有硅片均用于外销，但产量相对龙头企业而言仍有较大差距。

3.电池片

电池片环节处于光伏产业链的中游，电池片生产企业通过采购单晶或多晶硅片，经一系列工艺生产出太阳能电池片，并销售给其下游的组件生产商。

（1）制备工艺

光伏行业电池片环节的技术路线较多，产品按照更新迭代的顺序大致可以分为3代：第1代为铝背场（aluminium back surface field，Al-BSF）电池；第2代为PERC电池；第3代为异质结（HJT）电池及交指式背接触（interdigitated back contact，IBC）电池。行业大规模量产的制备工艺是第2代PERC电池以及在此基础上改进优化的N-PERT、N-TOPCon等PERC+型电池（也被称为第2.5代）。

第1代：Al-BSF电池。Al-BSF电池是指在PN结制备完成后，在硅片的背光面沉积一层铝膜形成P+层的太阳能电池。Al-BSF电池的铝背层红外辐射光只有60%～70%能被反射，产生较多光电损失，因此在光电转换效率方面具有先天的局限性。

第2代：PERC电池。PERC技术是利用特殊材料在电池片背面形成钝化层作为背反射器，产生更多反射光增加额外电流以较大程度地减少光电损失；同时，PERC技术能够增大P极和N极间的电势差，提高光电转换效率。生产PERC电池不需要另开生产线，在常规电池生产流程中增加两道工序即可完成升级。

第2.5代：N-PERT电池和N-TOPCon电池。N-PERT电池是对PERC电池的改进，在同等掺杂情况下转换效率高于P型电池。相比Al-BSF电池的制备工艺，N-PERT电池的不同之处在于正面扩硼、背面离子注入磷和背面钝化叠层的制备。

N-TOPCon技术则是对N-PERT技术的升级改造。N-TOPCon电池与N-PERT电池生产工艺兼容，主要区别在于背面钝化叠层镀膜工艺有所差异，N-TOPCon电池背面需要制备隧穿氧化层（硝酸湿法氧化）和多晶硅薄层（PECVD沉积）的工艺。

第3代：异质结（HJT）电池和IBC电池。HJT电池具有本征非晶层的异质结（heterojunction with intrinsic thin layer），同样是N型电池，其电池工艺比PERC和

PERT简单，相比于前两代电池，它具有电池结构简单、工艺流程短、电池开压高、热能投入少、对环境洁净度要求较低等优点。最重要的是，HJT电池拥有非常高的转换效率（截至2020年，平均转换效率可达24.2%）。IBC技术是将PN结和金属接触均移到电池片背面，使面朝太阳的电池片正面呈全黑色，完全看不到多数光伏电池正面呈现的金属线。这不仅为使用者带来更多有效的发电面积，也有利于提升发电效率，外观上也更加美观。IBC电池工艺的关键问题，是如何在电池背面制备出呈交叉指状间隔排列的P区和N区，以及在其上面分别形成金属化接触和栅线。目前，IBC电池因制造工艺复杂，技术门槛高，使用的N型高质量单晶硅片成本较高，还未得到商业化推广和大规模应用。

主要电池片制备技术流程图及比较分别见图5-17和表5-13。

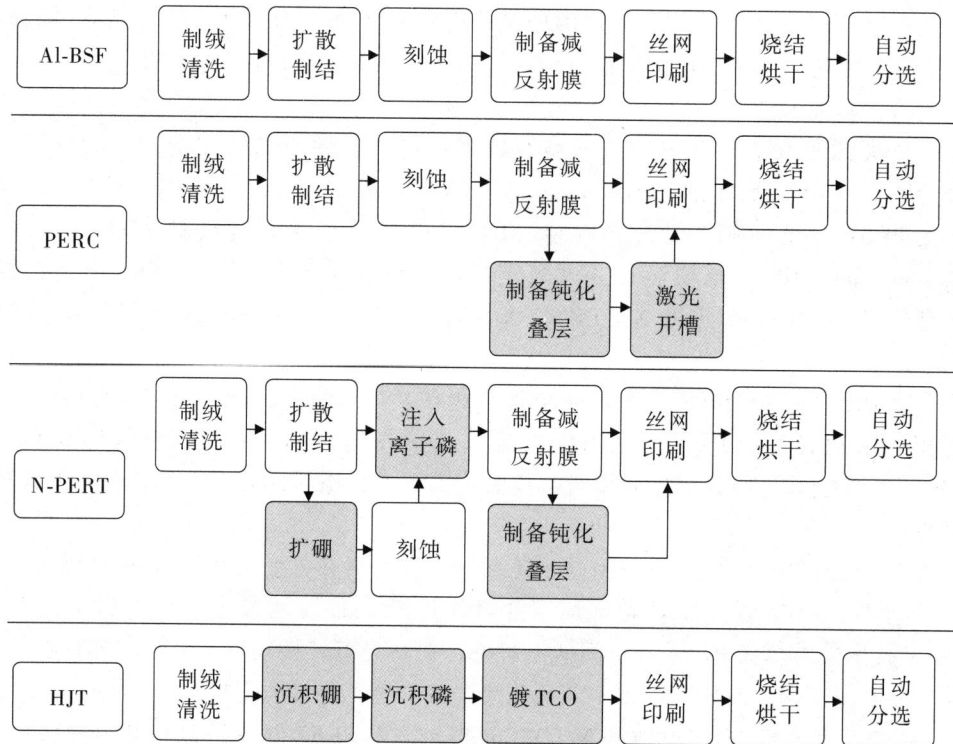

图5-17　主要电池片制备技术流程图

资料来源：根据摩尔光伏网站（www.molepv.com）相关资料整理．

（2）成本结构

根据中国光伏行业协会的数据，2020年新建产能以PERC电池为主，PERC电池市场占比进一步提升至86.4%。随着国内用户需求逐步转向高效产品，Al-BSF电池的市场占比进一步下降至8.8%，相较2019年下降22.7个百分点。因此，下面将重点分析当前主流的PERC电池以及未来可能的技术方向——TOPCon电池和HJT电池。

表 5-13 电池制备技术比较

名称	Al-BSF	PERC	N-PERT	N-TOPCon	HJT	IBC
技术释义	铝背场	发射极钝化和背面接触	发射极钝化和全背面扩散	隧穿氧化层钝化接触	具有本征非晶层的异质结	交指式背接触
主要类型	BSF P型多晶黑硅	PERC P型多晶黑硅、PERC P型单晶电池	双面N型PERT单晶电池	TOPCon单晶电池	HJT N型单晶电池	IBC N型单晶电池（中试阶段）
优势	—	性价比高	可从现有产能升级	可从现有产能升级	工序少	效率高
量产难度	成熟	非常成熟	可量产	难度大	难度大	难度极大
技术难度	容易	容易	较容易	难	难	极难
工序	少	少	较少	多	最少	多
设备投资	少	少	较少	较多	多	极多
产能兼容	兼容	兼容	兼容	兼容	不兼容	不兼容
问题	逐渐被新技术替代	降本空间有限	性价比相对较低	难度高，效率提升小	设备投资成本高	难度高、成本高

资料来源：中国光伏行业协会，赛迪智库集成电路研究所. 中国光伏产业发展路线图（2020版）〔R〕. 北京：中国光伏行业协会，2021.

从成本结构上看，PERC电池、TOPCon电池和HJT电池的生产成本均主要来自硅片、物料和动力。其中，硅片成本占比分别为58%、63%和47%；物料成本占比分别为22%、16%与33%；动力成本占比分别为9%、6%和7%（如图5-18所示）。因此总体而言，各项电池降低成本的措施主要围绕3个方面展开：①降低硅片成本；②降低非硅材料成本；③降低设备投资成本。

PERC电池成本结构　　　　　TOPCon电池成本结构　　　　　HJT电池成本结构

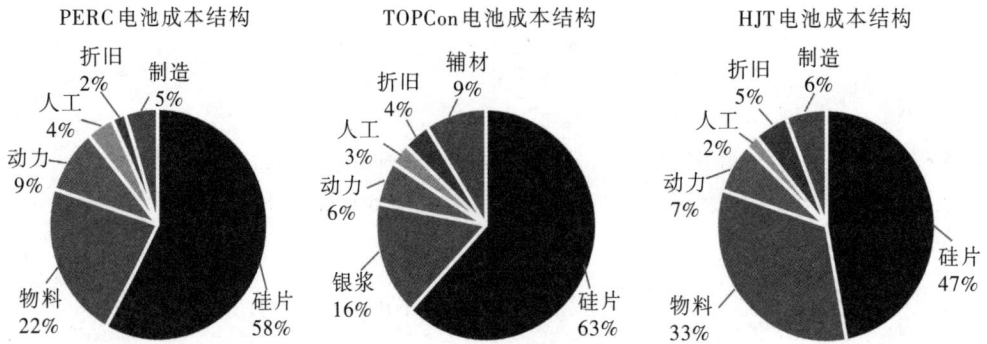

图5-18　PERC、TOPCon、HJT电池成本构成

资料来源：ValueGo金融科技实验室根据华晟新能源、集邦能源网数据整理绘制.

在降低硅片成本方面，主要有薄片化和大尺寸两个方向。PERC电池所用的硅片量产厚度为170～180μm，降低到160μm之后会对电池和组件工艺形成挑战，且硅片变薄容易发生曲翘，会导致短路电流进而造成转换效率下降。因此，PERC电池的薄片化已接近极限。相比之下，HJT电池具有结构对称、采用低温工艺、板式设备可兼容半片等特性，天然适合做大做薄。同时，HJT电池在硅片从200μm变薄为100μm的过程中，由于开路电压上升、短路电流下降、填充因子基本稳定，电池的效率能够基本维持不变（见表5-14）。

表5-14　　　　　　　　　　　　　薄片化大尺寸的降本效益

尺寸 (mm)	PERC技术		TOPCon技术			HJT技术		
	厚度 (μm)	出片量	厚度 (μm)	出片量	硅耗	厚度 (μm)	出片量	硅耗
166	175	62	160	68	-8.57%	150	72	-14.29%
182	175	51	160	56	-8.57%	150	60	-14.29%
210	175	38	160	42	-8.57%	150	44	-14.29%

资料来源：中国光伏行业协会，赛迪智库集成电路研究所. 中国光伏产业发展路线图（2020版）[R]. 北京：中国光伏行业协会，2021.

在降低非硅材料成本方面，HJT电池与PERC电池的主要成本差异在银浆。PERC电池和TOPCon电池使用高温银浆，HJT电池使用低温银浆。根据中国光伏行业协会的数据，2020年P型电池银浆消耗量约为107.3毫克/片；TOPCon电池正面使用的银铝浆（95%银）消耗量约为87.1毫克/片，背银消耗量约为77毫克/片；HJT电池的双面低温银浆消耗量约为223.3毫克/片。

在降低设备投资成本方面，电池片制备流程中的大多数设备国产替代空间广阔。根据中国光伏行业协会的数据，2020年新投电池线生产设备基本实现国产化，且仍以PERC电池线为主，其设备投资成本降至22.5万元/兆瓦，同比下降25.7%，生产线可兼容182mm及210mm的大尺寸产品。2020年，TOPCon电池线设备投资成本约为27万元/兆瓦，略高于PERC电池；HJT电池设备投资成本为45万元/兆瓦~55万元/兆瓦。随着未来设备生产能力的提高及国产设备不断替代昂贵的进口设备，单位产能设备投资额将进一步下降。

（3）竞争格局

从生产企业产能来看，全球电池片环节产业集中度进一步提升，主要产能向中国集中。根据中国光伏行业协会的数据，2020年全球晶硅电池片总产能为249.4GW，总产量为163.4GW，2021年全球晶硅电池片总产能达到了423.5GW，同比增长69.81%，总产量为223.9GW，同比增长37.03%。2021年我国电池片总产能已达到360.6GW，同比增加79.22%，占全球总产能的85.15%，电池片总产量为197.9GW，同比增长46.90%，占全球产量88.39%，全球电池片产业继续向中国集中。

从电池片产品来看，HJT电池投资提速，产业化加速。全球实现HJT电池量产的企业已有20余家，实际投运产能约4GW，规划产能超30GW。国内较早布局HJT电池产能的主要有钧石、中智、汉能等企业，投运产能多以中试线为主，量产光电转换率均在23%以上。从2019年下半年开始，国内HJT电池产能投资呈明显加速态势，山煤国际、东方日升、通威股份、爱康科技、晋能等相继宣布HJT电池扩产计划（见表5-15）。

表5-15　　　　　　　　　　　各种类型电池产能对比

	P-PERC	N-PERT	N-TOPCon	HJT	IBC
量产光电转换率	21.8%~22.5%	21.5%~21.7%	23.2%~23.5%	22.5%~23.7%	25.0%
2019年底产能（GW）	112.4	0.8	5	4.5	1.9
2020年底产能（GW）	163.4	0.8	15	8.8	2
主要企业	隆基、爱旭、通威	中来、林洋	中来、天合、晶澳	晋能、通威、爱康	SunPower、国电投

资料来源：中国光伏行业协会，赛迪智库集成电路研究所. 中国光伏产业发展路线图（2020版）[R]. 北京：中国光伏行业协会，2021.

4.晶硅组件

光伏组件也被称为太阳能电池板，由电池片串联/并联，并进行封装，随后再安装其他辅材制成。从产业链上的位置来看，光伏组件位于光伏行业中下游，主要完成光伏发电单元的封装，以销售给终端客户，实现整个光伏制造环节利润的最终兑现。从电池片材料来看，光伏组件可分为晶硅组件和薄膜组件两类。晶硅组件由晶体硅光伏电池封装形成，具有单块组件发电功率高的优点，且设备投资成本较低，目前技术发展较为成熟，已占据光伏组件市场主导地位。根据中国光伏行业协会的数据，2021年晶硅组件市场份额高达96.2%。

（1）制备工艺

传统组件的生产流程较为简单，大致可以分为4个步骤（如图5-19所示）：

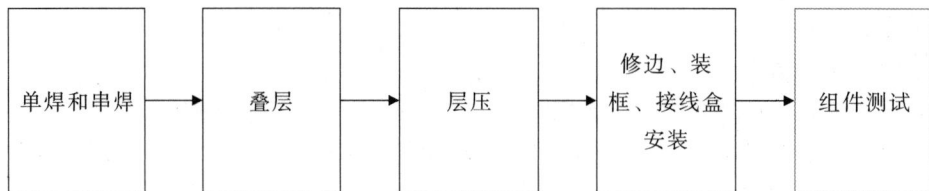

```
┌──────────┐   ┌──────┐   ┌──────┐   ┌──────────┐   ┌──────────┐
│          │   │      │   │      │   │ 修边、装  │   │          │
│ 单焊和串焊 │ → │ 叠层 │ → │ 层压 │ → │ 框、接线盒 │ → │ 组件测试  │
│          │   │      │   │      │   │   安装    │   │          │
└──────────┘   └──────┘   └──────┘   └──────────┘   └──────────┘
```

图5-19　传统组件生产工艺流程

① 单焊和串焊环节：先通过汇流条将电池片正负极连接，并引出引线，得到电池串。

② 叠层和层压环节：叠层是将电池串，玻璃，切割好的胶膜、背板，按照一定的层次铺好；层压则是通过抽真空将组件内的空气抽出，然后加热使胶膜融化将上下表面黏结在一起，最后冷却取出。

③ 修边、装框和接线盒安装环节：修片是将胶膜融化后由于压力向外延伸固化形成的毛边切除；装框则是安装铝边框提高组件强度；接线盒安装是使引线和接线盒相连，利于其他设备的连接。

④ 组件测试环节：对组件的功率进行标定，并测试其稳定性和可靠性。

从整个生产流程来看，传统组件生产工艺成熟，并不存在高难度的工艺和设备要求，技术壁垒较低。

当前组件技术的更新方向主要集中于：①提高生产效率，降低单瓦成本；②减少封装功率损失；③提高光电转换效率；④提高电池片互联密度。在这些方向上，双面技术、叠瓦技术、半片技术等相关新型技术逐步崭露头角，获取市场份额（如图5-20所示）。

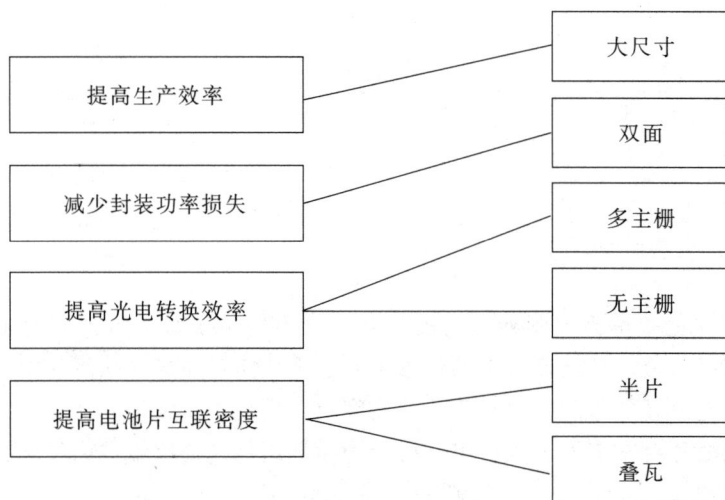

```
┌────────────────┐                    ┌──────────┐
│   提高生产效率   │ ─────────────────── │  大尺寸   │
└────────────────┘                    └──────────┘

                                      ┌──────────┐
                                      │   双面    │
┌────────────────┐                    └──────────┘
│  减少封装功率损失  │ ───────────────
└────────────────┘                    ┌──────────┐
                                      │  多主栅   │
                                      └──────────┘
┌────────────────┐
│  提高光电转换效率  │ ───────────────   ┌──────────┐
└────────────────┘                    │  无主栅   │
                                      └──────────┘

┌────────────────┐                    ┌──────────┐
│ 提高电池片互联密度 │ ───────────────   │   半片    │
└────────────────┘                    └──────────┘

                                      ┌──────────┐
                                      │   叠瓦    │
                                      └──────────┘
```

图5-20　组件生产工艺更新方向及相关技术

资料来源：根据 SOLARZOOM（光储亿家）网站（http：//m.solarzoom.com）相关资料整理．

双面技术能有效提高光电转换效率，市场渗透率快速提升。双面技术是使用双面电池，正、反面都具备发电能力。当太阳光照射时，会有部分光线被周围的环境反射到双面组件的背面，这部分光可以被电池吸收从而提高单位发电量5%~15%。表5-16列举了隆基双面组件发电增益结果。

表5-16 隆基双面组件发电增益结果

项目地	安装形式	地表（反射率）	发电增益
美国怀俄明州弗里蒙特	固定支架30°	黑布（8.2%）	4.4%
		白布（60.7%）	15.7%
		浅沥青（24%）	10.6%
美国加利福尼亚州利弗莫尔	单平轴跟踪	砾石（21.4%）	8.3%
美国内华达州帕伦普	固定支架30°	砾石（21.1%）	8.8%
		浅色砾石（37.9%）	10.9%

资料来源：隆基股份公告．

半片技术兼容性较好，已成为各大厂商的主流技术。半片技术是通过激光将全片电池一切为二。由于晶硅电池的电压与面积无关，而功率与面积成正比，因此半片的电流减半可以减少内部电路电阻损耗（降为1/4），一般半片能够提高组件功率5~15W。此外，半片技术还具备降低热斑效应、工作温度低、减少遮挡时发电量损失、技术兼容性强等特点，相比传统整片优势明显。

叠瓦技术是组件的最优解决方案，但还需要解决技术难题。叠瓦技术是将常规的电池片"一切五"或者"一切六"，得到小的电池条以后利用导电胶对切片电池进行重叠连接。由于电池片之间不再通过焊带连接，也不需要为焊带留出缓冲位置，电池片可以实现无缝连接。叠瓦技术能够使相同面积下的叠瓦组件多容纳约10%的电池片，从而提高相同版型的组件功率20~45W。

全片、半片和叠瓦技术的对比见表5-17。

表5-17 全片、半片和叠瓦技术对比

工艺	优势	劣势
全片	稳定可靠，工艺简单	功率较低
半片	功率密度提高，损耗低	存在切片损伤，串焊效率低
叠瓦	功率密度最高，损耗较低	存在较多切片损伤，特殊串焊机需要有机浆料，成本更高，可靠性难以保障

资料来源：根据中国科学院电工研究所相关资料整理．

（2）成本结构

组件生产成本分为硅成本和非硅成本两部分。其中，硅成本主要指电池片成本，非硅成本指电池片之外的其他成本，主要为封装成本（如图5-21所示）。在单一的降本空间持续缩小的背景下，组件环节通过技术创新来提高效率，因此摊薄单瓦成本也是未来重要的发展方向。

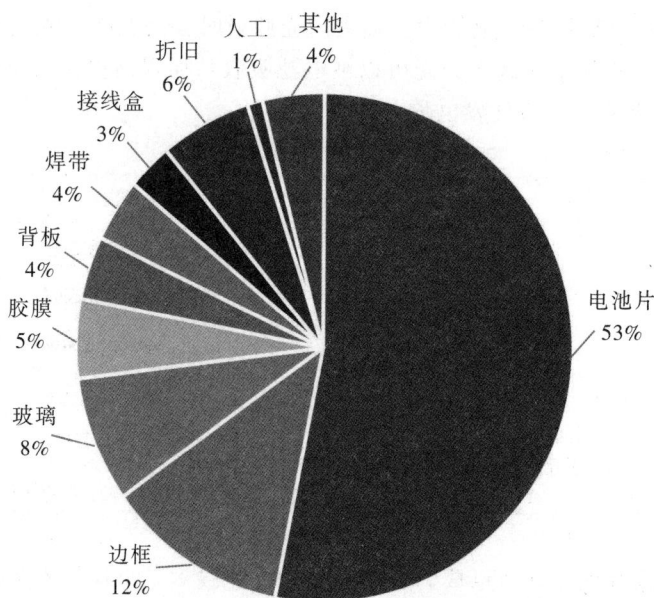

图 5-21 光伏组件成本结构

资料来源：根据 PV Infolink 统计数据绘制．

（3）竞争格局

光伏组件市场格局与电池片环节类似，主要表现为：

① 供给格局相对分散。

② 产品同质化。单晶PERC电池组件是主流产品，各家企业的量产效率、品质和价格都较为接近。组件最后输出的是同质化的电力，因此各厂商组件产品相对同质。

③ 技术壁垒和启动成本低，厂商进出较为自由。当前组件环节的技术壁垒仍较低，固定资产投入强度相对较小，建设周期相对较短，更易实现短期内产能的快速投放，厂商进出较为自由。

由于技术壁垒较低，进出相对自由，各家组件企业护城河的构建主要依赖品牌、渠道、管理、规模四个方面。

在品牌方面，大型组件企业更容易获得高评级，强化自身获单能力。由于组件位于光伏产业链中下游，产品的使用寿命要求达到20年以上，因此终端客户对组件品质的稳定性、企业质保能力有较高要求。基于此，国际上如 PV-Tech、BNEF 等独立的第三方媒体均推出了各自的组件供应商评级系统。其评价指标受到海外大型电站投资商的认可，评级更高的企业获得订单的机会更多。

除了获取订单，龙头企业还能够凭借品牌获得产品溢价。从晶科能源（一线）、锦州阳光（二线）、苏州腾晖（三线）3家企业的历史出厂价格来看（见表5-18），一二线企业的产品价差通常在 0.05～0.01元/瓦，如果以一线企业的产品价格为基准，价差幅度约为3%～6%；而三线企业的产品与一线企业的产品价差幅度通常为8%～11%。

表 5-18　　　　中核（南京）2021年度组件采购结果

排名	单面 440 瓦以上			双面 440 瓦以上			双面 500 瓦以上		
	企业	报价（元/瓦）	相对价差（%）	企业	报价（元/瓦）	相对价差（%）	企业	报价（元/瓦）	相对价差（%）
1	晶科能源	1.70	基准	晶科能源	1.76	基准	晶科能源	1.80	基准
2	隆基乐叶	1.69	0.59	隆基乐叶	1.75	0.57	海泰新能	1.796	0.22
3	锦州阳光	1.64	3.53	海泰新能	1.72	2.27	隆基乐叶	1.79	0.56
4	海泰新能	1.63	4.12	锦州阳光	1.68	4.55	天合光能	1.76	2.22
5	东方日升	1.62	4.71	东方日升	1.67	5.11	锦州阳光	1.73	3.89
6	湖南红太阳	1.61	5.29	湖南红太阳	1.67	5.11	东方日升	1.72	4.44
7	连云港神舟	1.59	6.47	连云港神舟	1.64	6.82	亿晶光电	1.70	5.56
8	英利	1.56	8.24	英利	1.63	7.39	湖南红太阳	1.69	6.11
9	亿晶光电	1.55	8.82	亿晶光电	1.60	9.09	无锡尚德	1.65	8.33
10	苏州腾晖	1.50	11.76	苏州腾晖	1.55	11.93	苏州腾晖	1.573	12.61

资料来源：根据光伏们网站（http://www.pvmen.com）相关资料整理.

在渠道方面，区域覆盖度、海外渠道布局决定企业的出货能力。由于组件企业要面对更多大型招标项目及分散的中小型非商用客户，且客户需求的定制化程度高，具有很强的消费属性，因此渠道销售的重要性更加明显。大型能源公司、跨国集团、光伏行业电站建设公司等大型用户的订单数量和金额均较大，组件企业会直接与其建立长期的合作关系，以直销的方式对其供货。工商企业、个人用户等中小型用户的订单数量和金额通常较小，客户较为分散，采购频率较高，为了提高效率，组件企业一般通过经销商模式对其统一管理。因此，直销和经销商的覆盖网络将决定组建企业的销售增长空间（如图5-22所示）。

在管理方面，组件销售的特有属性考验企业的销售费用控制能力和资金存货周转能力。相对于硅料、硅片、电池片环节，特有的商业模式使得组件环节具有一些特有属性：销售费用高、账期长、远期交易。在渠道开拓上，初期由于需要构建全球销售网络，每GW组件销售费用相当于组件生产成本的20%～30%；在结算模式上，组件环节与下游电站业主之间一般存在季度及以上单位的账期，客户付款节奏亦与电站建设并网节奏有关。这些特殊属性将进一步考验企业的销售费用控制能力和资金存货周转能力。

在规模方面，企业产能不是最关键的竞争因素，更加考验企业的是把握产能投放节奏的战略能力。长期以来，组件环节技术壁垒低、产能投资小，大规模扩产并不困难，关键在于判断市场供需，把握投产节奏，将产品以合理的溢价销售给不同的客户。

销售模式 → B2G → 大型项目招标 → 地面电站 / 领跑者基地

销售模式 → B2C → 直销 / 经销商 → 扶贫项目 / 户用分布式 / 工商分布式

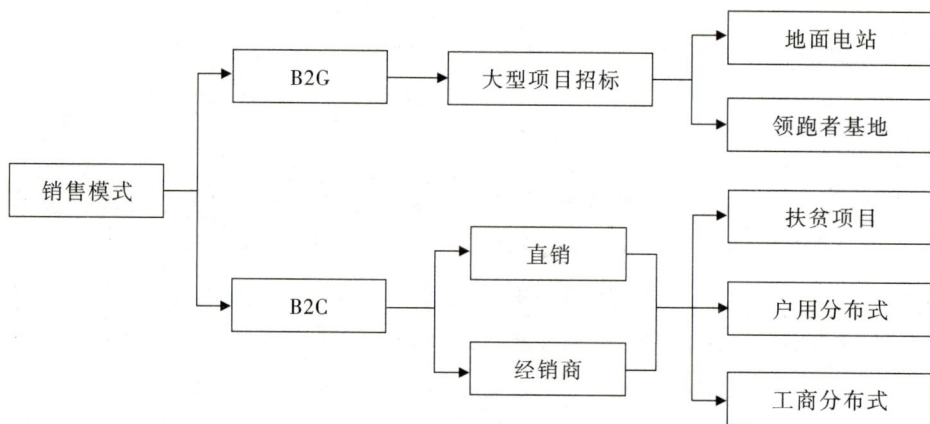

图 5-22　组件销售模式图

资料来源：天合光能招股说明书.

综上所述，尽管组件环节的技术壁垒不高，但是由品牌、渠道、管理和规模所共同构筑的护城河有效保证了组件企业的生产和经营优势。因此，2015—2021年，全球前10大组件企业基本保持不变，市场格局基本保持稳定（见表5-19）。

表5-19　　　　　　　　2015—2021年全球组件企业出货量排名

排名	2015	2016	2017	2018	2019	2020	2021
1	天合光能	晶科能源	晶科能源	晶科能源	晶科能源	隆基股份	隆基股份
2	阿特斯	天合光能	天合光能	晶澳科技	韩华	晶科能源	天合光能
3	晶科能源	阿特斯	阿特斯	天合光能	天合光能	晶澳科技	晶澳科技
4	晶澳科技	晶澳科技	晶澳科技	隆基股份	隆基股份	天合光能	晶科能源
5	韩华	韩华	韩华	阿特斯	晶澳科技	阿特斯	阿特斯
6	First Solar	协鑫	协鑫	韩华	东方日升	韩华	东方日升
7	协鑫	First Solar	隆基股份	东方日升	协鑫	东方日升	First Solar
8	英利	英利	英利	协鑫	First Solar	正泰	尚德
9	顺风	隆基股份	First Solar	顺风	阿特斯	First Solar	韩华
10	昱辉阳光	顺风	东方日升	苏州腾晖	越南光伏	尚德	正泰

资料来源：根据 PV Infolink 统计资料整理.

5.辅材

光伏组件由背板、封装胶膜、电池片、光伏玻璃、封边胶及铝边框组成。在组件结构中，电池片是主要部分，而除了电池片，辅材也是组件成本构成当中的重要一项。组件封装层次从上到下分别是：光伏玻璃、封装胶膜、电池片、封装胶膜、背板或光伏玻璃。其中，铝边框、背板、封装胶膜、光伏玻璃是成本占比较高的4项，而铝边框的成本主要受铝价的影响，下面主要讨论封装胶膜、光伏玻璃和背板。

（1）封装胶膜

封装胶膜处于组件的中间位置，包裹住电池片并与玻璃及背板相互黏结，对组件起封装和保护作用，能提高组件的光电转换效率并延长组件的使用寿命。

①制备工艺。

光伏用胶膜主要分为透明EVA胶膜、白色EVA胶膜、POE胶膜、共挤型POE胶膜与其他封装胶膜（PDMS/Silicon胶膜、PVB胶膜、TPU胶膜等）。

A．透明EVA胶膜。透明EVA胶膜是较为传统也是市场主流的胶膜产品，技术成熟且成本较低。由于透光率较高，透明EVA胶膜通常用于黏结光伏玻璃和电池片。

B．白色EVA胶膜。白色EVA胶膜是近年胶膜企业研发的新产品，具有独特的高反射性能，它黏结背板和电池片，通过增加电池片间隙入射光反射提高光的反射率，进而提高组件对太阳光的利用效率。因此，采用白色EVA胶膜可以用玻璃背板替代有机背板来降低组件成本，也能解决组件层压后的胶膜溢白问题，多适用于单玻组件。

C．POE胶膜。POE胶膜具有较好的抗老化性能和抗PID（potential induced degradation，潜在电势诱导衰减）性能，但是POE胶膜原材料的成本远高于EVA胶膜原材料的成本，并且POE胶膜需要更长的层压时间，因此该种胶膜的生产效率、保存时间和使用便捷性均低于EVA胶膜。另外，POE胶膜对POE树脂原材料的品质要求也较高。

D．共挤型POE胶膜。共挤型POE胶膜的结构中同时含有EVA层和POE层，这种类型的复合膜不需要工装或工装简单，易于自动化，同时减少了POE用量，降低了胶膜成本，提升了性价比，但是其设备投资成本高出普通产品30%左右。

不同类型胶膜的对比见表5-20。

表5-20　　　　　　　　　　　　不同类型胶膜对比

	透明EVA胶膜	白色EVA胶膜	POE胶膜	共挤型POE胶膜
优点	高透光率，与玻璃和背板的黏结性好，成本低	高反射率，提高组件对光的利用率，降低组件成本	水汽阻隔，高体积电阻率，耐候性好，抗PID性能优异，抗老化性能好	工艺简单，减少POE用量，降低胶膜成本
缺点	反射性差，抗PID性能差	抗老化性能差，抗PID性能差	流动性小，难加工，原材料价格高	设备投资成本高，抗PID性能低于POE胶膜
适用范围	普通组件（对效能要求较低）	单玻组件	单玻、双玻组件	单玻、双玻组件

资料来源：ValueGo金融科技实验室整理.

目前，胶膜市场的主要份额仍被传统透明EVA胶膜占据，但是白色EVA胶膜、POE 胶膜、共挤型 POE 胶膜正在蚕食透明 EVA 胶膜的市场份额。POE 胶膜凭借优良的抗 PID 性能已经成为双玻组件封装胶膜的主流选择。而出于设备成本和原材料价格的考虑，共挤型 POE 胶膜的市场占有率也逐渐提高。2021 年，由于双玻组件占比提升以及 EVA 原材料涨价，传统透明 EVA 胶膜的市场份额被 POE 胶膜和共挤型 POE 胶膜部分替代，相较 2020 年下降了 4.7%（如图 5-23 所示）。

2020 年不同封装材料市场占有率　　　2021 年不同封装材料市场占有率

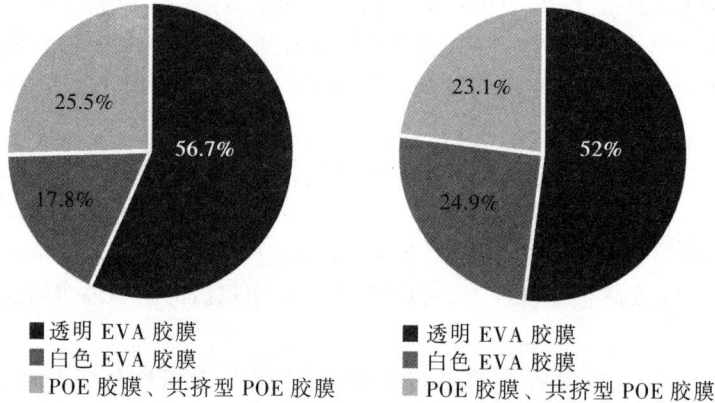

图 5-23　2020 年和 2021 年不同封装材料的市场占有率

资料来源：根据中国光伏行业协会统计数据绘制.

②成本结构。

光伏胶膜的主要成本为原材料成本（占比 90% 左右），其余成本为直接人工成本（2%~3%）和制造费用（7%~8%）（如图 5-24 所示）。不同胶膜使用的原材料不同，如 EVA 胶膜采用 EVA 树脂，POE 胶膜则采用 POE 树脂。

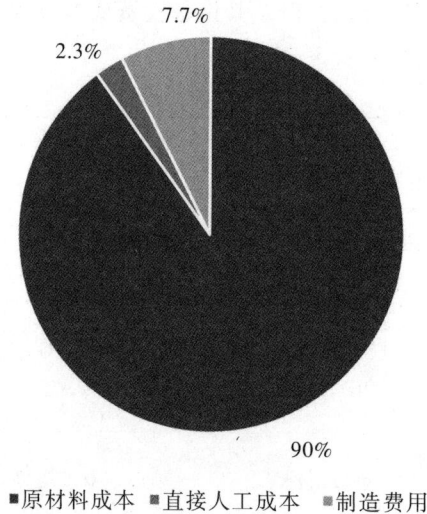

图 5-24　光伏胶膜成本结构

资料来源：福斯特年报.

中国产能以中低端树脂为主，高端树脂主要依赖进口。由于中国光伏用EVA树脂的产能和产量不能满足实际的需求，因此每年都必须大量进口。中国生产光伏胶膜可用的EVA树脂的厂商仅有斯尔邦、联泓新科、宁波台塑等，国内厂商要批量生产高端EVA树脂还需要一个漫长的发展过程。

POE树脂的生产仍被国外公司垄断，至2020年国内还没有POE树脂生产厂家（见表5-21），国际产能主要集中在美国、日本。全球POE树脂主要生产商包括陶氏（Dow）化学公司、埃克森美孚（Exxon Mobil）公司、北欧（Borealis）化工有限公司、三井（Mitsui）化学公司、韩国LG集团、韩国SK集团和沙特基础工业公司（SABIC）。

表5-21 国内POE树脂投产计划

企业	投产计划	产能（万吨）
烟台万华	2021年一季度中试	0.1
惠生工程	2021年一季度中试	0.1
京博石化	2021年6、7月中试	0.1
天津石化	2023年	10
大庆石化	2025年	暂不确定
燕山石化	2025年	暂不确定

资料来源：根据隆众资讯网站（https://www.oilchem.net）相关资料整理.

③竞争格局。

光伏胶膜的市场份额曾一度主要由海外公司占据，2013年海外品牌市场占有率达到60%。近年来，随着国产光伏胶膜企业通过自主研发等方式取得了技术突破，提高了胶膜的性价比，解决了光伏胶膜抗PID、透光率等问题，国产光伏胶膜占领了绝大部分市场份额。福斯特、斯威克、海优新材3家国内企业占据了超过70%的市场份额，国产替代已基本完成（如图5-25所示）。

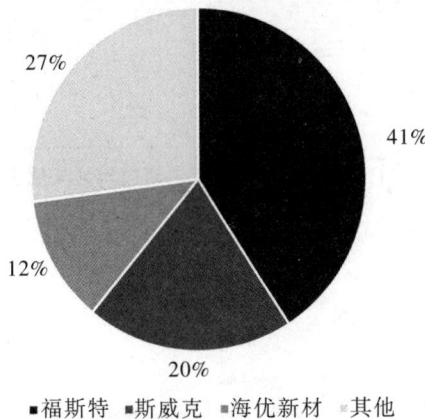

■福斯特 ■斯威克 ■海优新材 ■其他

图5-25 2021年全球光伏胶膜行业竞争格局

资料来源：根据各公司年报、中国光伏行业协会统计资料绘制.

技术进步带来的品牌溢价和规模效应构成行业最大壁垒。除了原材料之外，各家胶膜企业最大的竞争力来自助剂的配方，这也是胶膜行业最强的技术壁垒。每家企业助剂的配方都是独一无二的，配方成分稍一变动就可能导致组件生产稳定性发生变化。粒子加助剂几乎决定了胶膜的产品品质，胶膜的产品品质又决定了组件的性能，所以胶膜产业的品牌溢价较高。能在这个产业中站稳脚跟的企业，都经历了多年的技术打磨和应用实践，所以对于新进入者来说，要撼动龙头企业的地位是较难的。比如，龙头企业福斯特的毛利率处于行业优秀水平，其优势来自高单价和低成本的组合。高单价主要在于公司的胶膜性能优秀，在技术创新方面位于第一梯队，并且存在品牌溢价；低成本则在于公司规模效应带来的出色的成本控制能力，在经营规模方面同样位于第一梯队。

（2）光伏玻璃

光伏玻璃用于光伏组件的最外层，起到保护电池片和透光的作用。覆盖在光伏组件上的光伏玻璃经过镀膜后，可以确保更高的光线透过率，使太阳能电池片产生更多的电能；同时，经过钢化处理的光伏玻璃强度更大，可以使太阳能电池片承受更大的风压及较大的昼夜温差变化。

①制备工艺。

截至2021年，行业内主要采用的是3.2mm光伏玻璃，受双玻组件市场渗透率上升的影响，为降低成本，光伏玻璃也需要逐渐减薄。如图5-26所示，光伏组件用的光伏玻璃是钢化超白压延玻璃。玻璃表面经过压延形成了特殊的花纹，凹凸花纹可以减少光反射、增加太阳光不同入射角的透过率，从而使透光率更高。据中国光伏行业协会的数据，2020年，3.2mm光伏玻璃的市场占有率最高，约为71.3%。随着组件轻量化、双玻组件及新技术的发展，在保证组件发电性能的前提下，盖板玻璃会向薄片化发展，3.2mm光伏玻璃的市场占有率将被压缩，2.5mm及以下光伏玻璃的市场份额将逐步提升。不同规格的单/双玻组件对光伏玻璃的需求量见表5-22。

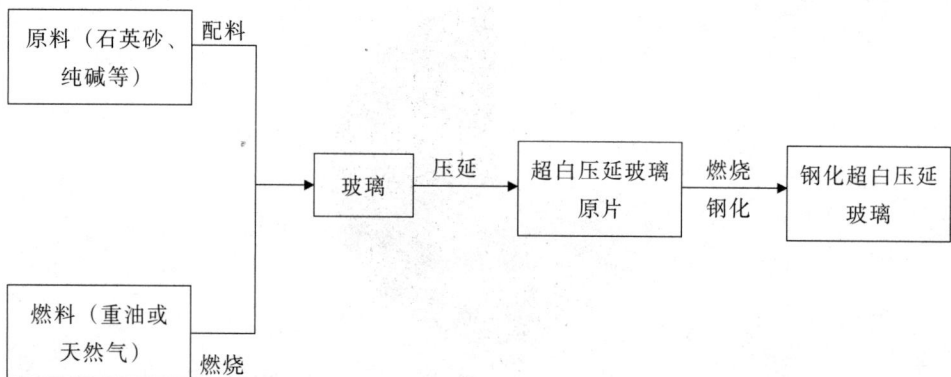

图5-26　光伏玻璃压延制造过程

资料来源：福莱特招股说明书.

表 5-22　　　　　　　　**不同规格的单/双玻组件对光伏玻璃的需求量**

单玻组件					
组件规格（mm）	单个硅片面积（mm²）	硅片数量	组件面积（m²）	额定功率（W）	玻璃单位用量（10 000m²/GW）
166	27 415	72	2.18	315	692.06
182	33 120	72	2.58	405	637.04
210	44 906	55	2.61	415	628.92
双玻组件					
组件规格（mm）	单个硅片面积（mm²）	硅片数量	组件面积（m²）	额定功率（W）	玻璃单位用量（10 000m²/GW）
166	27 415	72	2.18	347	1 256.48
182	33 120	72	2.58	446	1 156.95
210	44 906	55	2.61	457	1 142.23

资料来源：根据北极星太阳能光伏网（https：//guangfu.bjx.com.cn）有关资料整理.

②竞争格局。

2006 年前，由于光伏玻璃行业的进入门槛较高且市场需求量较少，国内光伏玻璃产品尚未实现产业化，当时的光伏玻璃市场基本由法国圣戈班、英国皮尔金顿、日本旭硝子、日本板硝子 4 家外国公司垄断，国内光伏组件企业完全依赖进口的光伏玻璃进行生产。2006 年后，随着光伏行业的快速发展，在市场需求和利润进一步扩大的带动下，国内光伏玻璃行业开始发展。2021 年，中国已成为全球最大的光伏玻璃生产和出口国，处于绝对垄断地位。

同时，中国光伏玻璃行业经过多年的市场选择，已经形成双寡头格局。2021年，信义光能、福莱特的国内产能占全国总产能的比重分别达 24.6%、24.8%，市场占有率之和接近 50%（如图 5-27 所示）。

光伏玻璃行业可能的新进入者有两类：一类是浮法玻璃巨头；另一类是超白压延玻璃中小企业。实际上，这两类企业都面临较高的行业壁垒。

浮法玻璃巨头进入的壁垒主要集中在技术层面。光伏玻璃和传统浮法玻璃的生产线无法轻易转换：首先，两者的工艺和生产线结构差异较大，其他玻璃生产线改造成本高、进度慢，存在明显的转换壁垒。其次，在原料供应链及品质稳定性筛选上，光伏玻璃厂商的要求更高。由于光伏玻璃对透光率有要求，而石英砂中的铁离子容易染色，因此光伏玻璃的含铁量要求在 150ppm 以下，必须使用低铁石英砂，而传统浮法玻璃的原料为海沙、石英砂岩粉等，铁含量较高。

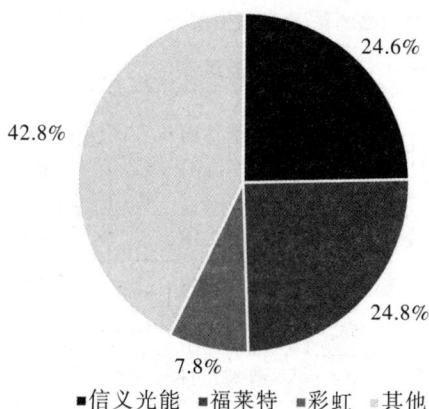

图5-27　2021年中国光伏玻璃行业竞争格局

资料来源：根据各公司年报数据绘制.

中小企业则面临资金和技术的双重壁垒。新建生产线的窑炉日熔量需要达到1 000吨左右才能具备较好的盈利能力，其单线投资达8亿~10亿元，多数中小企业无力负担。在技术层面，大窑炉的工艺管控要求更高，相关技术仅掌握在两大龙头手里，并且各家技术各有特色，中小企业即使能解决资金问题，技术的限制也会推高其成本。因此，中小企业在当前格局下很难迈出扩产第一步。

龙头企业的竞争优势主要在规模优势、技术升级和区域选择上。光伏玻璃成本主要包括原材料成本、燃料动力成本和其他成本，企业具有规模优势可以增强在原材料采购中的议价能力，从而降低成本。技术升级有利于提高成品率以及减少窑炉能耗。区域选择可以优化企业向下游组件厂商供货的运输成本以及采购原材料的运输成本。同时，龙头企业往往会与大型组件客户采用签订长单的模式，从而提升出货的稳定性，这也进一步提高了行业集中度。比如，2021年8月9日，隆基股份发布公告称，与信义光能签订光伏玻璃长期采购框架协议，指定2021—2024年向信义光能采购光伏玻璃。

③背板。

背板位于单面组件和双面组件的背面，凭借自身优良的物理机械性能、耐老化性能、绝缘性能、水汽阻隔性能，使组件成为一个有较好物理机械强度的整体并且内部结构长时间不受外界有害因素影响，从而对太阳能电池组件提供保护和支撑。此外，由于加工工艺的要求，背板还要在层压时与EVA胶膜牢固黏合，与黏结接线盒的硅胶牢固黏合。

按材料分类，市场上的背板主要分为有机高分子类和无机物类。有机高分子类背板主要是含氟背板，无机物类背板主要为玻璃背板。2021年，含氟背板仍然是主流，市场份额占比约为66%，玻璃背板为辅，占比约为24%（如图5-28所示）。

随着"大硅片、大尺寸、更高功率"的组件成为趋势，双面双玻组件过重的特点成为玻璃背板的一个痛点，因此，除了降低玻璃厚度之外，很多企业开始采用透明背板。但是，在性能方面，玻璃背板仍然优于透明背板。虽然透明背板比玻璃背板轻，但是玻璃背板有更好的耐候性和抗老化优势。

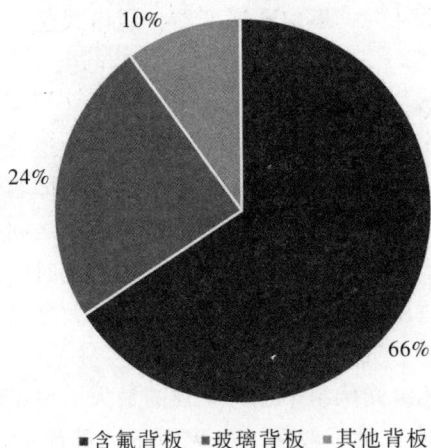

图5-28　2021年不同背板的市场占有率

资料来源：根据中国光伏产业协会相关资料绘制．

6.逆变器

光伏逆变器是光伏发电系统产生的直流电和日常生活所需的交流电转换的桥梁，是连接电网或负载的必需部件，与组件、汇流箱、电缆、支架等共同构成整个光伏发电系统。逆变器是光伏发电系统中唯一智能化的设备，虽然它在系统成本中所占的份额不大，但是它直接影响系统的发电效率、运行稳定性和使用寿命。

光伏逆变器除了和普通逆变器一样具有将太阳能电池组件产生的直流电转换为符合电网电能质量要求的交流电的功能外，在光伏发电系统中还发挥以下作用：与电网实现交互，保证光伏发电系统所发的电安全稳定输送至电网；通过动态智能扫描算法使光伏发电系统获得最大输出功率；判断以及处理光伏发电系统故障。

（1）工作原理

直流电转换为交流电：光伏逆变器由升压回路和逆变桥式回路构成，升压回路主要用于将直流电压升至逆变器输出所需直流电压，逆变桥式回路主要用于将升压后的直流电压转换为固定频率的交流电压，因此经过升压回路和逆变桥式回路，就完成了将直流电转换为交流电的过程。

寻求输入功率最大化：光伏组件的发电能力是随着阳光强度、温度和其他环境因素变化的，在不同日照强度下都存在一个最大功率输出点，光伏逆变器通过最大功率点跟踪（maximum power point tracking，MPPT）模块，控制自身输入端（即光伏组件输出端）的工作电压大小，使得光伏组件在最大功率点输出状态下工作，实现光伏逆变器的最大功率输入，提高光的利用率。

保证电网的稳定：任何并网型的光伏逆变器都必须具备低电压穿越能力，这意味着，当电网电压异常跌落时，光伏逆变器能在一定时间内保持对电网供电，保持与电网的连接，支撑电网电压，避免电网电压持续跌落造成供电瘫痪。

（2）主要种类

光伏逆变器一般分为4类：集中式逆变器、组串式逆变器、微型逆变器，以及近年出现的新逆变器形式——集散式逆变器。

①集中式逆变器。

集中式逆变器将很多并行的光伏组件串连到同一台逆变器的直流输入端，做最大功率点追踪后，再经过逆变并入交流电网。它的单体容量通常在500kW以上，单体功率高，成本低，电网调节性好，但要求光伏组串之间很好地匹配。它的最大功率点跟踪电压范围较窄，组件配置灵活性较低，发电时间短，需要具备通风散热功能的专用机房，主要适用于光照均匀的集中性地面大型光伏电站。

②组串式逆变器。

组串式逆变器是对几组光伏组串进行单独的最大功率点跟踪，再经过逆变以后并入交流电网。它的单体容量一般在100kW以下，其优点是不同的最大功率点跟踪模块的组串间的电压和电流可以不匹配，当有一块组件发生故障或者被阴影遮挡时，只会影响其对应的最大功率点跟踪模块少数几个组串的发电量，对系统整体没有影响。它的最大功率点跟踪电压范围宽，组件配置灵活，发电时间长，可直接安装在室外，主要应用于分布式发电系统，但在集中式发电系统中也可以应用。

③微型逆变器。

微型逆变器是对每块光伏组件进行单独的最大功率点跟踪，再经过逆变并入交流电网。微型逆变器相比于集中式逆变器和组串式逆变器，最大的优势是具有组件级快速关断功能，这个功能可以在很大程度上避免光伏电站起火的风险。

④集散式逆变器。

集散式逆变器是集合了集中式逆变器和组串式逆变器两者优点的产物，具有"集中式逆变器的低成本和组串式逆变器的高发电量"优势。它通过前置多个MPPT控制优化器，实现分散MPPT寻找最优输出功率的功能，汇流后再采用集中式逆变器逆变。截至2021年，国内拥有集散式逆变器并投入项目的企业不多，其中无锡上能推出的集散式逆变器的收益高于集中式逆变器，成本低于组串式逆变器，可使系统发电量提升2%~5%。

表5-23对集中式逆变器、组串式逆变器和微型逆变器做了对比。

表5-23 三种类型逆变器对比

项目	集中式逆变器	组串式逆变器	微型逆变器
集中式大型电站	适用	适用	不适用
分布式大型工商业屋顶电站	适用	适用	不适用
分布式中小型工商业屋顶电站	不适用	适用	适用
分布式户用屋顶电站	不适用	适用	适用
最大功率点跟踪对应组件数量	数量较多的组串	1~4个组串	单个组串
最大功率点跟踪电压范围	窄	宽	宽
系统发电效率	一般	高	最高

项目	集中式逆变器	组串式逆变器	微型逆变器
安装占地	需要独立机房	不需要	不需要
室外安装	不允许	允许	允许
维护性	一般	易维护	难维护
逆变器成本	微型逆变器>组串式逆变器>集中式逆变器		
应用各类逆变器的系统成本	微型逆变器>组串式逆变器/集中式逆变器（两者接近）		

资料来源：锦浪科技招股说明书.

　　截至2021年，在光伏逆变器市场中，集中式逆变器和组串式逆变器占比最大，微型逆变器和其他类型逆变器占比极小。在国内的市场构成中，集中式逆变器原来占比最高，近年来由于组串式逆变器技术不断进步，成本迅速下降并接近集中式逆变器成本，并且分布式光伏的应用范围越来越广以及部分集中式光伏电站开始使用组串式逆变器，所以组串式逆变器的市场份额快速增长，已经占据主要地位。2021年，组串式逆变器的市场占有率为69.6%，集中式逆变器市场占有率为27.7%，集散式逆变器的市场占有率为2.7%（如图5-29所示）。未来，组串式逆变器仍将占据大部分市场份额，但随着技术的迭代升级，集散式逆变器的工程经验增多，它的双重优势或会提高其市场占有率。

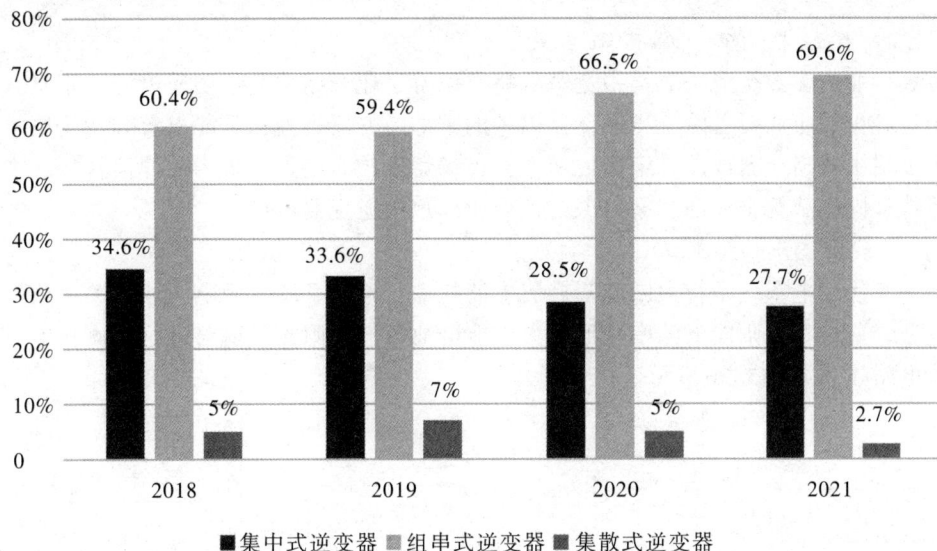

图5-29　2018—2021年不同逆变器市场占有率

资料来源：根据中国光伏产业协会相关资料绘制.

　　光伏逆变器市场因其技术壁垒较高，在发展初期一直被国外逆变器企业所垄断。近年来，随着我国部分逆变器企业逐步突破技术障碍，已有部分企业在全球逆变器行业中占据一定地位。2021年，全球光伏逆变器出货量前十企业中，国内企业占据了6席（华为、阳光电源、古瑞瓦特、锦浪科技、上能电气、固德威）（见表5-24）。前三大供应商都是中国企业，它们掌控了全球光伏逆变器市场过半的份额。

表 5-24　　　　　　2020 年和 2021 年全球光伏逆变器出货量前十企业

名次	2020	2021
1	华为	华为
2	阳光电源	阳光电源
3	SMA	古瑞瓦特
4	Power Electronics	锦浪科技
5	古瑞瓦特	固德威
6	锦浪科技	SMA
7	Fimer	Power Electronics
8	上能电气	上能电气
9	固德威	Solar Edge
10	TMEIC	TMEIC

资料来源：根据 Wood Mackenzie 相关资料整理.

行业内多数企业采取集中竞争战略，中游企业开始崛起。阳光电源、正泰、科士达等少数企业覆盖除微型逆变器以外的全部逆变器类型；上能电气和特变电工聚焦于集中式逆变器产品；组串式逆变器市场竞争较为激烈，华为、锦浪科技、古瑞瓦特、固德威等企业都在努力深耕工商业和户用逆变器市场。

7.光伏发电系统

光伏发电系统是将太阳能转换成电能的一套电力系统，为电网或相关负载提供电力，通过将太阳能电池串联形成太阳能电池板，在阳光照射时进行直流发电。光伏电站体系如图 5-30 所示。

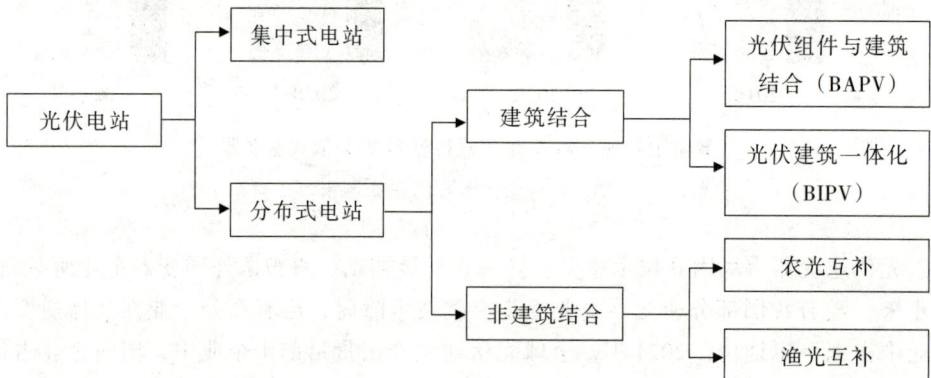

图 5-30　光伏电站体系

资料来源：根据公开资料整理.

（1）离网光伏发电与并网光伏发电

根据发出的电是否接入公共电网，光伏发电可分为离网光伏发电和并网光伏发电。

离网光伏发电主要由太阳能电池组件、控制器、蓄电池组成，若要为交流负载供电，还需要配置交流逆变器（如图5-31所示）。独立光伏电站包括边远地区的村庄供电系统，太阳能户用电源系统，通信信号电源、阴极保护、太阳能路灯等各种带有蓄电池的可以独立运行的光伏发电系统。

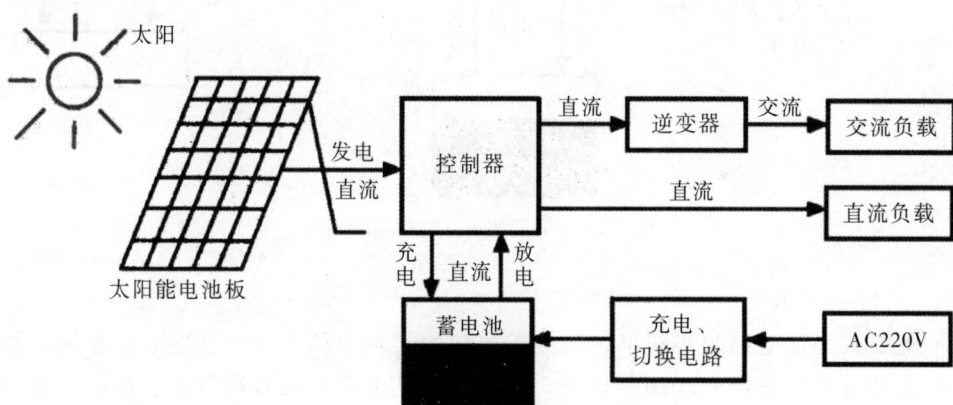

图5-31　离网光伏发电工作原理

资料来源：何道清，何涛，丁宏林. 太阳能光伏发电系统原理与应用技术［M］. 北京：化学工业出版社，2012.

并网光伏发电就是太阳能组件产生的直流电经过并网逆变器转换成符合交流电网要求的交流电之后直接接入公共电网，它可以分为带蓄电池的并网发电系统和不带蓄电池的并网发电系统（如图5-32所示）。带蓄电池的并网发电系统具有可调度性，可以根据需要并入或退出电网，还具有备用电源的功能，当电网因故停电时可紧急供电，常常安装在居民建筑上；不带蓄电池的并网发电系统不具备可调度性和备用电源的功能，一般安装在较大型的系统上。

（2）集中式光伏电站与分布式光伏电站

集中式光伏电站通常是大型并网光伏电站，国家利用荒漠地区丰富和稳定的太阳能资源，集中建设大型光伏电站，发电直接并入公共电网，接入高压输电系统供给远距离负荷。

它的主要优点是：①选址灵活，光伏处理稳定性强；②运行方式较为灵活，可以更方便地进行无功和电压控制；③建设周期短，环境适应能力强，运行成本低，便于集中管理。

分布式光伏电站特指在用户场地附近建设，运行方式以用户侧自发自用、余量上网、在配电系统平衡调节为特征的光伏发电设施。它的主要优点是：①输出功率相对较小；②污染小，环保效益突出；③在一定程度上能够缓解局部地区的用电紧张状况。

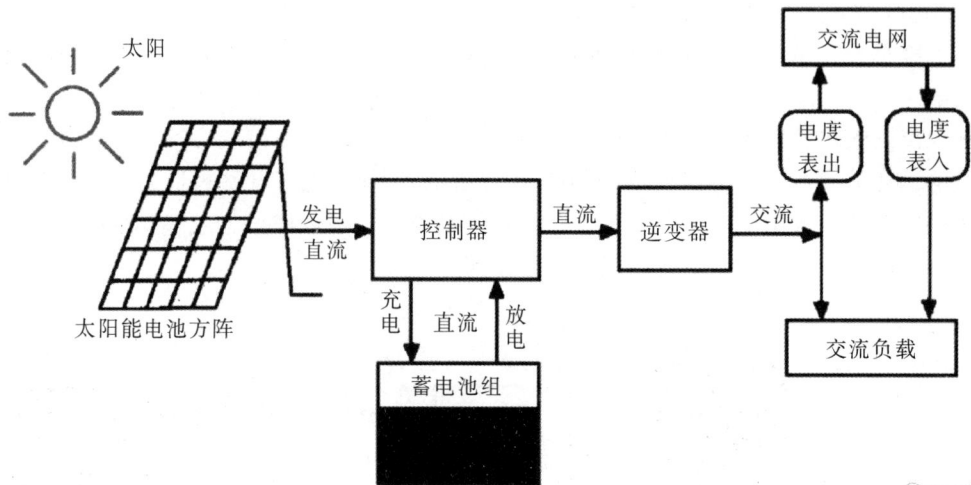

图 5-32 并网光伏发电工作原理

资料来源：何道清，何涛，丁宏林. 太阳能光伏发电系统原理与应用技术 [M]. 北京：化学工业出版社，2012.

集中式光伏电站起步较早，规模扩张较快，在中国光伏行业发展的初期占据了绝大部分市场份额。2016年以来，随着集中式光伏电站补贴逐渐退坡，分布式电站的高补贴政策持续推出，并且光伏组件成本不断下降，分布式光伏电站开始发展。2021年6月20日，为全面推进屋顶分布式光伏的发展，国家能源局综合司发布了《关于报送整县（市、区）屋顶分布式光伏开发试点方案的通知》，明确规定，县（市、区）党政机关建筑，学校、医院、村委会等公共建筑，工商业厂房，以及农村居民住宅的屋顶总面积可安装光伏发电比例分别不低于50%、40%、30%和20%，同时鼓励各地方政府利用财政补贴等措施对试点工作进行支持，积极开展分布式发电的市场化交易。至此，中国分布式光伏迎来新的发展阶段。

中国光伏建筑一体化发展仍未成熟，工商业光伏将成为主要发展市场。与建筑结合的分布式光伏发电系统主要分为BAPV（building attached photovoltaic，安装型光伏建筑一体化）和BIPV（building integrated photovoltaic，构建型光伏建筑一体化）。BAPV是附着在建筑物上的太阳能光伏发电系统，主要功能是发电，与建筑物功能不发生冲突，不破坏或削弱原有建筑物的功能。BIPV是与建筑物同时设计、同时施工和安装并与建筑物完美结合的太阳能光伏发电系统。它既具有发电功能，又具有建筑构件和建筑材料的功能。因为这一特性，BIPV在建筑上的应用场景也更加丰富，除了平屋顶、斜屋顶、幕墙可以安装外，透明采光顶、遮阳棚也可以安装。

建筑类的分布式光伏电站主要有工商业光伏电站和户用光伏电站。由于户用建筑以高层为主，屋顶空间较小且样貌多变，BIPV的应用空间有限，加之居民用电价格较低，所以户用光伏电站运用BIPV的收益率较低。工商业建筑屋顶以平房为主，面积较大，且工商业电价相对较高，所以工商业屋顶将成为BIPV发展的主要市场。截至2022年，中国还没有做到真正的光伏建筑一体化，成熟的BIPV系统需要光伏组件和建材更加紧密结合，而这对组件本身的耐候性、安全性、防水防火性要求较高。另外，由于组件产品需要安全匹配建筑结构，所以其定制化程度很高，成本也相应偏高。

图5-33展示了光伏产业链的图谱。

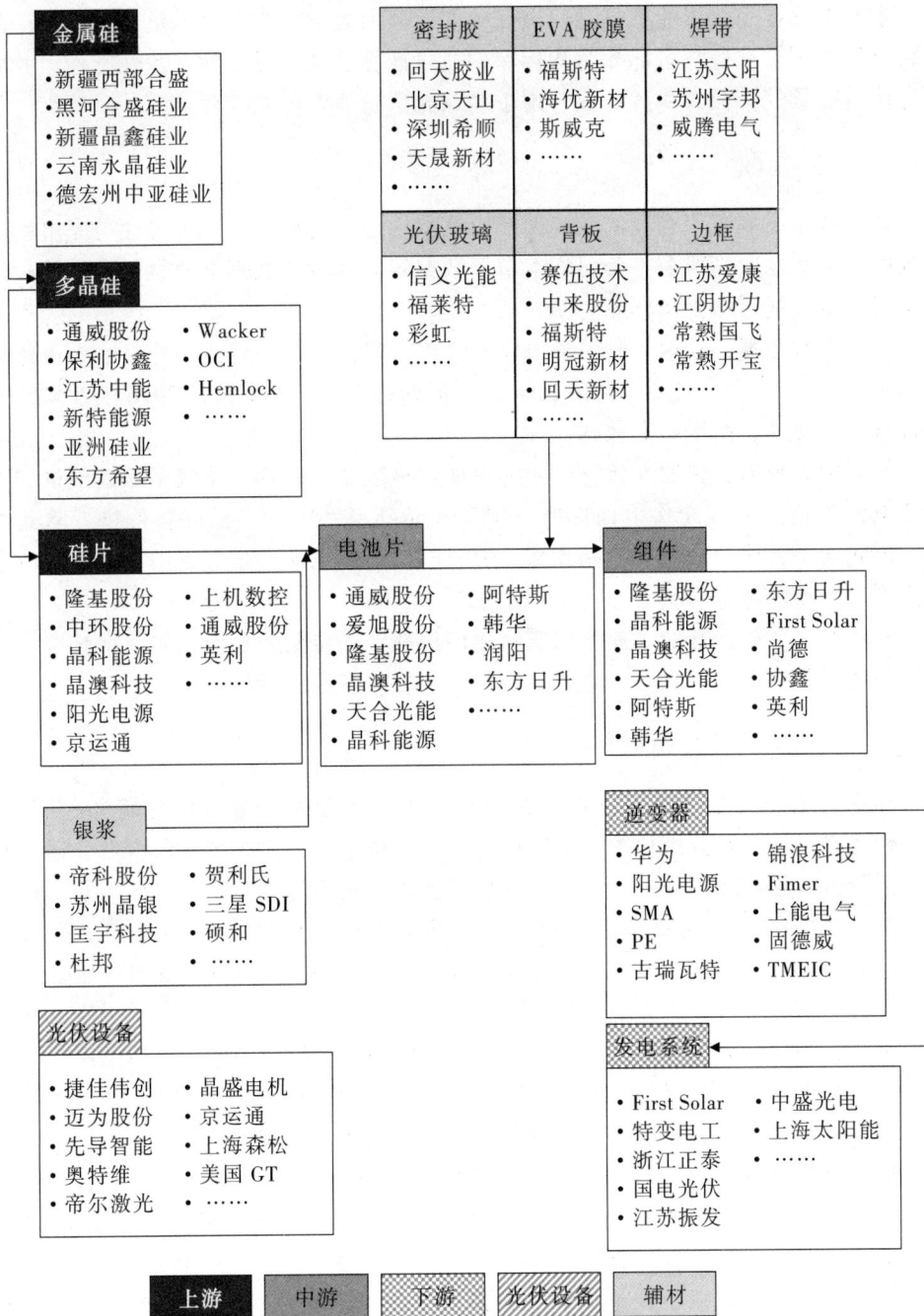

图5-33　光伏产业链图谱

资料来源：ValueGo金融科技实验室绘制.

5.3　光伏行业数据分析应用——景气指数

本节拟选择光伏行业中具有代表性的上市公司数据、产业链上重要原材料产品价格以及相关宏观经济指标作为指标库，通过计算筛选出合适的一致性指标，并构建光伏行业景气指数的一致指数，用于追踪光伏行业发展景气度。

5.3.1　数据选取

综合考虑影响光伏行业的景气因素以及指标选取的科学性、可得性与完整性等原则后，最终选取光伏上市公司资本市场数据、光伏行业数据（原材料价格等）以及宏观经济数据等作为指标库。

企业微观数据：选取A股市场中以光伏相关产品作为主营业务并且收入占比超过30%的上市公司，主要包括阳光电源、福斯特等9家上市公司2016年以来的股票价格、成交量、换手率等数据。

行业中观数据：选取光伏行业中的重要价格数据，包括光伏级多晶硅价格、太阳能电池价格、晶硅光伏组件价格、国产多晶硅料和进口多晶硅料价格。除此之外，还涵盖了光伏行业综合价格指数（SPI）、太阳能电池产量、太阳能发电量以及太阳能发电新增设备容量。

宏观经济数据：选取工业增加值同比增长率、固定资产投资额累计增长率、城市居民消费价格指数和人民币贷款基准利率作为宏观经济指标。

5.3.2　光伏行业景气指数构建

本章采用合成指数法编制景气指数，以中国太阳能电池市场规模（产量×价格）为基准指标，在利用移动平均法进行季节性调整、剔除季节性因素后，通过时差相关分析方法筛选得到一组光伏行业景气度的一致指标。

首先，对数据进行季节性调整，将原始数据拆分成趋势项（trend）、季节项（seasonal）和残差项（residual）。我们需要剔除季节性因素对数据的影响（如图5-34所示）。

时差关系划分通过相关系数验证经济时间序列的先行、一致或滞后关系，并逐步淘汰与经济现象关联不大（时差相关性较低）的指标，最后得到各类景气指标组。本章采用时差相关分析法计算数据之间的相关性（见表5-25）。

从时差相关分析的结果来看，一共筛选出6个指标作为一致指标，并且这几个指标与基准指标中国太阳能电池市场规模的相关关系都较好，相关系数都在0.7以上，指标比较灵敏（见表5-26）。

在得到一致指标后，我们以此来构建对应的一致指数。本章以2016年为基准年份，取基准年份的景气度为100，利用以下公式进行具体计算：

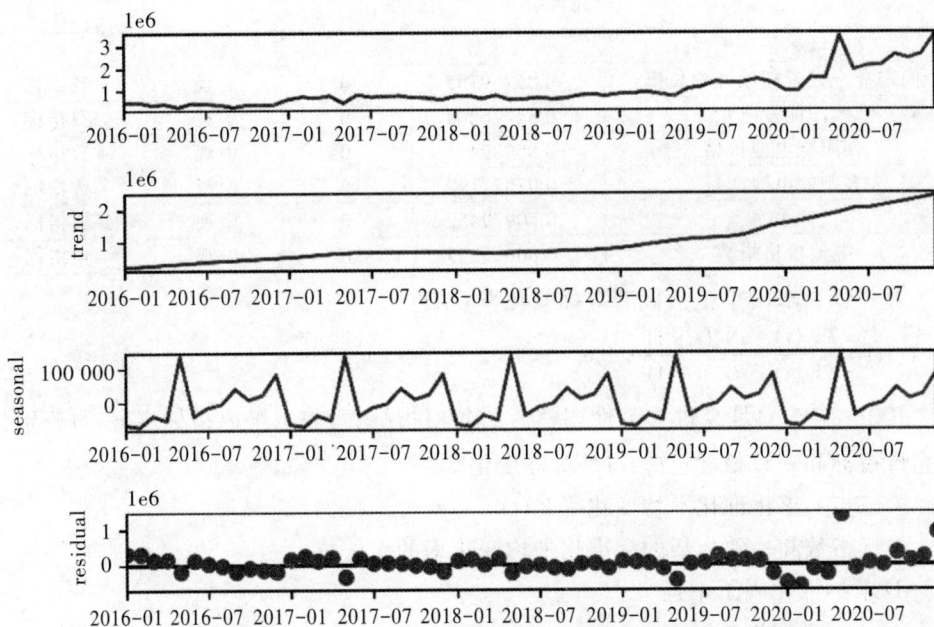

图 5-34　对太阳能电池市场规模做季节性调整

表 5-25　　　　　　　　　　光伏行业指标时差相关分析

指标名称	相关系数	延迟期数	所属类别	指标类别
固定资产投资额累计增长率	−0.85769755	0	宏观	一致指标
工业增加值同比增长率	−0.12650259	0	宏观	一致指标
太阳能发电量	0.84776204	0	中观	一致指标
太阳能电池价格	−0.850894	0	中观	一致指标
太阳能电池产量	0.97327192	0	中观	一致指标
换手率	0.70979452	0	微观	一致指标
电池价格指数	−0.80663355	0	中观	一致指标
太阳能发电新增设备容量	−0.31521906	0	中观	一致指标
光伏级多晶硅价格	−0.55807493	0	中观	一致指标
多晶硅光伏组件价格	−0.62739371	0	中观	一致指标
国产多晶硅价格	−0.5482159	0	中观	一致指标
进口多晶硅价格	−0.54630944	0	中观	一致指标
光伏行业综合价格指数（SPI）	−0.65780043	0	中观	一致指标
光伏行业综合价格指数（SPI）：组件	−0.65936835	0	中观	一致指标
光伏行业综合价格指数（SPI）：电池片	−0.69579475	0	中观	一致指标
光伏行业综合价格指数（SPI）：硅片	−0.61692601	0	中观	一致指标
光伏行业综合价格指数（SPI）：多晶硅	−0.56618275	0	中观	一致指标

指标名称	相关系数	延迟期数	所属类别	指标类别
固定资产投资额累计增长率	-0.85769755	0	宏观	一致指标
太阳能发电量	0.84776204	0	中观	一致指标
太阳能电池价格	-0.850894	0	中观	一致指标
太阳能电池产量	0.97327192	0	中观	一致指标
换手率	0.70979452	0	微观	一致指标
电池价格指数	-0.80663355	0	中观	一致指标

第一步：求出单个指标的对称变化率 $C_{ij}(t)$。

$$C_{ij}(t) = \frac{PV_{ij}(t) - PV_{ij}(t-1)}{PV_{ij}(t) + PV_{ij}(t-1)} \times 200 \quad i = 1, 2, 3, \cdots, k；j = 1, 2；t = 2, 3, \cdots, n$$

其中：$PV_{ij}(t)$ 是经过季节性调整后的各项指标；i 表示组内指标序号；j 分别代表先行指标和一致指标；$C_{ij}(t)$ 是对称变化率。

第二步：求标准化平均变化率 $V_j(t)$。

先行指数和一致指数的标准化平均变化率的求法统一：

① 求标准化因子 A_{ij}：

$$A_{ij} = \sum_{t=2}^{n} \frac{|C_{ij}(t)|}{n-1}$$

② 求标准化变化率 S_{ij}：

$$S_{ij} = \frac{C_{ij}(t)}{A_{ij}} \quad t = 2, 3, \cdots, n$$

③ 求单个指标组的标准化平均变化率 $R_j(t)$：

$$R_j(t) = \frac{\sum_{t=2}^{n} S_{ij}(t) \times W_{ij}}{\sum_{t=2}^{n} W_{ij}} \quad i = 1, 2, 3, \cdots, k；j = 1, 2$$

其中：W_{ij} 是第 j 组的第 i 个指标的权数。

④ 求组件标准化因子 F_j：

$$F_j = \frac{\sum_{t=2}^{n} |R_j(t)|/(n-1)}{\sum_{t=2}^{n} |R_2(t)|/(n-1)} \quad j = 1, 2$$

其中：同步指数 $F_2 = 1$。

⑤ 求标准化平均变化率 $V_j(t)$：

$$V_j(t) = \frac{R_j(t)}{F_j} \quad t = 2, 3, \cdots, n$$

第三步：求初始综合指数 $I_j(t)$。

$$I_j(t) = I_j(t-1) \times \frac{200 + V_j(t)}{200 - V_j(t)} \quad j = 1, 2；t = 2, 3, \cdots, n$$

$$I_j(1) = 100$$

第四步：求合成指数 CI。

$$CI_j(t) = \frac{I_j(t)}{\bar{I}_j} \times 100$$

其中：$\overline{I_j}$是$I_j(t)$在基准年份的平均值。

至此，我们可以构造出光伏行业景气度的一致指数，如图5-35所示。

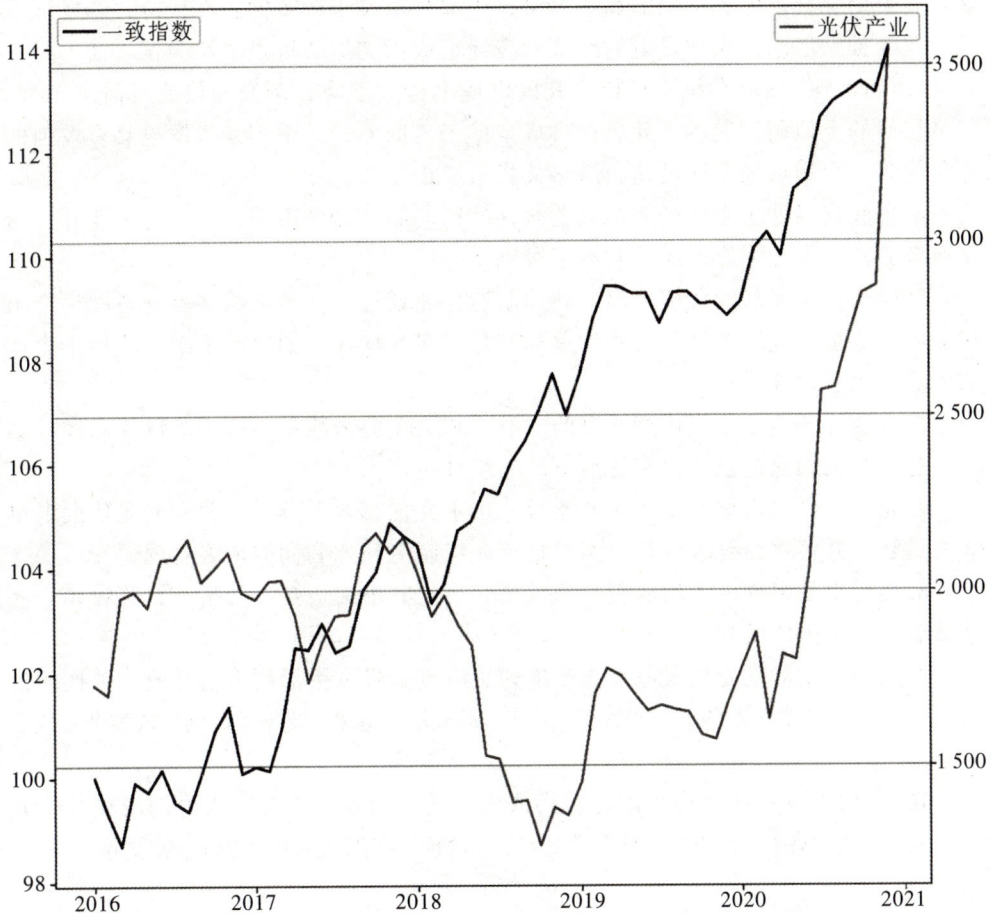

图5-35　光伏行业景气指数

如图5-35所示，我们将景气指数与光伏行业的资本市场表现（此处选择光伏产业指数，Wind代码：931151.CSI）进行比较，可以发现2016—2021年光伏行业的景气度呈现稳步向上的趋势。2018年前光伏行业的发展较为平缓，2018年相关政策对光伏行业产生了一定冲击，导致资本市场表现不佳，但行业景气度依旧向好，所以到2018年底资本市场也扭转了颓势，并逐步上升。

本章小结 ✅ ⋯⋯⋯⋯⋯⋯⋯⋯⋯⋯⋯⋯⋯⋯⋯⋯⋯⋯⋯⋯⋯⋯⋯⋯⋯●

1. 光伏发电的主要原理是通过半导体的光生伏特效应将太阳辐射能直接转换为电能。光伏发电作为当前能够大规模应用的新能源技术，在缓解世界能源危机、减少碳排放、保护自然环境及优化能源使用结构等方面都具有重要的战略意义。

2. 全球光伏行业的发展主要经历了以下阶段：①发展初期主要依赖政策驱动；②发展中期综合发电成本仍旧高于火电，仍部分依赖于政策的隐性扶持；③发展后期，政策补贴退出，光伏发电的经济效应逐渐成为支撑装机量增长的核心动力。

3. 全球光伏发电系统装机成本和度电成本持续下降，刺激光伏装机需求爆发。凭借较低的土地租赁成本，此类项目成本低于地面电站，中国光伏发电具有较强的竞争优势，户用市场发展迅速，历年装机量屡创新高。

4. 多晶硅料处于光伏产业链的上游，按照产品纯度的不同，可分为工业硅、冶金级多晶硅、太阳能级多晶硅和电子级别多晶硅。

5. 硅片位于光伏产业链上游，硅片制造企业通过向上游采购多晶硅料，生产出单晶硅棒或多晶硅锭，将其切割为单晶硅片或多晶硅片，销售给下游企业用于生产太阳能电池及组件。

6. 电池片环节处于光伏产业链的中游，相关企业采购单晶或多晶硅片后经一系列工艺生产太阳能电池片，销售给下游的组件生产商。

7. 光伏组件也被称为太阳能电池板，位于光伏行业下游，主要完成光伏发电单元的封装，并销售给终端客户，实现整个光伏制造环节利润的最终兑现。

8. 辅材也是组件成本构成当中的重要一项，其中铝边框、背板、封装胶膜、光伏玻璃的成本占比较高。

9. 光伏逆变器是光伏发电系统产生的直流电和日常生活所需的交流电转换的桥梁，是连接电网或负载的必需部件，与组件、汇流箱、电缆、支架等共同构成整个光伏发电系统。

10. 光伏发电系统是将太阳能转换成电能的一套电力系统，为电网或相关负载提供电力，通过将太阳能电池串联形成太阳能电池板，在阳光照射时进行直流发电。

课后思考 ☑️

1. 光伏行业发展的驱动力在不同阶段有哪些变化？
2. 光伏产业链有几个环节？每个环节所起的作用是什么？
3. 光伏产业链各个环节可能出现技术突破的方向有哪些？
4. 光伏行业的景气指数是如何编制的？
5. 在光伏行业景气指数的编制中，选择基准指标的依据是什么？

第5章拓展阅读

第6章
动力电池行业产业链分析案例

学习目标

本章运用PEST模型对动力电池行业产业链的发展进行深度分析，并构建动力电池行业发展景气指数，实现动态跟踪行业发展。学习本章后，应达到以下目标：

● 结合动力电池行业案例理解碳中和战略的背景、实施路径与意义；

● 掌握PEST分析逻辑和方法，建立产业链分析的思维与框架；

● 掌握动力电池行业景气指数的编制方法。

6.1 动力电池行业简介

车载动力电池是新能源汽车最重要的零部件之一，新能源汽车所涉及的续航能力、安全性等指标都与动力电池密切相关。动力电池是新能源汽车中"木桶效应"的短板，动力电池技术的突破是推动新能源汽车长远发展的基础，同时新能源汽车的消费需求也是动力电池行业的发展动力，所以动力电池的需求取决于新能源汽车的需求，动力电池的供给取决于电池技术的创新与突破。

通常意义上，新能源汽车是指完全或者主要依靠新型能源（非常规石油类车用燃料）驱动的汽车，车型主要包括纯电动汽车（BEV）、插电式混合动力汽车（PHEV）、增程式混合动力汽车（EREV）、燃料电池汽车（FCEV）等（见表6-1）。

表6-1   新能源汽车车型比较

类别	定义	车型举例
纯电动汽车（BEV）	以车载电池为唯一动力，用电机驱动行驶，需要用充电设备对电池进行充电	特斯拉、比亚迪汉EV、宏光MINI EV等
插电式混合动力汽车（PHEV）	将燃油发动机和电机系统结合，燃油和电池均可为车辆提供动力，需要用充电设备对电池进行充电	比亚迪秦PLUS DM-i、宝马5系新能源等
增程式混合动力汽车（EREV）	除了电池直接提供动力外，还可通过发动机消耗汽油带动发电机发电，再由电动机驱动汽车，发动机无法直接为车辆提供动力	理想ONE等
燃料电池汽车（FCEV）	通过氢气与氧气产生的电化学反应形成电能（非氢气和氧气燃烧），为车辆提供动力，尾排只有水，实现排放"零污染"	丰田Mirai、现代NEXO等

资料来源：ValueGo金融科技实验室整理.

动力电池为驱动汽车行驶提供能量，且可循环充放电。车用动力电池类型主要包括铅酸蓄电池、镍氢电池、锂离子电池和燃料电池。

铅酸蓄电池能量密度低，质量和体积较大，续航里程短，原材料环境友好性较差，已经不是主流的新能源汽车动力电池。但是，由于铅酸蓄电池安全性较高，成本低，部分还应用于低速电动自行车、汽车启动电源、便携式储能设备等领域。随着电池技术的发展，锂离子电池在单次循环成本、能量密度、循环寿命、环保等方面均已赶超铅酸蓄电池。

镍氢电池在动力电池中的应用主要集中于混合动力汽车，如丰田凯美瑞油电混合版（一般低速状态下才以纯电模式运行，且不能外接电源充电，也未被定义为新能源汽车）。虽然镍氢电池具有安全性高且无记忆效应等优良特性，但其使用寿命较短且能量密度较低，暂未用于新能源汽车领域。

锂离子电池是20世纪90年代日本索尼公司首先推出的一款商用高能蓄电池，早期主要用于小型电子设备，广泛应用于3C产品（计算机类、通信类和消费类电子产品的统称），现已成为主流的新能源汽车动力电池类型。锂离子电池最大的技术壁垒在于如何在保证安全和控制成本的基础上，继续提高电池的能量密度和充电效率。因为锂离子电池正极原材料中的一些稀有金属（如三元锂电池正极材料中的钴）在自然界的储量稀少、价格昂贵，电池制造企业出于成本考量，一直在努力降低电池中这类金属的含量，低钴化甚至无钴化成为（三元锂）动力电池的重要研发方向之一。

燃料电池以氢为燃料，将化学能转换为电能，所具有的能量密度远高于锂离子电池，反应产物为水，排放零污染，在能源补充上能够实现汽油般的便捷，还具备比汽油燃烧更高的能量转换效率。单纯就优势而言，燃料电池是动力电池的最佳选择。然而，燃料电池成本高、制氢过程复杂，以及加氢、供氢、储氢的配套基础设施建设不完善等问题，成为制约燃料电池发展的主要阻力。未来氢燃料电池关键技术的进步、生产成本的降低和基础设施布局的完善是推动燃料电池发展的重要突破点。

从发展阶段来看，铅酸蓄电池和镍氢电池的生产技术已经趋于成熟，成本较低，但受制于能量密度过低以及其他性能上的劣势，其在新能源汽车动力电池的应用中逐渐被淘汰。锂离子电池是新能源汽车动力电池市场中的主流类型，而燃料电池尚处于研发阶段，还未实现大规模商用。除此之外，2021年7月，宁德时代推出了钠离子电池。目前，钠离子电池尚处于产业化的前期研发和生产阶段，要实现大规模商业化还需要经历市场的检验。综合来看，锂离子电池无论从场景适用性，还是从技术成熟度来看，都是新能源汽车动力来源的重要技术路线。

因为BEV、PHEV、EREV主要采用锂离子电池，与燃料电池技术路线不同，且燃料电池技术尚处于研发阶段，所以本章主要研究锂离子电池的产业链情况。

6.2 动力电池行业PEST分析

6.2.1 政治环境分析

1.碳中和目标

节能减排是全球实现可持续发展的大趋势，新能源产业的发展如火如荼。2020年9月22日，习近平主席在第七十五届联合国大会一般性辩论上提出："中国将提高国家自主贡献力度，采取更加有力的政策和措施，二氧化碳排放力争于2030年前达到峰值，努力争取2060年前实现碳中和。"2021年和2022年，"碳中和"也成为两会焦点。

改革开放40多年来，中国碳排放总量不断攀升。根据国际能源署（IEA）的统计数据，2021年我国二氧化碳排放总量达到119亿吨（如图6-1所示），占全球总排量的33%。从二氧化碳排放的能源结构来看，煤炭在我国能源中的碳排放独占鳌头（如图6-2所示），煤炭产生的二氧化碳总量占比为70%~80%，其次是石油，占比为10%~15%。

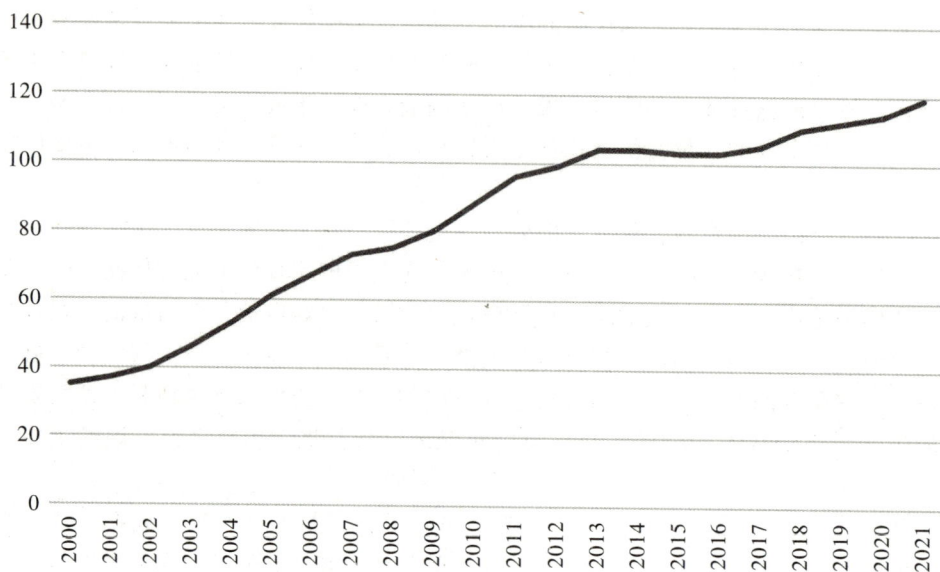

图6-1 我国二氧化碳排放总量（单位：亿吨）

资料来源：根据 IEA 统计数据绘制．

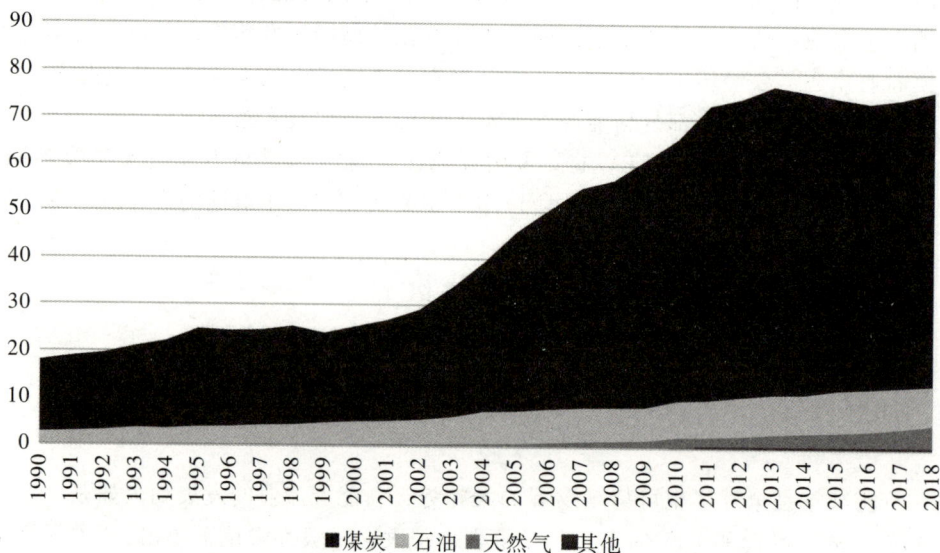

■煤炭 ■石油 ■天然气 ■其他

图6-2 我国二氧化碳排放的能源结构（单位：亿吨）

资料来源：根据 IEA 统计数据绘制．

从行业层面来看，电力与热力部门碳排放占比最高，其次为工业部门、交通运输部门（如图6-3所示）。

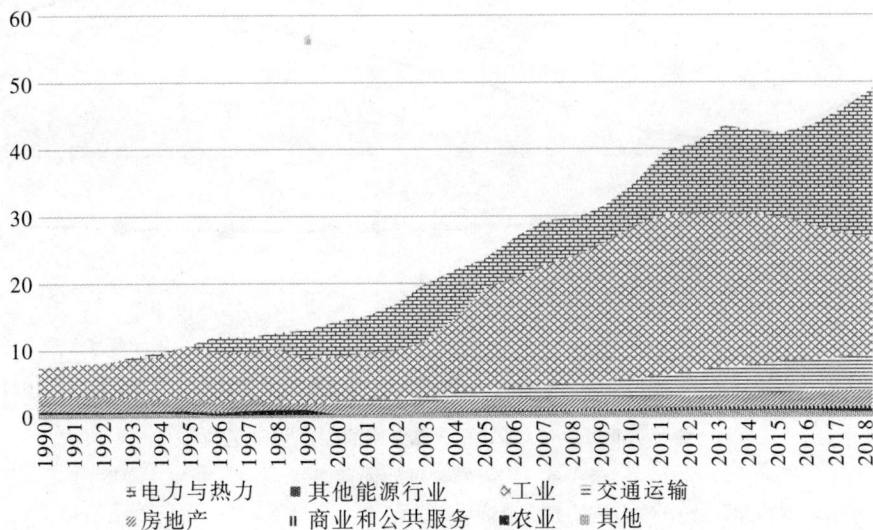

图6-3 我国二氧化碳排放的行业结构（单位：亿吨）

资料来源：根据IEA统计数据绘制．

综上，为实现碳中和目标，必须加快调整、优化产业发展结构和能源消费结构。例如，在煤炭使用层面，逐步减少煤炭消费，尽早推动煤炭消费达峰，促进电力、热力等能源行业深度脱碳，同步大力发展光伏、风力等新能源，促进电力供给侧的能源结构优化；在石油能源层面，注重非电力部门尤其是交通运输部门的"清洁化"与"电力化"，摆脱动力能源对石油的依赖。

2.能源战略

石油被誉为"工业的血液"，是重要的化石能源，但从全球范围来看，石油的发现量与使用量近年来基本持平，按全球石油消费量与可开采储量测算，石油储量大概只够人类继续使用50年。我国石油资源储备不足，严重依赖国外进口。国家统计局数据显示，2021年我国共进口5.13亿吨原油，国内原油产量仅为1.99亿吨，对外依存度超过70%，这也让我国成为世界上最大的原油进口国（如图6-4所示）。其中，交通运输、仓储和邮政业对石油的消耗量超过石油消耗总量的30%，石油仍然是交通运输最主要的动力燃料。石油消费大国与进口大国的地位使我国的能源安全面临巨大威胁。摆脱对石油的依赖，寻找替代的可再生能源，是贯彻落实能源安全战略之必需。

3.产业战略

汽车是我国未来经济发展的重要支柱产业之一，发展新能源汽车是推动经济结构和能源结构转型的重要契机。中国汽车工业协会数据显示，2021年我国汽车销量超过2 600万辆，同比增长3.8%，在全球汽车销量中的占比超过30%，其中乘用车销量达到了2 148.2万辆，我国是全球汽车销量第一大国。近年来，虽然我国的自主汽车品牌取得了快速发展，但也要意识到我国传统（内燃机）汽车产业起步较

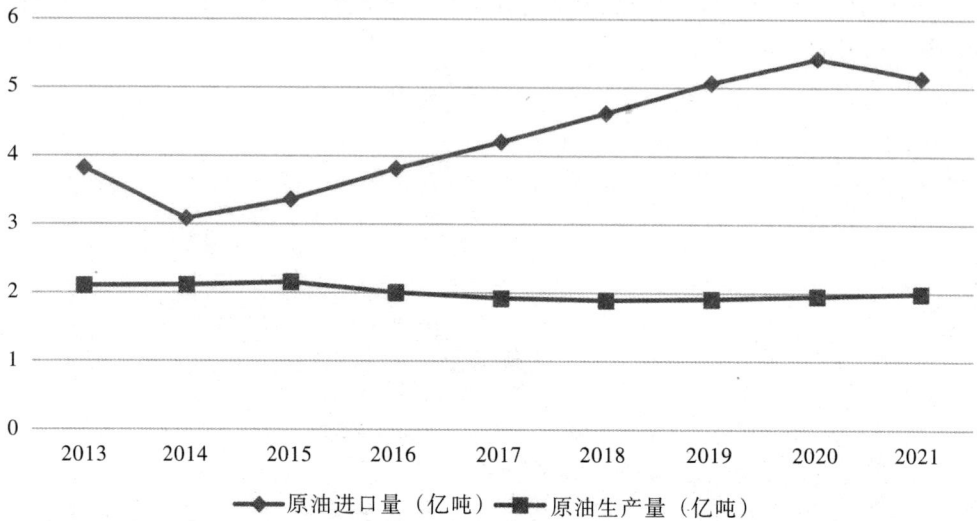

图 6-4 我国原油对外依存现状

资料来源：根据国家统计局统计数据绘制．

晚，传统燃油车领域长期由国外企业主导，我国在汽车品牌竞争力，整车、零部件的生产和制造能力方面，与国际巨头存在较大的差距。长期以来我国自主品牌乘用车的市场占有率始终低于 50%（如图 6-5 所示）。《美国汽车新闻》（Automotive News）的评价显示，2021 年全球百强汽车零部件供应商中，中国企业仅占 8 席，中国的传统汽车产业链整体竞争力较弱。

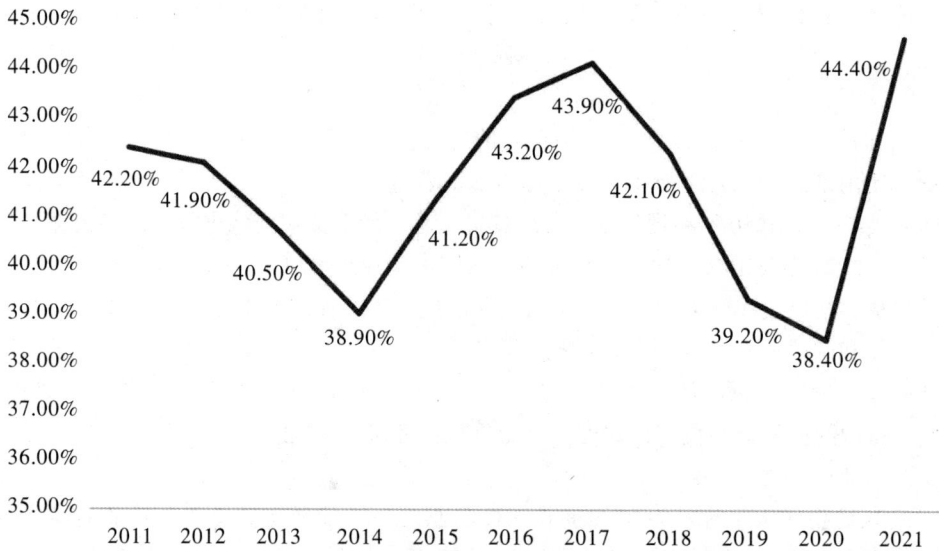

图 6-5 我国乘用车市场国产品牌份额发展趋势

资料来源：根据中国汽车工业协会统计数据绘制．

面对新格局与新形势，新能源汽车是我国汽车工业崛起的重要契机。2021 年，我国新能源汽车销量达到 352.1 万辆,同比增长 157.5%,其中新能源乘用车销量达到了 333.4 万辆。在新能源乘用车领域,中国凭借自己独特的优势,诞生了诸如比亚迪、小鹏、蔚来等一系列自有品牌,它们也逐渐加入到全球新能源汽车的竞争当中。汽车是我国未来经济发展的重要支柱产业之一,发展新能源汽车是我国在汽车领域实现弯道超车的绝佳机会,更是我国从汽车大国迈向汽车强国的必经之路!

综上所述,无论是从我国为在 2060 年前实现碳中和目标而发展清洁能源的时代战略要求来看,还是从我国对在新能源汽车领域弯道超车的迫切需求来看,新能源汽车取代燃油车已成为必然趋势。动力电池是新能源汽车的核心零部件,新能源汽车产业的发展也将为动力电池的发展带来巨大的机会!

4.行业政策

我国的新能源汽车推广政策最早可追溯到 2009 年实施的"十城千辆节能与新能源汽车示范推广应用工程"(简称"十城千辆示范工程"),而后从 2013 年开始正式启动新能源汽车消费市场的补贴政策,随后几年补贴政策逐渐向高能量密度、安全性和低能耗方向倾斜,这也代表了政策制定部门对行业发展的定位从全面鼓励逐渐转为定向指引。从 2019 年开始新能源汽车补贴大幅度退坡,逐步让位于市场化发展。随着新能源汽车市场的不断发展与成熟,动力电池技术取得了长足进步。伴随着新能源汽车行业的成长,针对动力电池行业的扶持政策也在不断完善。表6-2 按时间顺序对新能源汽车和动力电池相关政策进行了梳理。

表6-2   新能源汽车和动力电池相关政策梳理

年份	政策	政策概述
2004	《汽车产业发展政策》	引导和鼓励发展节能环保型小排量汽车。汽车产业要结合国家能源结构调整战略和排放标准的要求,积极开展电动汽车、车用动力电池等新型动力的研究和产业化,重点发展混合动力汽车技术
2009	"十城千辆工程"	通过财政补贴,计划用 3 年左右的时间,每年发展 10 个城市,每个城市推出 1 000 辆新能源汽车开展示范运行,力争使全国新能源汽车的运营规模到 2012 年占到汽车市场份额的 10%
2009	《新能源汽车生产企业及产品准入管理规则》(2017 年已废止)	根据新能源汽车的技术成熟度、国家和行业标准完善程度以及产业化程度的不同,将新能源汽车相关产品分为起步期、发展期、成熟期三个不同的技术阶段,对处于不同技术阶段的产品采取不同的管理方式
2012	《节能与新能源汽车产业政策发展规划(2012—2020年)》	以纯电驱动为新能源汽车发展和汽车工业转型的主要战略取向,重点推进纯电动汽车和插电式混合动力汽车产业化。到 2015 年,纯电动汽车和插电式混合动力汽车累计产销量力争达到 50 万辆;到 2020 年,纯电动汽车和插电式混合动力汽车生产能力达到 200 万辆、累计产销量超过 500 万辆。到 2015 年,动力电池模块比能量达到 150Wh/kg 以上,成本降至 2 元/瓦时以下;到 2020 年,动力电池模块比能量达到 300Wh/kg 以上,成本降至 1.5 元/瓦时以下

年份	政策	政策概述
2013	《关于继续开展新能源汽车推广应用工作的通知》	2013—2015年继续开展新能源汽车推广应用工作，依托城市尤其是特大城市推广应用新能源汽车。按照补助标准对新能源汽车的消费者进行补助，但补助标准将逐步退坡，2014年和2015年补助标准将在2013年标准的基础上下降10%和20%
2014	《关于加快新能源汽车推广应用的指导意见》	加快充电设施建设；对消费者购买符合要求的纯电动汽车、插电式（含增程式）混合动力汽车、燃料电池汽车给予补贴；给予新能源汽车税收优惠。2014年9月1日至2017年12月31日，对纯电动汽车、插电式（含增程式）混合动力汽车和燃料电池汽车免征车辆购置税
2014	《关于免征新能源汽车车辆购置税的公告》	2014年9月1日至2017年12月31日，对购置列入《免征车辆购置税的新能源汽车车型目录》的新能源汽车免征车辆购置税
2015	《关于2016—2020年新能源汽车推广应用财政支持政策的通知》	2016—2020年继续实施新能源汽车推广应用补助政策；2017—2018年补助标准在2016年基础上下降20%；2019—2020年补助标准在2016年基础上下降40%
2015	《汽车动力蓄电池行业规范条件》（2019年已废止）	对汽车动力蓄电池生产企业提出具体要求，规定锂离子动力蓄电池单体企业年产能力不得低于2亿瓦时，金属氢氧化物镍动力蓄电池单体企业年产能力不得低于1千万瓦时，超级电容器单体企业年产能力不得低于500万瓦时；系统企业年产能力不得低于1万套或2亿瓦时
2015	《中国制造2025》	提升动力电池、驱动电机、高效内燃机、先进变速器、轻量化材料、智能控制等核心技术的工程化和产业化能力，形成从关键零部件到整车的完整工业和创新体系，推动自主品牌节能与新能源汽车同国际先进水平接轨
2016	《"十三五"国家战略性新兴产业发展规划》	建设具有全球竞争力的动力电池产业链；完善动力电池研发体系，加快动力电池创新中心建设
2016	《关于调整新能源汽车推广应用财政补贴政策的通知》	提高推荐车型目录门槛并动态调整；增加整车能耗要求；提高整车续驶里程门槛要求；设置动力电池能量密度门槛；提高安全要求。在保持2016—2020年补贴政策总体稳定的前提下，调整新能源汽车补贴标准：除燃料电池汽车外，各类新能源车型2019—2020年中央及地方补贴标准和上限，在现行标准基础上退坡20%
2017	《促进汽车动力电池产业发展行动方案》	提出动力电池发展方向：持续提升现有产品的性能、质量和安全性，进一步降低成本，2018年前保障高品质动力电池供应；大力推进新型锂离子动力电池研发和产业化，2020年实现大规模应用；着力加强新体系动力电池基础研究，2025年实现技术变革和开发测试。同时提出，到2020年，新型锂离子动力电池单体比能量超过300Wh/kg，系统比能量力争达到260Wh/kg，成本降至1元/瓦时以下；2025年，新体系动力电池技术取得突破性进展，单体比能量达500Wh/kg

年份	政策	政策概述
2017	《乘用车企业平均燃料消耗量与新能源汽车积分并行管理办法》	设立乘用车企业平均燃料消耗量和新能源汽车两种积分，建立积分核算制度和积分管理平台。设立新能源汽车积分比例要求的门槛，2019年度、2020年度、2021年度、2022年度、2023年度的新能源汽车积分比例要求分别为10%、12%、14%、16%、18%
2018	《新能源汽车动力蓄电池回收利用管理暂行办法》	汽车生产企业承担动力蓄电池回收的主体责任，相关企业在动力蓄电池回收利用各环节履行相应责任，保障动力蓄电池的有效利用和环保处置
2019	《关于进一步完善新能源汽车推广应用财政补贴政策的通知》	稳步提高新能源汽车动力电池系统能量密度门槛要求，适度提高新能源汽车整车能耗要求，提高纯电动乘用车续驶里程门槛要求
2020	《关于完善新能源汽车推广应用财政补贴政策的通知》	将新能源汽车推广应用财政补贴政策实施期限延长至2022年底。原则上2020—2022年补贴标准分别在上一年基础上退坡10%、20%、30%。公共交通等领域符合要求的新能源车辆，2020年补贴标准不退坡，2021—2022年补贴标准分别在上一年基础上退坡10%、20%
2020	《新能源汽车产业发展规划（2021—2035年）》	到2025年，纯电动乘用车新车平均电耗降至12.0kWh/100km，新能源汽车新车销售量达到汽车新车销售总量的20%左右，高度自动驾驶汽车实现限定区域和特定场景商业化应用。力争经过15年的持续努力，我国新能源汽车核心技术达到国际先进水平，质量品牌具备较强国际竞争力

资料来源：ValueGo 金融科技实验室整理.

2019年，新能源汽车补贴的大幅度退坡意味着产业逐渐迈过了政策培育期。未来，新能源汽车行业的竞争将更加激烈，行业集中度进一步提升，马太效应明显，先前依靠补贴起家而无实质技术创新的小企业将难以生存，政策的转向也将加速动力电池行业的整合与市场化进程，从而有利于具备较强资金和技术实力的行业龙头企业的发展。

6.2.2 经济环境分析

1.市场容量

新能源汽车是动力电池的主要需求端，新能源汽车的增长空间在很大程度上反映了动力电池的未来发展前景。2021年，全球新能源汽车销量约为650万辆，同比增长超100%，其中我国新能源汽车的销量达到了352.1万辆，同比增长157.57%（如图6-6所示）。与之对应，我国动力电池装机量也快速增长。中国汽车动力电池产业创新联盟的数据显示，2021年我国动力电池装机量约为154.5GWh，同比增长142.9%（如图6-7所示），在新冠肺炎疫情的影响下，我国新能源汽车及动力电池行业依然快步向前发展。

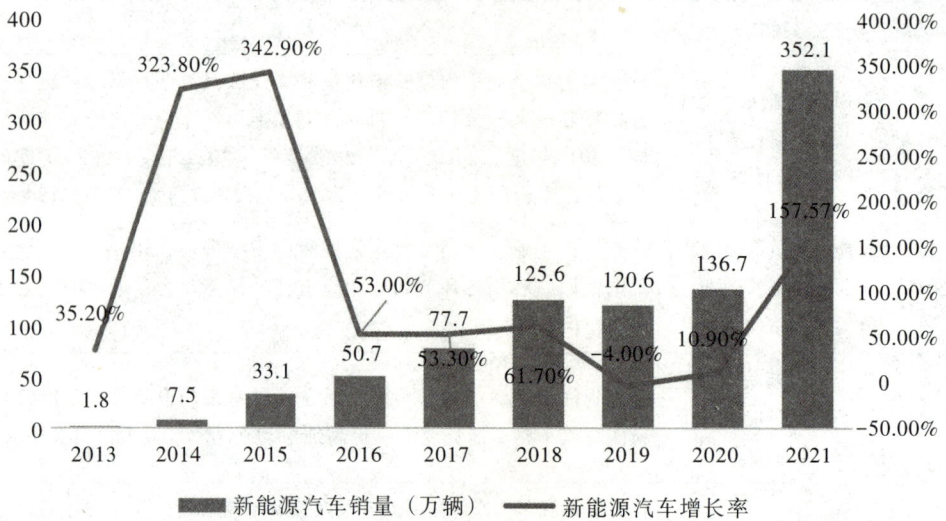

图6-6 2013—2021年我国新能源汽车销量及增长率
资料来源：根据中国汽车工业协会统计数据绘制．

虽然行业成长迅速，但总体来看，新能源汽车无论是销量还是存量基数仍然较低，未来极具成长空间，由此可知对动力电池的需求巨大。根据中国汽车工业协会的统计，2021年我国新能源汽车销量占全部汽车销量的比例达到了13.4%（如图6-8所示），但与2025年20%的目标相比仍有差距（根据《新能源汽车产业发展规划（2021—2035年）》，到2025年，新能源汽车新车销售量达到汽车新车销售总量的20%左右）。

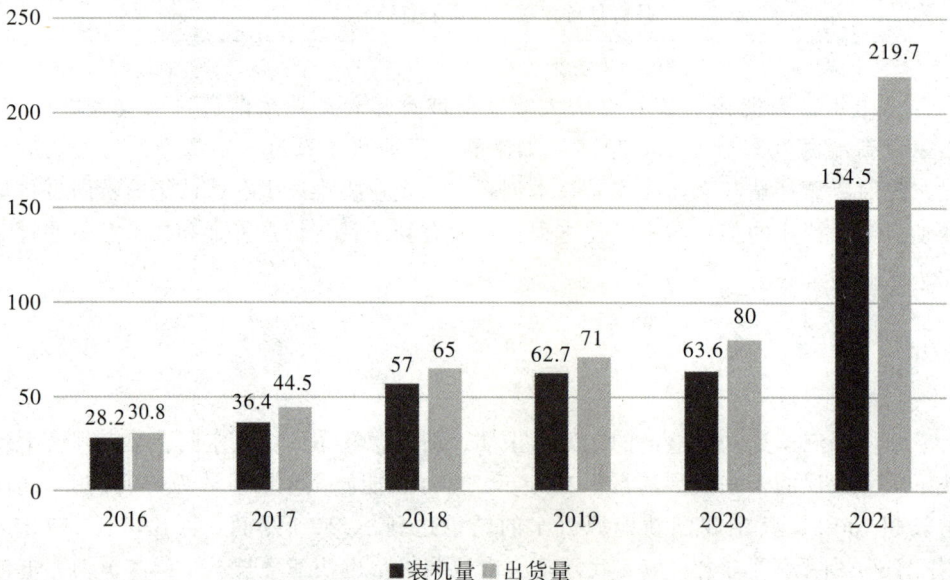

图6-7 2016—2021年我国动力电池装机量与出货量（单位：GWh）
资料来源：根据中国汽车动力电池产业创新联盟统计数据绘制．

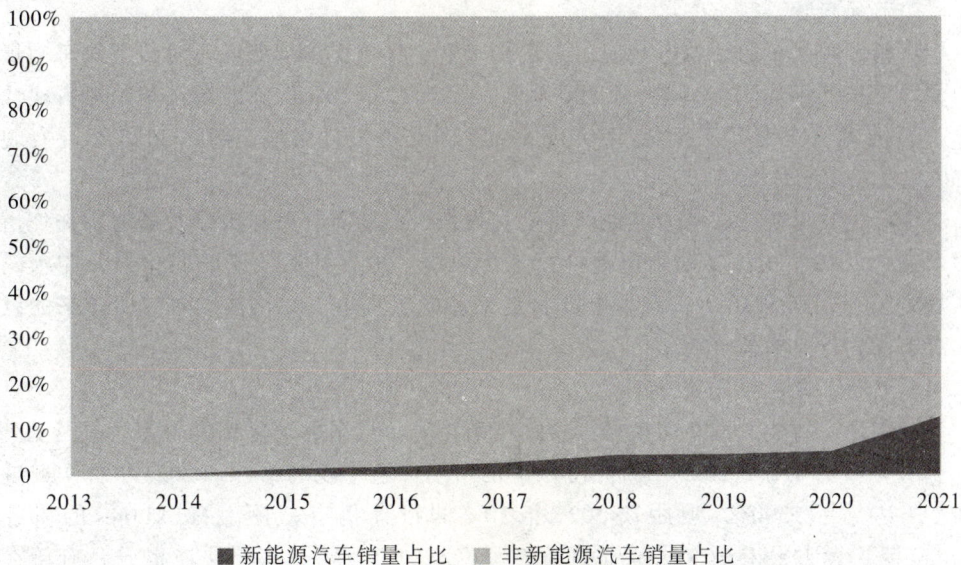

图 6-8 2013—2021 年中国新能源汽车销量占比

资料来源：根据中国汽车工业协会统计数据绘制.

　　近年来，我国汽车总销量保持着相对稳定的状态（如图 6-9 所示），即使不考虑整体汽车消费市场的增长，短期内新能源汽车仍有广阔市场空间，这将带动对动力电池需求的快速增长以及动力电池行业的迅猛发展。

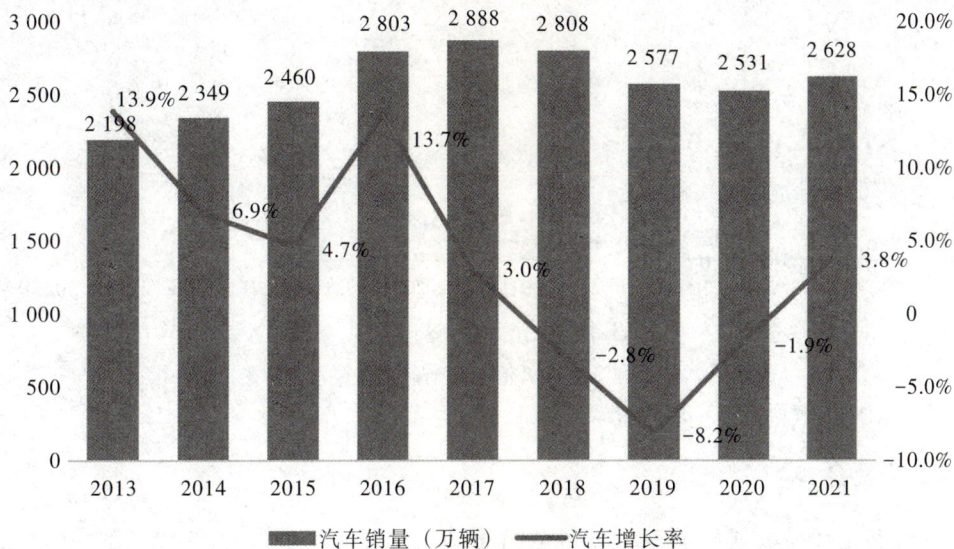

图 6-9 2013—2021 年中国汽车销量及增长率

资料来源：根据中国汽车工业协会统计数据绘制.

2.市场增速

从新能源汽车的动力电池应用需求端来看，仅考虑新能源汽车对传统汽车销量的替代，按照年均汽车销量为2800万辆以及2025年20%的新能源汽车销量占比计算，新能源汽车有望在2025年实现560万辆发销量，对应2020—2025年可实现33%以上的复合增长率。

早期受政策扶持，动力电池产量增长很快，但随着补贴退坡以及新冠肺炎疫情的影响，2019—2020年动力电池产量增速放缓。随着补贴效应的弱化以及需求的恢复增长，未来5~10年，动力电池将迎来新能源汽车市场化推广效应所带来的巨大需求量，行业增长可期。

3.市场渗透率

近年来，新能源汽车的市场渗透率不断提升，汽车电动化趋势显著。中国汽车工业协会数据显示，2020年新能源汽车的市场渗透率仅为5.4%，2021年首次突破10%，达到了13.4%，但距离2025年20%的目标仍有差距。MarkLines的研究（2020年）表明，未来全球范围内新能源汽车的市场渗透率将快速提升，有望在2025年提升至15%以上（如图6-10所示）。

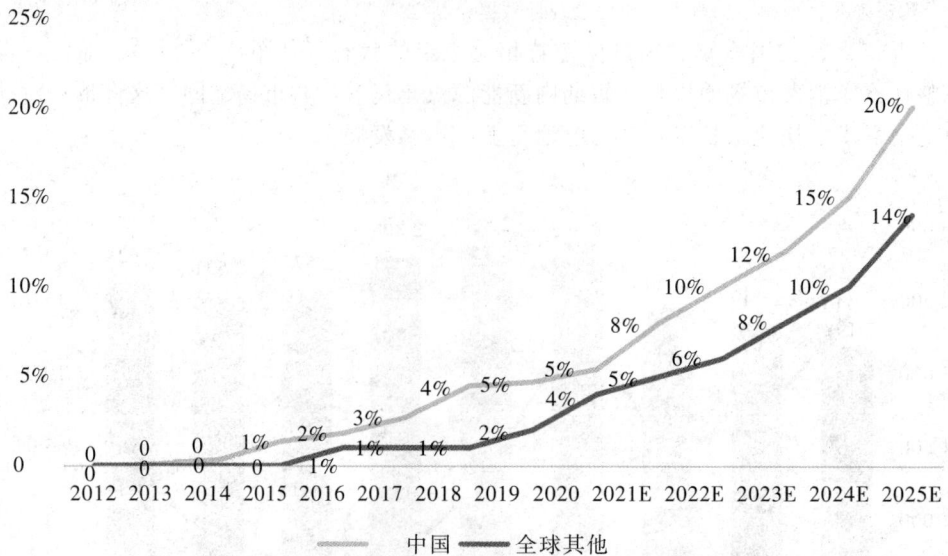

图6-10 中国及全球其他地区新能源汽车市场渗透率

资料来源：根据 MarkLines 统计数据绘制.

6.2.3 社会环境分析

国家统计局数据显示，2021年全国居民人均可支配收入为35 128元，比上年名义增长9.1%，扣除价格因素，实际增长8.1%；全国居民人均消费支出为24 100元，比上年名义增长13.6%，扣除价格因素，实际增长12.6%（如图6-11所示）。同时，汽车消费需求基数大，2021年全国机动车保有量达3.95亿辆，其中汽车有

3.02亿辆；机动车驾驶人达4.81亿人，其中汽车驾驶人有4.44亿人。2021年，全国新注册登记机动车达3 674万辆，新领证驾驶人达2 750万人。

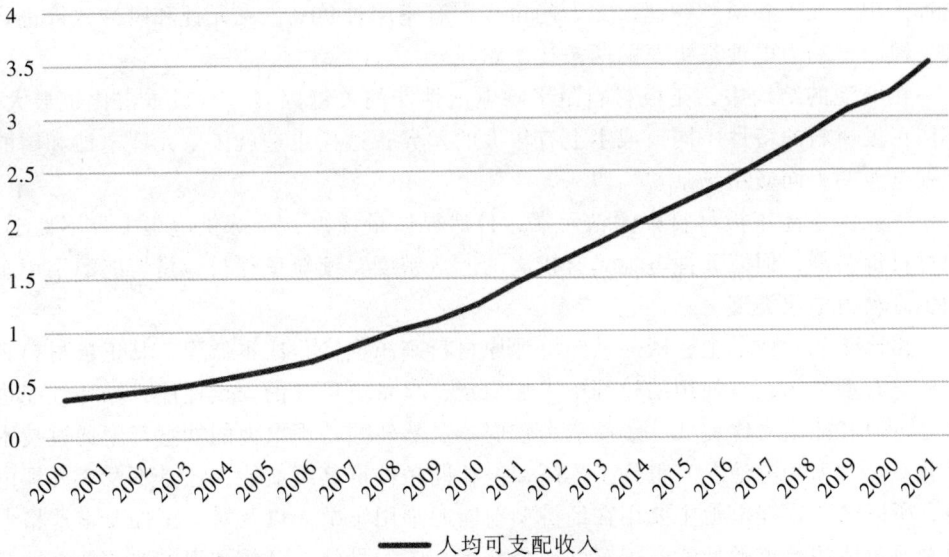

图6-11　中国人均可支配收入（单位：万元）

资料来源：根据国家统计局统计数据绘制.

　　居民可支配收入的快速增长促进了消费需求的升级，进而对消费产品及相关行业的生产和发展提出了更高的要求。汽车作为日常重要消费品，需求大且多元，消费者越来越注重品质，需求呈现智能化、多元化、个性化趋势，汽车消费需求端的提升推动了供给端的改革。

　　工业化进程在丰富物质生活和推动经济发展的同时，也带来了生态环境破坏、能源短缺等一系列问题，绿色、可持续发展已成为当前社会发展的基本要求。传统汽车使用化石能源，大量的碳排放造成了气候变暖等生态问题，阻碍了经济社会的可持续发展。随着可持续发展理念的大力推广，人们日益关注绿色低碳生活方式，汽车产业也在向绿色化发展大步迈进。

　　建立绿色低碳循环发展体系，需要生产体系、流通体系、消费体系的协同转型。碳中和目标推动的能源技术革命将向交通行业传导，推动产业低碳化和现代化，促进实现经济与环境有机融合、和谐发展的模式。

6.2.4　技术环境分析

1.锂离子电池市场格局

（1）锂离子电池技术路线

　　锂离子电池主要是利用氧化还原反应来实现化学能和电能的转换，电池材料四大件包括正极、负极、电解液（质）和隔膜等。

　　按照电池正极材料划分，锂离子电池包括三元锂（镍钴锰酸锂（NCM）、镍钴铝酸锂（NCA））电池、磷酸铁锂（LFP）电池、钴酸锂（LCO）电池、锰酸锂（LMO）电池等。2022年，在新能源汽车动力电池行业中，绝大多数电池的正极材料都采用三元锂和磷酸铁锂，二者的市场占有率超过90%。三元锂和磷酸铁锂也代表了锂离子动力电池最主要的两条技术路线。

在电池的结构中，正极材料是影响电池性能的关键因素，其成本占比也最大。不同正极材料的特性不同，成本上有较大的差异，这样也造就了三元锂电池和磷酸铁锂电池的不同应用场景。

三元锂电池正极材料中的钴元素，自然界储量稀少，全球供应集中且不稳定，原材料价格高，但三元锂电池具有较高的能量密度，续航里程长，是新能源乘用车的主流动力电池类型之一。

相比于三元锂电池，磷酸铁锂电池原材料来源丰富，成本低廉，其正极材料具有橄榄石型结构，在使用的过程中更加稳定，具备更可靠的安全性能，循环性能也较好，但其能量密度偏低，续航能力较弱。虽然磷酸铁锂电池的能量密度通过技术革新（如"刀片电池"）得到了提高，但相同条件下其续航能力还是不及三元锂电池，所以磷酸铁锂电池主要用在经济型新能源乘用车中，以及对安全性要求严格但对电池包体积要求较低的商用车（如公交车）中。另外，磷酸铁锂电池的低温性能较差，温度降低时电池内阻增大，在低温环境中续航能力大打折扣。三元锂电池和磷酸铁锂电池的比较见表6-3。

表6-3 三元锂电池和磷酸铁锂电池比较

电池类型	主要构成	优势	劣势
三元锂电池	由镍、锰（或铝）、钴与锂元素组成，镍含量越高，电池组能量密度越大，但工艺难度也越大；钴含量越高，安全性越高，成本越高。根据镍、钴、锰三种元素不同的占比分为111型、523型、622型和811型	电池能量密度高、充放电倍率性能和低温性能好	安全性、循环寿命不如磷酸铁锂电池，钴金属价格贵，成本高
磷酸铁锂电池	正极材料为磷酸铁锂，主要用于动力电池与储能领域	成本低、安全性能好、循环寿命长	能量密度低，低温性能差

资料来源：ValueGo金融科技实验室整理.

（2）锂离子电池竞争格局

在技术层面，全球动力电池行业以生产锂离子动力电池为主。锂离子动力电池早期是一个由政策驱动的行业，由于政策补贴逐渐向高能量密度电池倾斜，三元锂电池逐步占据市场主流，三元锂电池装机量占比最高时突破60%。从2019年开始，我国对新能源汽车的补贴大幅度退坡，且限制了对售价在30万元以上的新能源车的补贴。在这一趋势背景下，磷酸铁锂电池的性价比优势凸显，同时随着"刀片电池"等磷酸铁锂电池结构技术的创新突破，磷酸铁锂电池能量密度获得了较大提升，和三元锂电池的差异显著缩小，对外供应逐步放量，装机量占比持续提升，2021年超过了50%。未来磷酸铁锂电池装机量占比预计还将稳步提升（如图6-12所示）。动力电池装机量主要包括三元锂电池和磷酸铁锂电池，两者几乎呈现出同步发展的态势。预计到2025年，我国动力电池的装机量可达350GWh。

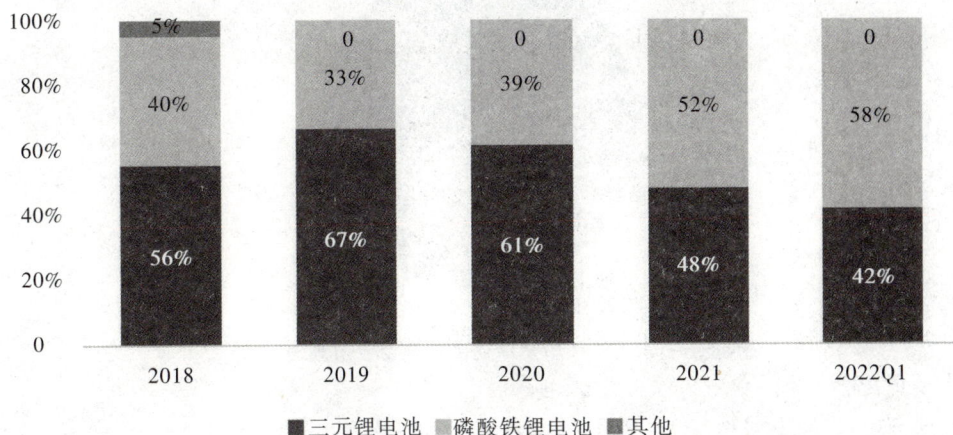

图6-12 2018—2022年我国动力电池装机量占比

资料来源：根据中国汽车动力电池产业创新联盟统计数据绘制.

随着技术的不断进步，我国新能源汽车动力电池呈现出续航能力持续提升与价格不断下降的趋势，降本增效是推动动力电池行业发展的重要因素。新能源乘用车的续航能力2014年只有100多千米，到2022年普遍超过了400千米。2022年6月，宁德时代发布的麒麟电池甚至宣称续航里程最高可突破1 000千米。而同一期间，新能源汽车动力电池单位成本下降幅度已经超过70%。

在企业层面，全球动力电池市场份额主要掌握在中、日、韩三国企业手中，2021年，全球前十大动力电池企业的市场占有率超过了90%，前三名分别为宁德时代、LG新能源和松下（如图6-13所示）。宁德时代是我国动力电池龙头企业，2021年实现全球动力电池装机量96.7GWh，占全球市场份额的32.6%，且连续5年实现全球动力电池装机量排名第一，其中国内市场动力电池装机量达80.51GWh，市场份额达到了52.1%。比亚迪不仅是动力电池的重要生产商，还拥有完整的新能源汽车生产能力，动力电池市场份额为16.2%。我国其他动力电池生产商主要包括中创新航（原"中航锂电"）、国轩高科、亿纬锂能、孚能科技等（见表6-4）。

总体而言，动力电池是具备高确定性、高成长性的行业，市场发展空间广阔，具备较好的行业景气度。

（3）三元锂电池竞争格局

三元锂电池中的"三元"代表正极材料中镍、钴、锰（铝）三种元素。在电池生产制备中，镍含量越高，钴含量越低，电池能量密度越高，成本也越低，但电池生产的工艺难度会增加，电池自身的稳定性和安全性也会降低。2019—2022年我国三元锂电池装机量如图6-14所示。

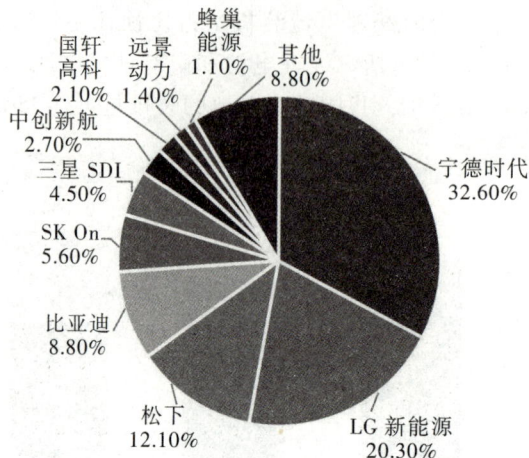

图6-13 2021年全球动力电池企业市场份额

资料来源：根据 SNE Research 统计数据绘制．

表6-4 　　　　　　　2021年国内动力电池企业装机量前十名

序号	企业名称	装机量（GWh）	国内市场份额
1	宁德时代	80.51	52.1%
2	比亚迪	25.06	16.2%
3	中创新航	9.05	5.9%
4	国轩高科	8.02	5.2%
5	LG新能源（中国）	6.25	4.0%
6	蜂巢能源	3.22	2.1%
7	塔菲尔新能源	3.00	1.9%
8	亿纬锂能	2.92	1.9%
9	孚能科技	2.45	1.6%
10	欣旺达	2.06	1.3%

资料来源：根据中国汽车动力电池产业创新联盟统计数据整理．

　　三元正极材料根据镍、钴、锰三种元素的不同配比主要分为NCM111、NCM523、NCM622和NCM811，其中数字代表三种元素的配比。原材料中钴元素价格较高，且供应不稳定，所以中低镍三元锂电池成本变化大。随着锂电池技术的优化创新以及对长续航里程的追求，高镍三元锂电池凭借其成本和能量密度优势逐步受到市场青睐，低钴和无钴电池是行业发展趋势。

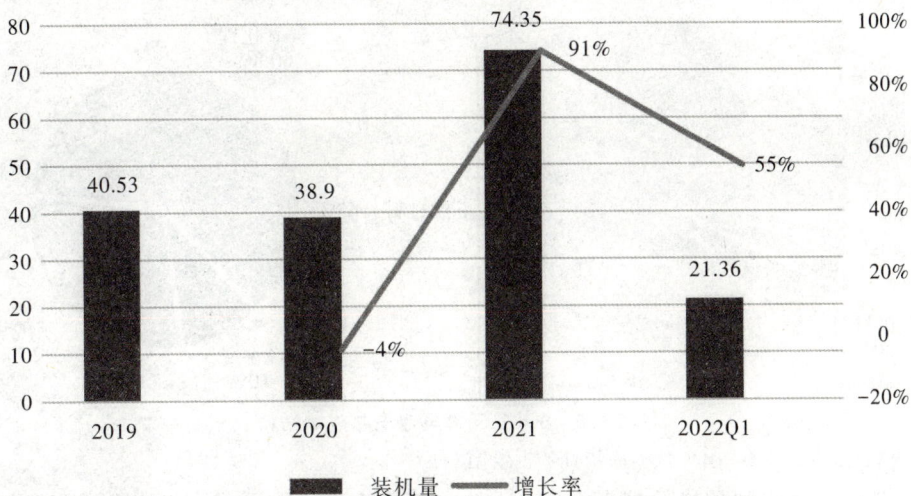

图6-14　2019—2022年我国三元锂电池装机量（单位：GWh）
资料来源：根据中国汽车动力电池产业创新联盟统计数据绘制．

从成本来看，三元锂正极材料在锂离子电池中的成本占比高。上海有色网（SMM）数据显示，5系三元锂电池电芯中的正极材料成本占比为63%（如图6-15所示），8系三元锂电池电芯中的正极材料成本占比达到了65%（如图6-16所示）。

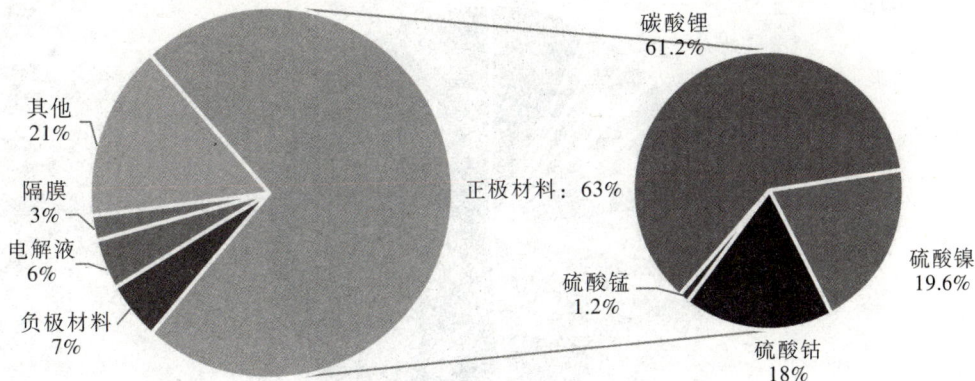

图6-15　5系三元锂电池电芯成本结构
资料来源：根据SMM数据库统计数据绘制．

从市场结构来看，2021年市场广泛应用以NCM523为代表的5系及以下的中低镍三元锂电池产品，占比约为50%；中高镍三元锂电池NCM622、高镍三元锂电池NCM811和镍钴铝三元锂电池NCA占比相对较小，NCM622份额与NCM811份额相近，约为20%。鑫椤资讯数据显示，2019年与2020年，国内市场中镍5系三元材料产量占比分别为62.4%、53%，呈下降趋势；中高镍6系三元材料产量占比分别为19%、20%，略有上升；高镍8系三元材料产量占比分别为10.8%、22%，呈快速上升态势。

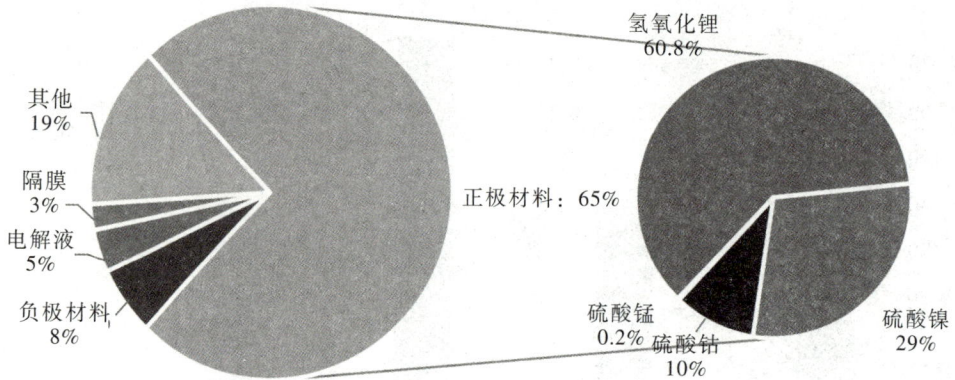

图6-16　8系三元锂电池电芯成本结构

资料来源：根据 SMM 数据库统计数据绘制.

从三元锂电池的供给端来看，企业生产集中度高。中国汽车动力电池产业创新联盟 2022 年第一季度数据显示，国内三元锂电池企业装机量五个企业集中率（CR5）超过了80%，其中宁德时代占比最高，达到了51.13%，之后依次是中创新航占比15.5%，LG 新能源占比5.90%，孚能科技占比4.39%，蜂巢能源占比4.16%（如图6-17所示）。

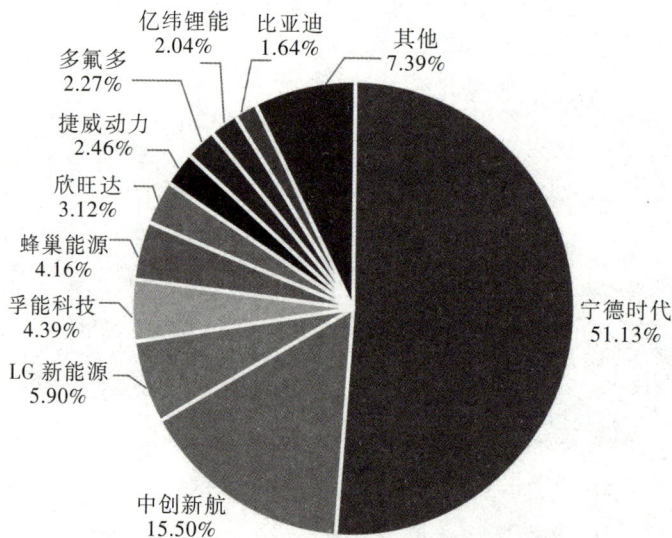

图6-17　2022年第一季度我国三元锂电池企业装机量市场份额

资料来源：根据中国汽车动力电池产业创新联盟统计数据绘制.

（4）磷酸铁锂电池竞争格局

磷酸铁锂电池正极材料的生产工艺主要分为固相法和液相法两类。

①固相法：工艺步骤简单，易产业化，但产品一致性较低。国内磷酸铁锂正

极材料生产企业中，采用固相法的代表企业有贝特瑞、湖南裕能（湘潭电化参股）。

② 液相法：产品一致性、稳定性较高，但工艺复杂，对生产条件的要求高，规模化生产存在一定的技术壁垒，投入成本高。采用液相法的代表企业是德方纳米。

与三元锂电池相比，虽然磷酸铁锂电池能量密度低，但是磷酸铁锂橄榄石型的晶体结构使得电池的性能更稳定，循环和安全性能更好，而且磷酸铁锂电池原材料来源广，不含钴等稀有金属，成本低，所以性价比更高。

自2016年开始，能量密度被纳入了国家补贴政策考核标准，补贴标准对能量密度的要求逐步提高。在补贴驱动的市场环境下，磷酸铁锂电池的市场份额因其能量密度的劣势而逐步下降。2019年，磷酸铁锂电池装机量为20.22GWh，占比下降至33%。2019年后，政策补贴大幅度退坡。在后补贴时代，政策影响逐渐减弱，借助"刀片电池"等技术创新，磷酸铁锂电池凭借其性价比优势受到了新能源汽车的青睐，在动力电池领域的竞争力进一步提升。2022年一季度磷酸铁锂电池装机量达到了29.84GWh，同比增长218%，市场占有率达到了58%（如图6-18所示）。

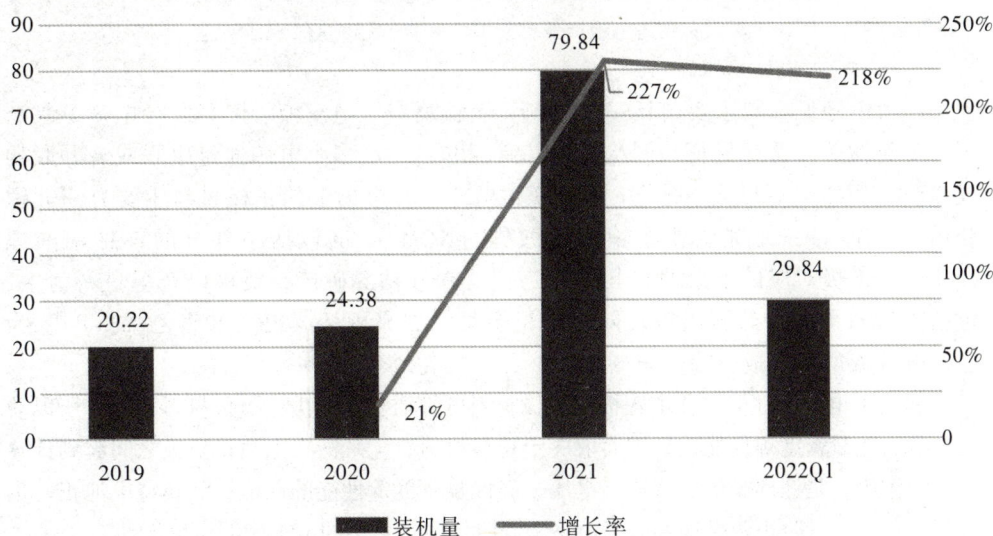

图6-18 2019—2022年我国磷酸铁锂电池装机量（单位：GWh）

资料来源：根据中国汽车动力电池产业创新联盟统计数据绘制．

从磷酸铁锂电池的供给端来看，企业生产集中度高。2022年一季度数据显示，随着比亚迪"刀片电池"技术的进一步推广，比亚迪磷酸铁锂电池的市场份额达到了33.73%，并有望进一步提升。宁德时代的市场份额虽有所下降，但仍然最高，达到了48.91%（如图6-19所示）。

总体来看，三元锂电池尤其是中高镍三元锂电池与磷酸铁锂电池共同发展，并实现分级应用：三元锂电池将向高镍、低钴和无钴化发展，且凭借其能量密度优势在高端乘用车市场中占据主导地位；磷酸铁锂电池则会依靠其成本和安全性优势，进一步扩大在经济型乘用车、公共交通领域以及储能领域的市场份额。

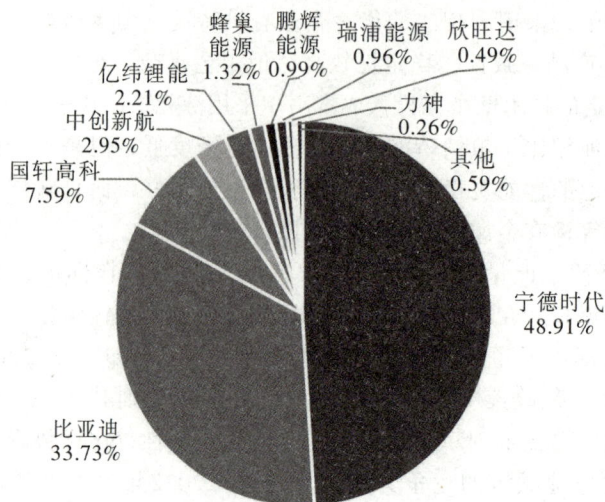

图6-19　2022年一季度我国磷酸铁锂电池企业装机量市场份额

资料来源：根据中国汽车动力电池产业创新联盟统计数据绘制．

2. 锂离子电池原材料市场

动力电池原材料主要包括正极材料、负极材料、电解液、隔膜、导电剂、黏结剂、集流体等，这些材料共同构成电芯（cell），然后多个电芯通过串联或者并联构成模组，模组最后形成电池包（pack）。2021年，市场上的正极材料主要有三元锂和磷酸铁锂。三元锂主要指镍钴锰酸锂（NCM），也包括小部分的镍钴铝酸锂（NCA），正极对应的上游原材料主要为锂、镍、钴等矿产，负极以石墨材料为主，包括人造石墨与天然石墨等；隔膜以聚烯烃材料聚丙烯（PP）和聚乙烯（PE）为主；电解液的主要成分为六氟磷酸锂。

锂离子电池的性能主要由正极和负极材料的性质决定，由于负极材料类似，所以动力电池的能量密度等性能差异主要取决于正极材料；电解液在电池正负极之间起到传导离子的作用，是锂离子电池获得高电压、高能量密度等性能的保证；隔膜将电池正、负极板分隔开来，防止两极接触造成短路，同时使电解质中的离子能够自由流动。

（1）正极活性材料——锂

①原材料来源。

锂是一种银白色碱金属，性质比较活泼，被我国列为战略性矿产资源。自然界中的锂资源主要分为卤水锂和矿石锂。卤水锂多以碳酸盐、氯化物和硫酸盐的形式存在，矿石锂则主要以锂辉石和锂云母的形式存在。锂资源的产业链主要分上游的（矿石锂、卤水锂）资源开采、中游的冶炼加工（如电池级碳酸锂）和下游的消费应用（如电池、新材料等领域）。

电池类产品已经成为锂最重要的应用领域，包括消费电池、动力电池和储能电池。动力电池材料中锂的形式主要是碳酸锂与氢氧化锂两种，这些锂盐主要来自锂辉石和卤水提锂。随着工艺的改进和成本的下降，通过锂云母提取碳酸锂也成为重要的锂盐制备方式之一。

在制备三元正极材料的过程中，锂盐与三元前驱体颗粒混合烧结，锂盐呈熔融态才能使原料均匀混合。无水氢氧化锂的熔点约为462℃，单水氢氧化锂的熔点约为470℃，而碳酸锂的熔点高达723℃，因此在烧结过程中熔融的氢氧化锂可与三元前驱体更均匀、充分地混合，有利于提升材料性能。通常高镍三元材料的烧结温度不宜过高，而碳酸锂的烧结温度往往需达到900℃以上才能得到性能稳定的材料，所以高镍三元材料需要使用氢氧化锂作为锂源，而生产中低镍三元材料和磷酸铁锂可以使用相对廉价的碳酸锂作为锂源。因此，磷酸铁锂电池的材料主要来源于碳酸锂，NCM811等高镍三元锂电池和NCA电池需采用电池级氢氧化锂。一般来说，采用氢氧化锂生产的产品性能更为优异，氢氧化锂相比碳酸锂对杂质、品位、工艺等方面的要求更高，氢氧化锂市场相较碳酸锂市场也更为集中。

②资源丰度。

锂资源储量相对丰富，但受限于矿石品位和提纯技术，大量的锂矿物不具备开发价值，导致锂盐供应相对短缺。2021年美国地质调查局（USGS）研究数据显示，世界锂资源储量约为2 200万吨。从全球锂资源的分布来看，锂资源主要集中在南美锂三角（智利、阿根廷和玻利维亚），且主要为盐湖卤水型，资源量占比约为60%；其次是澳大利亚，以硬岩型锂辉石为主（如图6-20所示）。从锂矿产量来看，产量主要分布在澳大利亚、智利和中国，占比分别达到了55%、26%和14%，合计超过90%（如图6-21所示）。

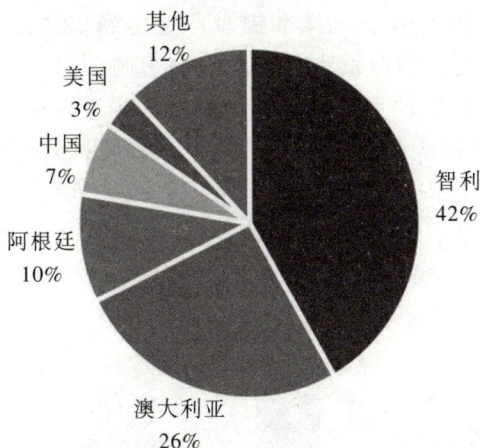

图6-20　2021年锂资源储量全球分布格局

资料来源：USGS.

我国锂资源储量在全球占比约为7%，从地域来看，主要分布在青海、西藏、四川、江西等地。我国的锂资源形式主要有盐湖锂、锂辉石和锂云母三种。其中，盐湖锂占比约为80%，主要分布在青海和西藏，如青海的察尔汗盐湖、东台吉乃尔盐湖、西台吉乃尔盐湖、一里坪盐湖以及西藏的扎布耶盐湖；锂辉石占比约为15%，主要分布在四川，如甲基卡锂矿、李家沟锂矿、业隆沟锂矿；锂云母占比约

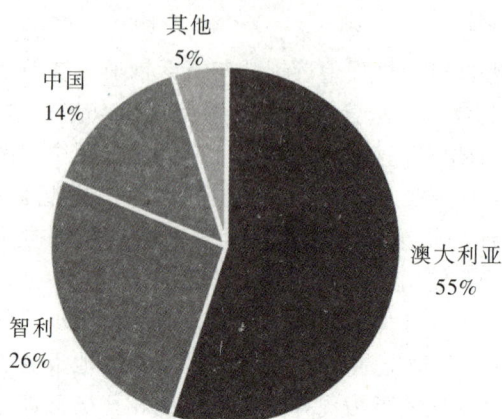

图 6-21　2021 年全球锂矿产量分布格局

资料来源：USGS.

为 3%，主要分布在江西宜春地区。综合来看，国内盐湖锂离子浓度大多较低，杂质相对较多，镁锂比明显高于南美盐湖，盐湖提锂难度较大，成本高。

③行业格局。

锂资源不同的存在状态决定了不同的提锂技术。我国虽然锂资源总量丰富，但因资源禀赋以及开采条件的限制，锂原料的供应受到了制约。2021 年我国依靠仅占全球 7% 的锂资源储量，提供了全世界约 70% 的锂盐产量，锂原料自供能力不足，对外依存度较高。

SMM 数据显示，2021 年我国碳酸锂总产量达到 22.2 万吨，同比增长 34.05%（如图 6-22 所示），同时碳酸锂累计进口量为 8.1 万吨，同比增长 61.68%，其中智利和阿根廷是我国碳酸锂进口的主要来源，2021 年两国进口量占比高达 98.02%（如图 6-23 所示）。2021 年我国碳酸锂累计出口量为 7 941 吨，同比增长 6.06%，其中出口至日本和韩国 6 796 吨，占比达 85.58%。

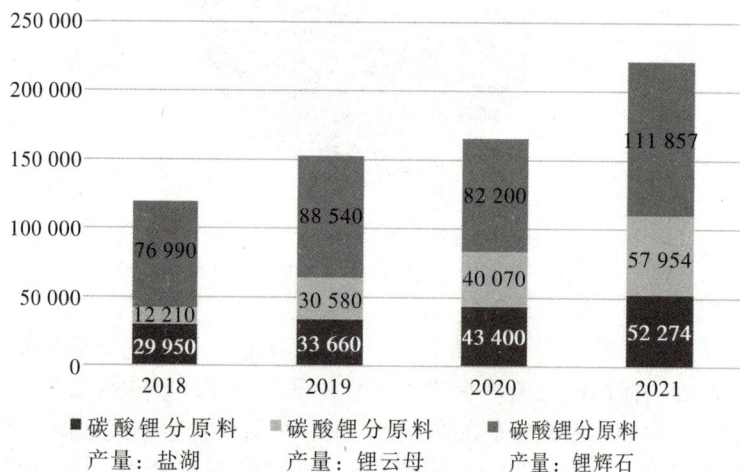

图 6-22　我国碳酸锂分原料产量（单位：吨）

资料来源：根据 SMM 数据库统计数据绘制．

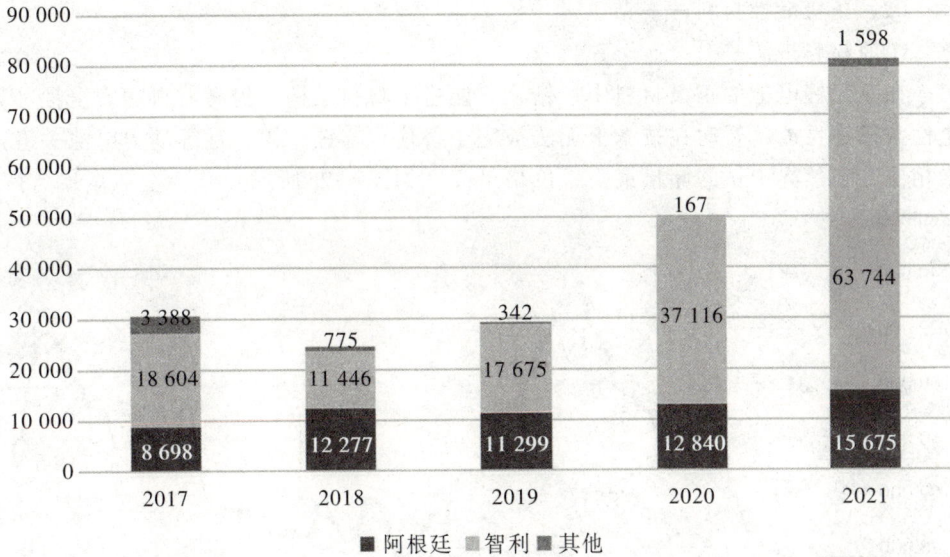

图6-23 我国碳酸锂进口格局（单位：吨）

资料来源：根据 SMM 数据库统计数据绘制.

在氢氧化锂方面，全球 90% 的产能都集中在中国，2021 年产量达到 17.78 万吨，同比增长 59.03%。国内对氢氧化锂的进口量有限，但出口至日本和韩国的氢氧化锂总量达到 7.12 万吨，占 2021 年中国出口氢氧化锂总量的 97% 左右（如图 6-24 所示）。氢氧化锂是制备高镍三元正极材料的重要原材料，日、韩对 NCA 和高镍三元正极材料开发的高需求是我国氢氧化锂出口量增加的主要原因。

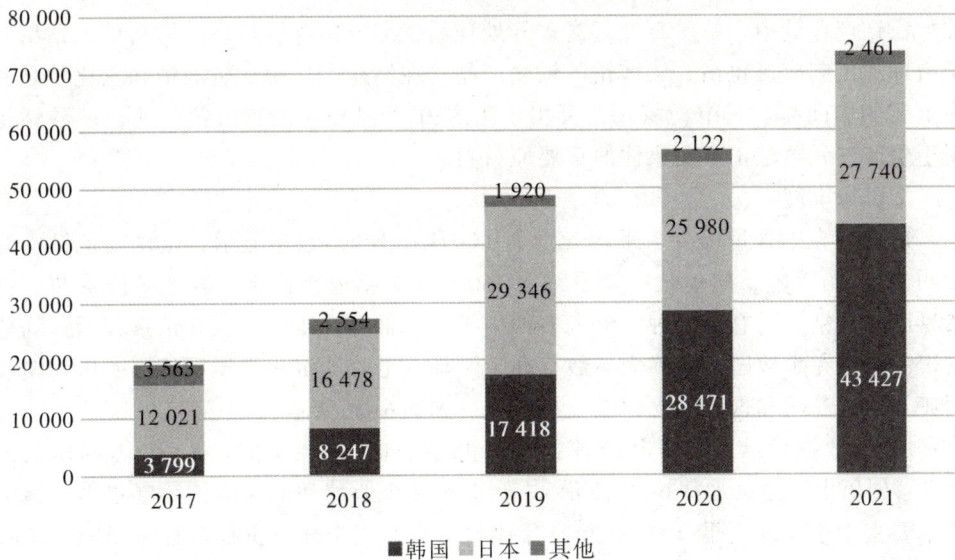

图6-24 中国氢氧化锂出口格局（单位：吨）

资料来源：根据 SMM 数据库统计数据绘制.

（2）正极活性材料——钴

①原材料来源。

在三元锂电池的正极材料中，钴元素能稳定材料结构，提高材料的安全性、导电性与倍率性能，暂时在技术上无法被完全替代。与锂、镍、锰等动力电池关键元素相比，自然界中钴的储量最少、价格最高（如图6-25所示）。

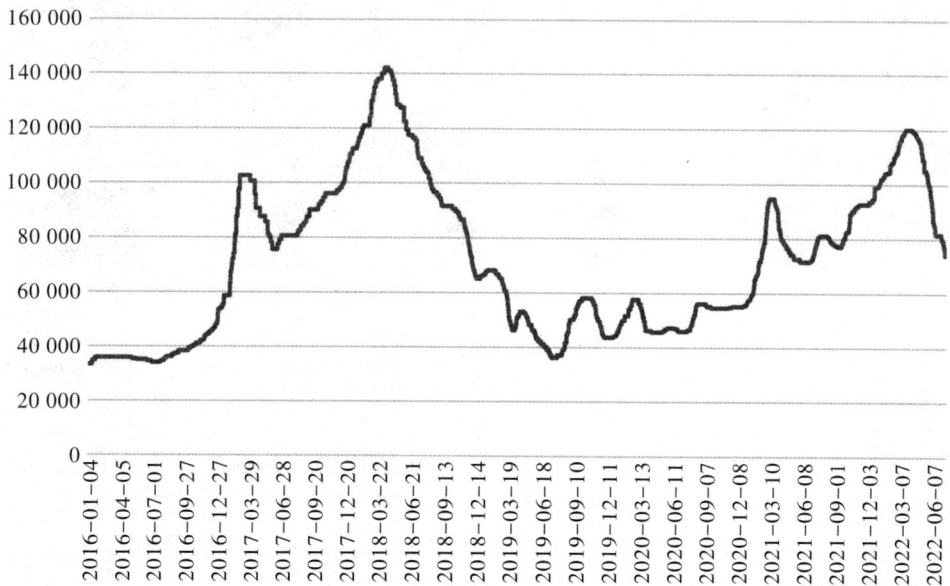

图6-25　钴价趋势图（单位：元/吨）

资料来源：根据 SMM 数据库统计数据绘制.

在钴产业链中，钴矿石经过富集等处理后，形成钴含量较高的钴精矿，钴精矿经冶炼加工制成氯化钴、硫酸钴等钴盐产品。在钴盐产品中，硫酸钴和氯化钴是最为重要的中间品。其中，氯化钴可用于生产3C产品使用的钴酸锂电池，硫酸钴是用于生产三元电池正极前驱体的重要原材料。

②资源丰度。

钴在地壳中含量稀少，平均含量为0.001%，USGS数据显示，全球陆地钴资源量约为2 500万吨，陆地钴的储量约为760万吨。钴通常伴生于其他矿产资源，自然界已知含钴矿物有近百种，但大多伴生于镍、铜等矿床中，且含钴量较低。陆地钴资源集中在少数国家，绝大多数存在于刚果（金）的沉积岩型层状铜矿床、澳大利亚及附近岛国和古巴的含镍红土矿床中（如图6-26所示）。

USGS数据显示，2021年全球钴产量为17万吨，比2020年的14.2万吨增长了20%，创历史新高（如图6-27所示）。钴资源在企业端和地区端均高度集中。地区端主要集中于非洲刚果（金），2021年刚果（金）以全球近50%的储量贡献了70%多的钴产量；其次是俄罗斯和澳大利亚，产量占比为3%~5%；中国的钴产量和储量占比均不足1.50%，为钴资源稀缺国家。从企业产量维度看，钴矿供应端呈现寡头垄断格局，其中嘉能可是全球最大的钴生产商和贸易商，全球钴总产量占比超

全球钴储量分布   全球钴产量分布

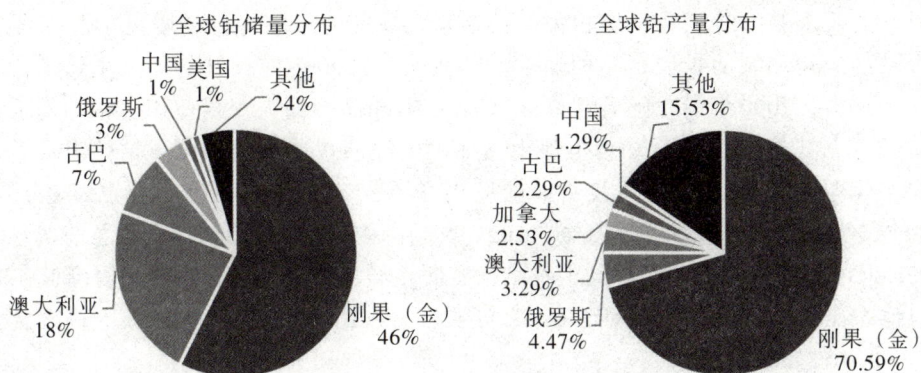

图 6-26 2021 年全球钴储量与钴矿产量分布

资料来源：根据 USGS 统计数据绘制．

过 30%，显著领先于其他钴矿生产企业，在钴行业中长期占据主导地位。

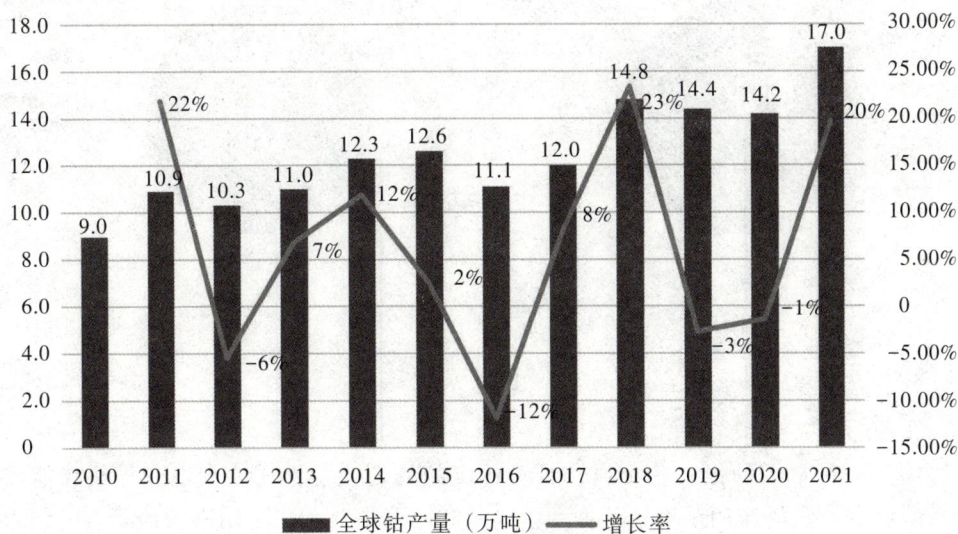

图 6-27 全球钴产量趋势

资料来源：根据 USGS 统计数据绘制．

中国钴资源较为缺乏，对外依存度高。钴资源主要分布在甘肃、山东、云南、青海、山西等省份，但整体资源品位低、分离难度较高。中国钴产量全球占比仅为 1%，但中国是全球最主要的钴消费国，且国内 80% 以上的钴消费需求来自电池产业。虽然中国控制着全球大部分精炼钴产量，但是 90% 以上的钴矿供应都依赖刚果（金），供需失衡导致钴原料对外依存度高。

钴为全球定价商品，定价机制的核心为 MB 报价。MB 报价是由独立报价机构英国金属导报（Metal Bulletin）在询问贸易商、供应商的基础上给出的价格基准。这种定价机制透明度不高，容易引发市场操控，受到了不少诟病，伦敦金属交易所（LME）也试图通过钴期货来替代 MB 钴定价机制，但实际效果并不明显。

钴的需求和下游消费密切相关，长期来看，钴的需求将稳定增长。近10年来随着钴的应用领域的扩展，钴的需求增长较快。2000年前，钴的需求主要来自合金等新材料；2000年后，随着锂离子电池在3C产品中的大规模应用，钴的需求快速增长，尤其是2017年后动力电池中三元锂电池的快速渗透加剧了钴的需求。安泰科数据显示，电池作为钴最主要的应用端，2021年全球消费占比已经达到了67%，其次是高温合金和硬质合金。2021年，中国钴消费总量约占全球总消费量的66%，但因为国内的产业结构与消费结构有所差异，合金类材料占比相对降低：3C锂电池占比56%，动力电池占比31%，硬质合金占比4%，陶瓷占比3%，高温合金占比2%（如图6-28所示）。

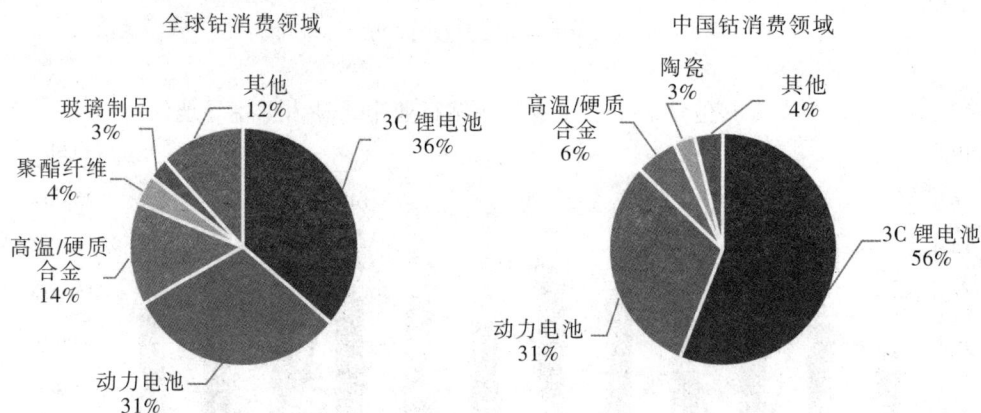

图6-28　2021年全球/中国钴消费领域

资料来源：根据安泰科统计数据绘制.

（3）正极活性材料——镍

①原材料来源。

　　镍是一种常用的银白色金属，具备优良的物理化学性质，导电和导热性能较好，耐腐蚀，广泛应用于不锈钢、动力电池和合金中，其中不锈钢的消费占比约为70%。

　　镍按成分含量分为一级镍和二级镍，其中一级镍的镍含量较高，能达到99.8%以上，是生产三元锂电池的重要原材料之一。镍主要来源于硫化镍矿（镍品位较高）和红土镍矿（镍品位较低）两类矿产资源，具备火法、湿法两种成熟的生产工艺。火法工艺适用于处理镍品位相对较高的硫化镍矿，可用来生产电解镍和高冰镍，进而制备硫酸镍，硫酸镍是动力电池正极的重要原材料；湿法工艺适用于红土镍矿，可用于生产镍中间品、镍铁等，也已具备相对成熟的生产工艺，一般用红土镍矿制备硫酸镍。

　　红土镍矿湿法冶炼项目投资成本巨大，早期利用该工艺处理红土镍矿的项目较少。随着高压酸浸（HPAL）工艺的成熟，其在红土镍矿湿法冶炼技术中的地位不断提升，已能够实现稳定生产，并带来良好收益。国内企业华友钴业、格林美等正在投资建设镍湿法项目。随着新能源汽车对硫酸镍需求的持续提升，采用红土镍矿湿法工艺通过镍中间品制备硫酸镍的方法逐渐成为主流，全球硫酸镍产量持续增长。硫酸镍原料来源广泛，产量比较灵活，投产取决于下游消费情况。据SMM数据，中国2020年硫酸镍产量为130.64万吨，同比增长100.15%。

传统的硫酸镍生产工艺主要是通过火法冶炼技术生产高冰镍进而生产硫酸镍，但随着硫化镍矿的长期开采，资源储量下降、开采条件恶化、矿石品位降低等负面因素使硫酸镍产量下降。而近年来红土镍矿供应大幅提升：在资源量上，面对三元锂电池（高镍化趋势）对镍需求的快速增长，丰富的红土镍矿在开发和供给上具有数量优势；在技术上，红土镍矿制备硫酸镍的湿法冶炼工艺逐渐成熟，已成为解决硫化镍矿供给不足的重要方案。

②资源丰度。

镍资源较为丰富，在地壳中的含量约为0.018%。近年来全球镍矿储量增长主要来自红土镍矿。USGS数据显示，2021年全球镍储量约为9 500万吨，其中红土镍矿占比60%，硫化镍矿占比40%（如图6-29所示）。

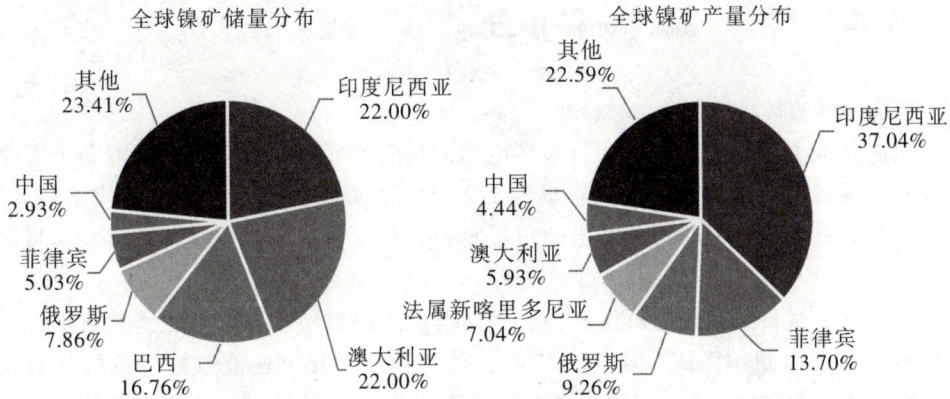

图6-29　2021年全球镍矿储量/产量分布

资料来源：根据USGS统计数据绘制．

全球镍矿储量分布集中度高，印度尼西亚、澳大利亚、巴西三国的储量合计约占全球镍储量的60%，中国镍储量约为280万吨（主要集中在甘肃的金川镍矿），全球储量占比不足3%。全球镍矿生产集中度也较高，USGS数据显示，2021年镍矿产量为270万吨，其中印度尼西亚的产量达到了100万吨，其次是菲律宾，产量为37万吨，两者占比超过了50%，而中国的镍矿产量约占全球产量的4%。2017—2019年全球镍产量逐年增加，2019年达到261万吨，同比增长8.8%。2020年全球镍产量有所下滑，为250万吨，同比减少4.2%；2021年开始回升，达270万吨，同比增长8%（如图6-30所示）。

（4）负极材料——石墨

①材料概况。

负极材料是锂电池的重要原材料之一，在锂电池中起储存和释放能量的作用，主要影响锂电池的首次效率、循环性能等。负极材料主要由碳系材料（石墨）或非碳系材料（硅基材料、钛酸锂等）等活性物质、黏合剂和添加剂混合制成糊状胶合剂，均匀涂抹在铜箔上，经干燥、辊压而成。

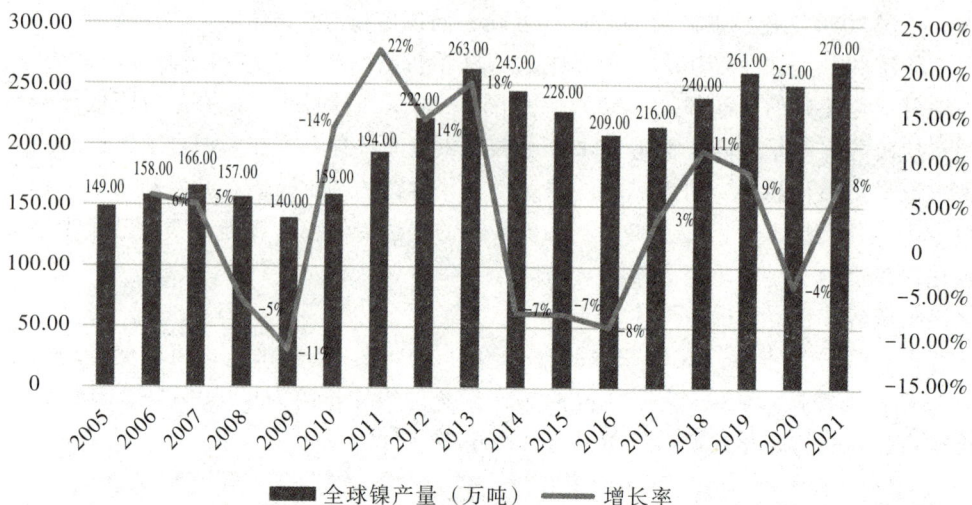

图6-30　全球镍产量趋势

资料来源：根据 USGS 统计数据绘制．

相比其他类型的负极材料，石墨在电池能量密度、首次效率、循环寿命、安全性等方面具备综合优势，理论克容量为372mAh/g，且原材料来源广泛、成本较低。目前，石墨材料是主流的锂离子电池负极材料，份额占比超过90%，非碳系材料占比很小。

石墨分天然石墨和人造石墨两类。天然石墨负极材料主要由天然鳞片石墨经过一系列加工工序制作而成，比容量较高，传热性能和导电性能较好，价格相对较低，但是由于颗粒大小不一，表面缺陷较多，天然石墨循环寿命低，多用于小型锂电池（如3C产品）。人造石墨负极材料由针状焦、石油焦、沥青等在一定温度下煅烧，再经粉碎、分级和高温石墨化等工序制作而成，工艺相对复杂，能耗高，成本高，其中原材料的石墨化成本占比达到了人造石墨生产成本的50%，但人造石墨产品一致性较高，循环性能及安全性能优良，与电解液的相容性较好，是车用动力电池负极的主要材料。

②竞争格局。

中国新能源纯电动汽车行业发展迅速，对应用于动力电池负极的人造石墨的需求量也逐年升高，占比显著高于天然石墨负极材料的市场份额。得益于下游锂离子电池市场需求旺盛，动力、储能等应用场景需求放量显著，根据高工机器人产业研究所（GGII）的统计数据，2021年中国锂电池负极材料市场出货量为72万吨，同比增长97%，其中人造石墨市场份额为84%，天然石墨市场份额为14%，其余主要为碳硅负极材料。

负极材料市场竞争格局基本稳定，行业集中度逐渐提高。从全球角度来看，主流的负极材料生产企业分布在中、日、韩3国,总体表现为垄断态势。国内负极材料市场,贝特瑞、杉杉股份、璞泰来和凯金新能源4家企业的市场份额合计超过60%(如图6-31所示)。其中,作为天然石墨负极材料领域龙头企业的贝特瑞,在天然石墨市场的占有率超过70%;而人造石墨负极材料市场主要由杉杉股份、璞泰来和凯金新能源3家企业掌控,它们的占有率合计超过60%。在技术实力和产品质量方面,中国的负极材料头部企业同样具备较强的国际竞争力,与比亚迪、宁德时代、三星、LG新能源、松下等海内外领先的锂离子电池厂商保持着较为紧密的业务合作关系。

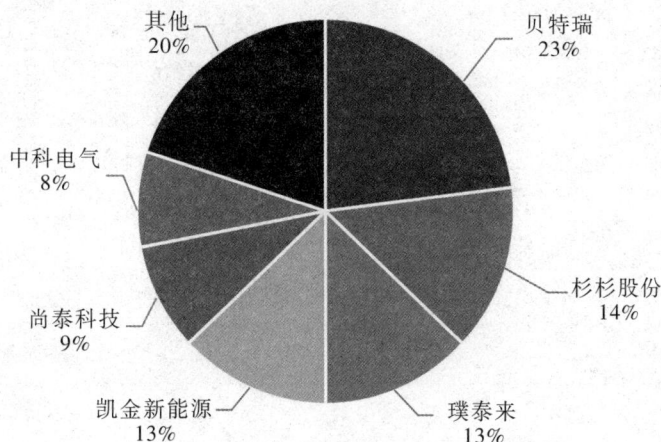

图6-31 2021年我国负极材料市场格局

资料来源:根据GGII统计数据绘制.

目前,硅碳负极材料尚处于市场导入期,但非碳系材料未来可期,硅基材料具备商业化前景。2022年,动力电池石墨类负极材料产业化实现程度已经接近理论比容量上限(372mAh/g),而硅基负极材料的理论比容量可达4 200mAh/g。在迫切需要提高电池综合能量密度的背景下,硅基负极材料可能成为破局的关键技术之一,也是具备较优商业化前景的备选负极材料之一。宁德时代、LG新能源、松下、国轩高科等动力电池企业都已把硅碳负极纳入高镍三元技术研发路径的规划中,在二者的搭配下有望实现动力电池能量密度的跨越式提升。

(5)电解液

①材料概况。

电解液是锂离子电池四大材料之一,是电池正负极之间离子转移的载体,用来保障电池内部电路通畅,对电池的循环寿命、安全性、倍率性能有显著影响。电解液在电池中的成本占比为5%~10%,质量占比约为15%,体积占比约为30%。

电解液一般由高纯度的有机溶剂、溶质(电解质锂盐)、必要的添加剂等原料,在一定条件下按一定比例配制而成(如图6-32所示)。六氟磷酸锂($LiPF_6$)是目前主流的电解质锂盐,在电解液商业化应用中占主要地位,但由于存在热稳定性低、易水解等问题,电池容量衰减较快。新一代电解质锂盐双氟磺酰亚胺锂

（LiFSI）具备更好的热稳定性、更高的电导率，是未来电解质锂盐的重要发展方向（见表6-5）。

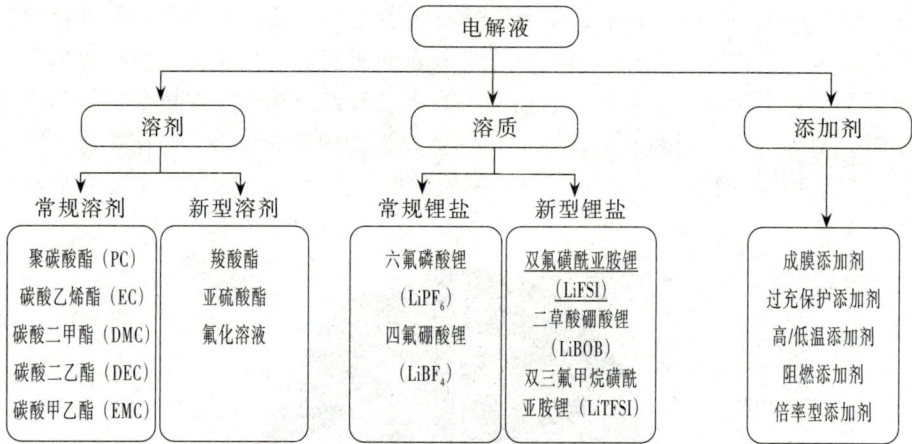

图6-32　电解液的主要成分

资料来源：康鹏科技招股说明书，OFweek.

表6-5　　　　　双氟磺酰亚胺锂（LiFSI）与六氟磷酸锂（$LiPF_6$）对比

性质		LiFSI	$LiPF_6$
基础特征	分解温度	>200℃	>80℃
	氧化电压	≤4.5V	> 5V
	水解性	耐水解，无氢氟酸产生	易水解，产生氢氟酸（腐蚀设备）
	电导率	高	略低
	化学稳定性	稳定	稳定
	热稳定性	高	低
电池性能	循环寿命	长	短
	低温性能	好	差
	耐高温性能	好	差
	气胀	抑制电池气胀	会发生电池气胀
成本		高	低

资料来源：根据光大证券研究所相关资料整理.

②竞争格局。

受益于新能源汽车市场需求爆发对动力电池的需求拉动等因素，电解液需求量快速攀升。

电解液行业整体格局稳定，集中度逐步提高。电解液是电池材料里市场化最充分的行业之一，而经过市场的持续洗牌后，马太效应日益突显，强者恒强的行业格局形势逐渐清晰。2016年，电解液六氟磷酸锂的价格曾达到了历史最高点，随后由于行业大幅扩张、产能严重过剩，大多数生产商产能利用率低下，2018年行业进入价格战的泥潭，六氟磷酸锂的价格也随之跌至谷底。2018年上半年，电解液价格同比下滑超30%，行业内企业盈利能力触底，小企业基本退出市场。

近年来电解液行业逆势扩张趋势明显，龙头企业不断抢占市场份额并进入全球主流电池企业供应体系。全球电解液产能70%集中在中国，未来有望进一步提升，龙头企业的合计产能占比超50%，且目标产能扩张比例高于国外企业。新宙邦、天赐材料等头部电解液企业均已进入全球主流电池企业供应体系（见表6-6）。

表6-6　　　　　　　　　　　主流动力电池企业电解液主要供应商

项目	国内					国外		
	宁德时代	ATL	比亚迪	国轩高科	亿纬锂能	松下	LG新能源	三星
电解液需求（万吨）	4.6	1.6	1.6	0.5	0.3	4.0	3.5	1.5
主要供应商	天赐材料、新宙邦、江苏国泰	三菱、天赐材料	新宙邦、天赐材料	杉杉股份、天赐材料	新宙邦、杉杉股份、天赐材料	三菱、天赐材料	新宙邦、天赐材料、三菱、江苏国泰	三菱、天津金牛、新宙邦

资料来源：根据 GGII 统计资料整理.

（6）隔膜

①材料概况。

隔膜是嵌在锂离子电池正负极间的一种具有微孔结构的薄膜，主要起到隔绝正负极防止短路以及提供通道支持锂离子迁移的作用，是锂离子电池产业链中最具技术壁垒的关键内层组件，对电池安全性、倍率性能和循环性能具有重要的影响作用。

锂离子电池隔膜生产工艺复杂、技术壁垒相对高。高性能锂离子电池要求隔膜具有厚度均匀性以及优良的物理性能（包括拉伸强度和抗穿刺强度）、透气性能、理化性能（包括化学稳定性、热稳定性、安全性）。隔膜性能直接影响电池的容量、循环能力以及安全性能等特性，性能优异的隔膜对提高电池的综合性能具有重要的作用。

不同隔膜的工艺在选材、厚度、微孔数量等方面都有较大差异。微孔制备技术是隔膜制备工艺的核心。隔膜基膜制造根据微孔成孔机理主要分干法和湿法两种（见表6-7），其中干法分为单拉、双拉两种，湿法分为异步、同步两种。在市场应用中，从全球锂离子电池企业的选择来看，干法隔膜和湿法隔膜并存，但湿法隔膜的市场占有率占绝对优势。随着三元锂电池市场占有率的提高，湿法隔膜产量占比有望稳步提升。

表6-7 湿法隔膜与干法隔膜性能对比

项目	湿法隔膜	干法隔膜
原材料	聚乙烯（PE）	聚丙烯（PP）
厚度	薄	厚
孔径大小	小	大
孔径分布	均匀	不均匀
孔隙率	大	小
拉伸强度	大	小
穿刺强度	大	小
热收缩率	大	小
熔点	135℃	165℃
安全性	较差，耐热性差	较好
环保性	较差，需要有机溶剂	较好
成本	高	低

资料来源：根据星源材质招股说明书整理.

干法隔膜安全性及成本优势明显。干法隔膜工艺相对简单，环境友好且成本较低，但孔径的大小、分布和孔隙率难以控制，导致产品一致性较差。干法隔膜的孔径会按照一定的方向分布，并且成膜通常较厚，热稳定性更好，安全性能优异。

目前，湿法隔膜是主流的隔膜技术路线，长期占据较高的市场份额。湿法隔膜工艺难度系数高，对设备要求高，投产周期长，能耗较大，且需使用有机溶剂，环境污染大，但制得的隔膜孔隙率较高，孔径小且均匀，在更薄的同时还可保持良好的韧性，拉伸强度和穿刺强度更大。近年来湿法隔膜需求稳定增长，优势在高端市场显现。隔膜越薄内阻越小，倍率性能和循环性能就越好，且较薄的隔膜可以给电极活性物质提供更大的空间，电池容量更高，符合动力电池的高能量密度、高倍率等要求。

除此之外，基于湿法空白PE基膜的涂覆隔膜也获得了较快发展，提升了湿法隔膜的安全性。涂覆隔膜是通过在基膜上涂覆氧化铝、偏聚氟乙烯（PVDF）、芳纶等材料，大幅降低高温收缩率，弥补了湿法隔膜的热稳定性短板，安全性能获得较大提升，产品性能全面领先于干法薄膜，有望在中高端动力电池市场中快速抢占份额，未来成长空间广阔。

②竞争格局。

隔膜行业技术壁垒高，生产工艺复杂，行业集中度较高。锂离子电池对隔膜的稳定性、一致性、安全性等多种特性要求高，这要求隔膜生产企业在生产专利技术、原材料配方工艺和生产线搭建等多个方面有长期积累。由于锂离子电池主要用于3C产品、电动交通工具、工业储能领域，对产品的质量和稳定性要求较高，因此锂离子电池生产企业对上游产品供应商都要进行严格的检测认证，而且认证流程与周期较长。

我国隔膜已实现国产化，并积极出口国际市场。我国隔膜行业起步较晚，经历了进口依赖到国产化替代的转变，早年间主要生产中低端干法隔膜，高端湿法隔膜基本被国外企业垄断。2010年后随着研发的大力投入和技术的不断积累，我国逐步具备了自主研发高质量隔膜产品的技术能力，形成了一定的产业化规模。2014年以后，我国新能源汽车步入高速发展阶段，带动动力电池需求快速上升，隔膜技术的积累使行业迎来了高速发展期，恩捷股份、星源材质等隔膜企业快速成长，逐渐踏入国际市场，为日韩电池企业提供锂离子电池隔膜。2021年，全球隔膜市场主要由中、日、韩3国企业主导，占比超过90%。我国湿法隔膜与干法隔膜均已达到国际一流水平，在全球锂电池隔膜市场所占份额迅速增加，我国已经成为隔膜出货量最大的国家（如图6-33所示）。

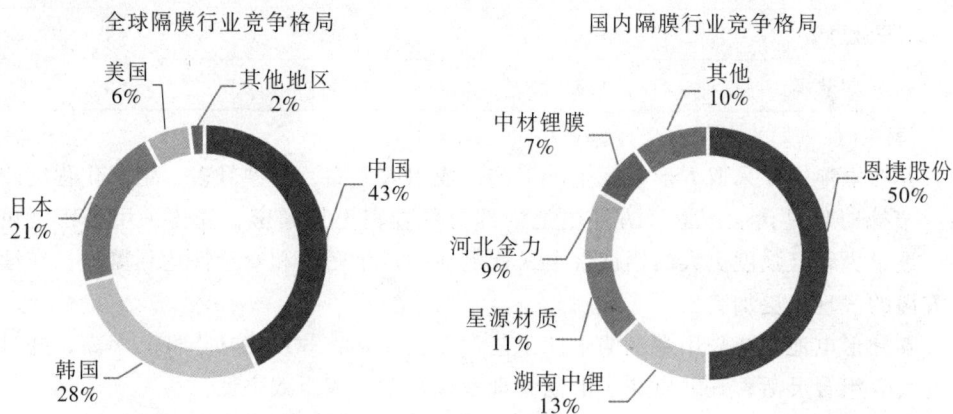

图6-33　全球/国内隔膜行业竞争格局

资料来源：根据招商研究院统计数据绘制.

湿法隔膜占据主导地位，供需相对稳定。2021年，中国锂离子电池隔膜出货量达78亿平方米，同比增长超过100%，其中湿法隔膜市场占比74%。未来动力锂电池（尤其是高镍三元锂电池）作为重要引擎将拉动湿法隔膜产量稳定增长。

隔膜行业企业龙头地位稳固，呈现一超双强格局。国内隔膜市场已完成一轮整合，恩捷股份凭借庞大的产能和技术优势独占鳌头。伴随磷酸铁锂电池需求的回暖，干法隔膜绝对龙头星源材质也大幅受益，中材科技紧随其后。隔膜行业技术壁垒较高，建设周期较长，加工工艺落后、未形成规模化生产的中小企业难以存活。具备先发优势的企业通常长期绑定优质客户资源，因此隔膜行业集中度较高，头部企业地位短期内难以撼动。

3.锂离子电池封装与电池管理系统

（1）电池封装技术

封装技术是影响电池使用安全性及寿命的关键因素之一。结合动力电池产品的使用场景，耐撞击、耐振动、抗挤压穿刺等机械冲击是电池外包装必须具备的功能。此外，电池外包装还需要满足防火阻燃、轻量化等要求，以保证整个电池系统的完整、稳定和高效。

根据不同的封装形态，电池可以分为圆柱形电池、方形电池和软包电池（见表6-8）。圆柱形电池和方形电池使用钢壳或铝壳作为外壳，软包电池使用铝塑膜作为外壳。

表6-8　　　　　　　　　　方形、圆柱形、软包电池性能比较

性能	方形电池	圆柱形电池	软包电池
安全性	较好	较好	一般
一致性	较差	好	较差
设计灵活性	较好	较差	好
循环寿命	较长	较短	长
充放电倍率	较高	较低	高
成组效率	高	较高	一般

资料来源：根据 GGII 统计资料整理.

方形电池主要采取方形卷绕生产工艺，成组效率高，但型号多，定制化程度较高，宁德时代是代表厂家。方形电池内部材料卷覆更加紧密，壳体采用了密度更小、重量更轻且强度更大的铝镁合金，让电池的能量密度和安全性达到更高，在续航方面的表现也更加突出。

圆柱形电池主要采用卷绕的生产工艺，工艺成熟、一致性好、良品率高，并且强度大、组合灵活；其缺点在于电池管理系统复杂和成组效率低。

软包电池主要采取叠片工艺，尺寸变化灵活，具备能量密度高、重量轻、内阻小等诸多优点，但机械强度小、成组结构复杂、设计难度大，在成本、一致性和安全性方面表现一般，主要代表厂家为 LG 新能源。

在传统模式中，电池的封装历经电芯（cell）、模组（module）和电池包（pack）三步：电芯就是一个电池单元，由正极、负极、隔膜、电解液等主要结构组成；电芯通过线束、金属盖板端板、导电胶、控制单元等组合成为模组，模组的存在是为了方便管理和控制电芯，有助于温控和维修，同时起到保护、支撑电芯的作用；由模组形成电池包。

但是，在"电芯-模组-电池包"的封装模式中，电池包的空间利用率不高，过于繁杂的模组占据了较大的空间，阻碍了电池的系统能量密度的提升。为了充分

利用电池包的空间，比亚迪和宁德时代分别推出了"刀片电池""CTP"（Cell to Pack）技术，旨在提高电池的系统能量密度。运用相关电池封装技术后，磷酸铁锂电池的能量密度能达到160Wh/kg。

从市场反馈来看，在工业和信息化部（简称工信部）公布的《节能与新能源汽车示范推广应用工程推荐车型目录》中，磷酸铁锂电池车型占比提升，明星车型特斯拉（标准版）、比亚迪汉的市场推广将进一步提升磷酸铁锂电池在新能源汽车中的份额。宁德时代的CTP技术省去了模组的线束、盖板等零部件，使零部件减少了40%，生产效率提升了50%。比亚迪的"刀片电池"技术将电芯拉长，减少模块，组成电池包，使体积利用率提升了50%，成本降低了30%，并且通过了极为严苛的"针刺"实验，安全性极佳。

电池封装技术的进步主要体现在对结构的创新，在物理层面对"电芯-模组-电池包"进行优化，向少模组甚至无模组化方向发展，在减少零部件数量的同时提升空间利用率，兼顾提高电池能量密度与降低成本的目标，实现降本增效。截至2021年，在电池封装技术上取得了较大进步的企业主要包括宁德时代和比亚迪等。

2019年，宁德时代首先在德国法兰克福国际车展上推出了CTP高集成动力电池开发平台，即直接将电芯集成到电池包内，省去了模组组装环节。相较于传统电池包，CTP电池包体积利用率提高了15%~20%，能量密度提升了10%~15%，可超过200Wh/kg，动力电池的制造成本大幅降低。另外，CTP电池包因为没有标准模组的限制，可以广泛应用在不同车型上，且散热性能更加优异。2022年6月23日，宁德时代发布第三代CTP电池包——麒麟电池，其系统集成度创全球新高，体积利用率突破72%，能量密度可达255Wh/kg，据称能实现整车1 000千米续航。

2020年8月12日，在中国汽车蓝皮书论坛上，宁德时代董事长曾毓群公布了一项在研新技术——CTC（Cell to Chassis）技术。此项技术可以看作CTP技术的延伸，进一步抛弃了电池系统笨重的外壳，直接将电池整合到底盘框架中。CTC的目标不限于电池重新排布，还将纳入包含电驱、电控的三电系统，通过智能化控制器优化动力分配、降低能耗。CTC技术将使新能源汽车成本更低，乘坐空间更大，底盘通过性更好。宁德时代的目标是在2025年推出高度集成化的CTC电池技术。

刀片电池是比亚迪开发的新一代可直接由电芯组成电池包的无模组磷酸铁锂电池。刀片电池形状独特，电芯扁长化设计，便于阵列排布。刀片电池的独特优势体现在电池安全性和电池包空间利用率两方面。刀片电池在叠片结构的技术基础上，对高风险安全位点全面使用了耐高温和拥有优异绝缘性能的高温陶瓷涂层。在动力电池领域最为严苛的安全测试（针刺实验）中，刀片电池最高温度也仅有60℃左右，安全性成为其主打特色之一。

另外，改变电池形状与排列方式可使体积能量密度增加50%。虽然刀片电池的单体能量密度没有大幅度变化，但系统能量密度上升至160Wh/kg，与三元锂电池的差距缩小。比亚迪汉是第一款搭载刀片电池的车型，作为比亚迪2020年的首推车型，上市以来销量火爆。

（2）电池管理系统

电池管理系统（battery management system，BMS）是对电池进行管理的系统总称，主要负责监测和管理整个电池组的工作状态，主要功能包括监测电池使用状态、管控电池的循环寿命、在充电过程中对电池进行热管理等，同时管理单体电池间的均衡，防止单体电池过充过放产生的危险。

新能源电动汽车以动力电池作为动力源，而BMS作为衔接电池组、整车系统和电机的重要纽带，其重要性不言而喻，国内外许多新能源车企都将BMS作为企业的核心技术之一。特斯拉的电动汽车"三大件"中，只有BMS是特斯拉自主研发的核心技术。BMS自身的复杂性也决定了它具有很强的技术壁垒，需要技术积累。

我国BMS企业大体分为三种类型：电池厂自营、整车厂自营、第三方经营。电池厂自营类企业一般掌握整套核心技术优势，有较强的市场竞争力，代表企业包括宁德时代、盟固利、国轩高科等；整车厂自营类企业，以比亚迪、北汽新能源、中通客车为代表，除了掌握核心技术、配合整车制造基础外，它们在成本方面也比其他企业更有优势；第三方经营类的代表企业有东莞钜威动力、惠州亿能电子、深圳科列技术等。

随着新能源汽车行业的发展日渐成熟，BMS成为新能源乘用车的重要零部件之一。相较于电芯，BMS的研发难度大、门槛高，同时它和整车安全息息相关，进入整车配套体系尤其是乘用车的整车配套体系难度高，所以也具有较高的附加值。相较于单独的BMS供应商，电池生产企业若是能够提供完整的解决方案，对于电池包的整体质量、性能都有帮助，后续的维修保养问题也更容易解决。

4.动力电池回收

（1）动力电池回收概要

2013—2022年，随着大量新能源汽车投入市场，动力电池产销量逐年攀升，动力电池的回收利用迫在眉睫。我国新能源汽车于2013年前后开始大规模推广应用，按照动力电池4～6年的使用寿命测算，2020年后将逐步迎来动力电池报废周期。如果不采取有效的报废电池管控措施，就会造成严重的环境污染和资源浪费。国际市场研究机构MarketsandMarkets的数据显示，预计2025年全球动力电池回收行业规模将达到120亿美元，到2030年将达到180亿美元，约合人民币1 200亿元，其中中国是最大的动力电池回收市场之一。

在动力电池回收中，磷酸铁锂电池的梯次利用更具优势，三元锂电池则更适合资源化。梯次利用是在动力电池达到设计使用寿命或电池容量无法满足特定场景使用需求时，通过修复、改装或再制造等方法使其能够在合适的领域继续使用（如图6-34所示）。从梯次利用来看，储能是最合适的应用场景，磷酸铁锂具有寿命长、循环性能好、安全性高等优点，向储能领域转移可延长其价值链条（如图6-35所示）。从回收价值来看，三元锂电池的钴含量较高，回收价值大于磷酸铁锂，回收三元锂电池能为企业带来更多收益。

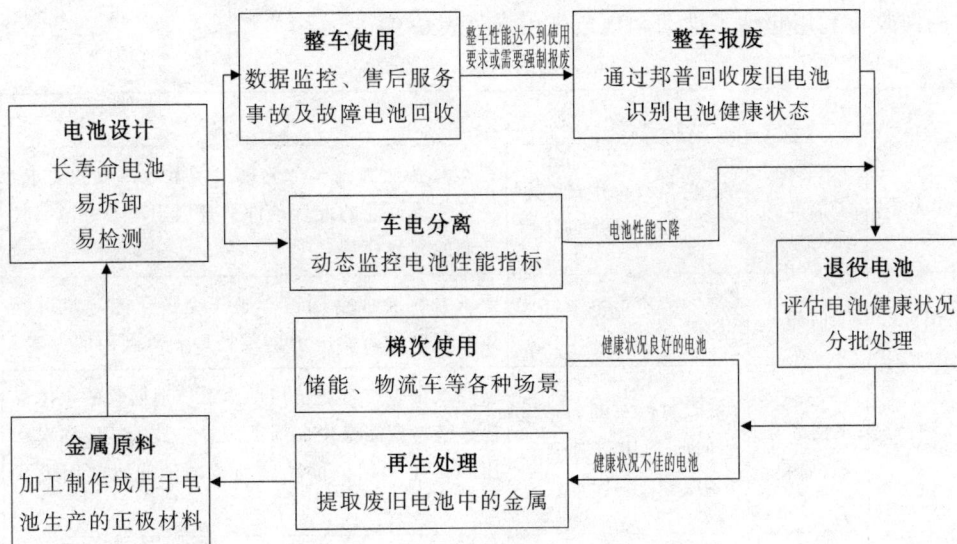

图6-34 电池回收生态闭环（宁德时代）

资料来源：宁德时代官网.

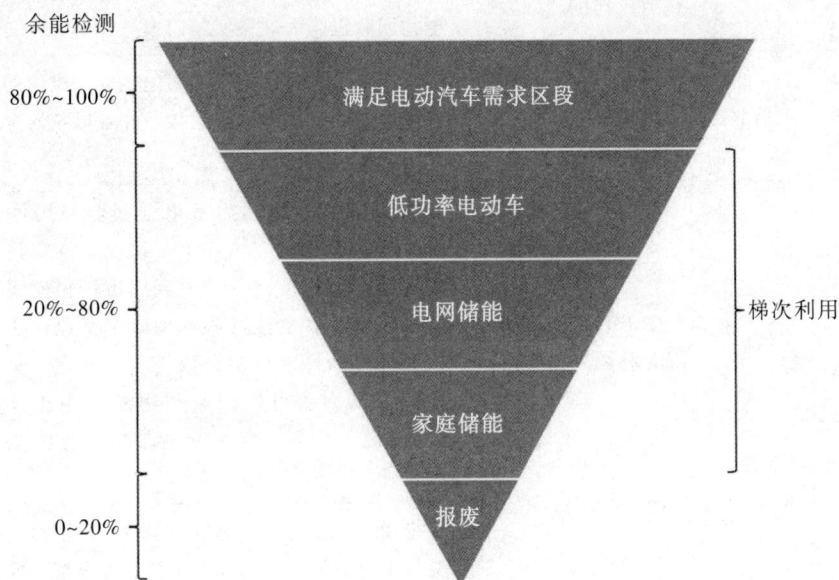

图6-35 磷酸铁锂电池应用区段

资料来源：郭京龙，楼平，徐国华，等. 动力锂电池梯次利用进展研究［J］. 江汉大学学报（自然科学版），2019（6）：493-498.

（2）动力电池回收相关产业政策

2009年以来国家先后出台多项政策，倡导建立动力电池回收利用体系。为防止走"先乱后治"的老路，2016年后相关政策的制定频率显著加快。政策密集出台使得电池回收加快实现商业化。截至2021年，政策体系已初步成型，对动力电池的回收再利用起到了推动和规范作用（见表6-9）。

表6-9　　　　　　　　　　　　　动力电池回收政策梳理

发布年月	发布主体	文件名	主要内容
2009.6	工信部	《新能源汽车生产企业及产品准入管理规则》	首次对新能源汽车企业提出了电池回收的要求，将其作为行业的准入条件，开启了动力电池回收产业的发展序幕
2015.3	工信部	《汽车动力蓄电池行业规范条件》	要求系统企业会同汽车整车企业研究制定可操作的废旧动力蓄电池回收处理、再利用的方案
2018.2	工信部等七部委	《新能源汽车动力蓄电池回收利用管理暂行办法》	强调汽车生产企业承担动力蓄电池回收的主体责任；坚持产品全生命周期理念；鼓励开展梯次利用和再生利用，推动动力蓄电池回收利用模式创新
2018.7	工信部等七部委	《关于做好新能源汽车动力蓄电池回收利用试点工作的通知》	确定京津冀地区、山西省、上海市、江苏省等地区及中国铁塔股份有限公司为试点地区和企业，开展动力蓄电池回收试点工作，标志着我国动力电池回收进入大规模实施阶段
2019.10	工信部	《新能源汽车动力蓄电池回收服务网点建设和运营指南》	提出新能源汽车废旧动力蓄电池以及报废的梯次利用电池回收服务网点建设、作业以及安全环保要求
2020.7	工信部	《2020年工业节能与综合利用工作要点》	推动新能源汽车动力蓄电池回收利用体系建设。深入开展试点工作，加快探索推广技术经济性强、环境友好的回收利用市场化模式，培育一批动力蓄电池回收利用骨干企业；建立梯次利用产品评价机制；依托"新能源汽车国家监测与动力蓄电池回收利用溯源综合管理平台"，健全法规，督促企业加快履行溯源和回收责任
2021.3	政府工作报告		稳定增加汽车、家电等大宗消费，取消对二手车交易不合理限制，增加停车场、充电桩、换电站等设施，加快建设动力电池回收利用体系

资料来源：ValueGo金融科技实验室整理.

在政策红利及市场前景的双重驱动下，已有多家企业着手布局动力电池回收业务，一类是格林美、邦普集团、芳源环保、桑德集团等专业资源回收公司，另一类是超威集团、猛狮科技、沃特玛、豪鹏科技、中航锂电、比亚迪、宁德时代、国轩高科、比克电池等动力电池企业。

作为国内动力电池回收利用的龙头企业，格林美已与包括比亚迪、北汽新能源、蔚来汽车、宁德时代在内的知名整车厂商和动力电池厂商签署了动力电池回收协议,并在武汉、荆门和无锡三地形成了动力电池回收、精细拆解、梯级利用与材料再造的完整闭环。而华友循环在国内主力打造华南、华北、西南三个区域的回收网点,已相继开展梯次利用在储能、储充一体化、预备电源、低速车等应用场景的研究和应用……越来越多的动力电池产业链企业积极构建以各自板块为核心的新能源汽车全生命周期价值闭环体系,投身到动力电池回收的业务中。

图6-36展示了动力电池产业链的图谱。

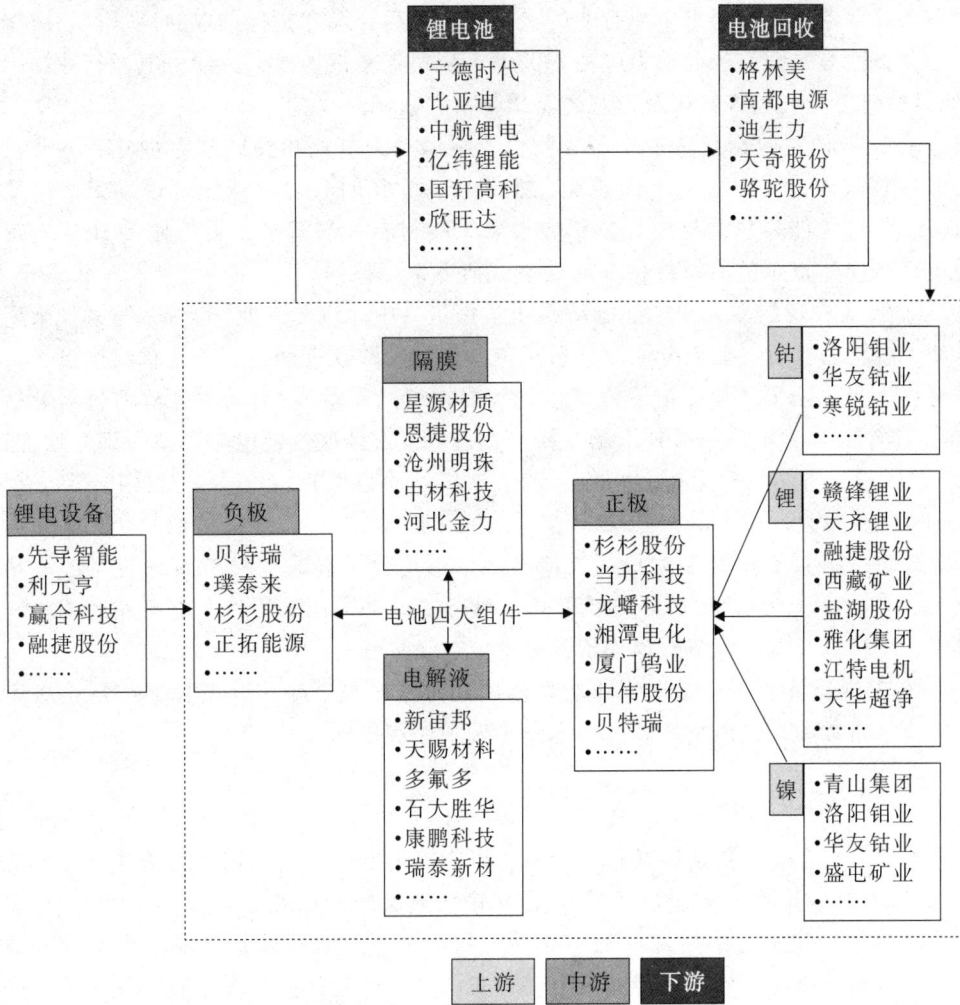

图6-36 动力电池产业链图谱

资料来源:ValueGo金融科技实验室绘制.

6.3　动力电池行业数据分析应用——景气指数

本节拟选择动力电池行业具有代表性的上市公司数据、产业链上重要原材料产品价格以及相关宏观经济指标作为指标库，通过计算筛选合适的一致性指标，建立动力电池产业景气指数的一致指数，用于追踪动力电池行业发展景气度。

6.3.1　数据选取

在综合考虑影响动力电池行业的景气因素之后，综合指标选取的科学性、可得性、完整性等原则，选取动力电池相关上市公司资本市场指标、动力电池行业指标（原材料价格、产量等）以及宏观经济指标。

① 企业微观数据：选取中国A股市场中以动力电池相关产品为主营业务并且收入占总收入30%以上的上市企业，主要包括宁德时代、比亚迪、璞泰来、恩捷股份、亿纬锂能、星源材质、杉杉股份、天赐材料、多氟多、贝特瑞等10家上市公司，2016年以来的股票价格、成交量、换手率等数据。

② 行业中观数据：中国纯电动乘用车销量（中国汽车工业协会）、纯电动乘用车动力电池装机量、动力电池原材料产量（包括磷酸铁锂产量、三元材料产量、负极材料产量、隔膜产量、电解液产量、硫酸镍实物产量等）、动力电池原材料价格（基于本章对动力电池原材料市场的探讨，选取方形磷酸铁锂电芯（动力型）均价、523方形三元电芯（动力型）均价、磷酸铁锂（动力型）均价、三元材料523（单晶/动力型）均价、三元材料622（多晶/消费型）均价、三元材料811（多晶/动力型）均价、人造石墨高端均价、人造石墨中端均价、湿法基膜5μm均价、湿法基膜7μm均价、干法基膜16μm均价、电解液（三元动力用）均价、电解液（磷酸铁锂用）均价以及电池级硫酸镍均价等）。

③ 宏观经济数据：选取工业增加值、固定资产投资额累计增长率、城市居民消费价格指数和人民币贷款基准利率作为宏观经济指标。

6.3.2　动力电池行业景气指数构建

本节采用合成指数法构建景气指数，以中国纯电动乘用车销量为基准指标，考虑到从2019年开始新能源汽车补贴退坡并逐渐走向市场化，选取2019年为基准年，剔除数据量不足的指标。利用移动平均法进行季节性调整、剔除季节性因素后，通过时差相关分析方法得到一组关于我国动力电池行业景气度的一致指标。

首先，对数据进行季节性调整，将原始数据拆分成趋势项（trend）、季节项（seasonal）和残差项（residual），我们需要剔除季节性因素对数据的影响（如图6-37所示）。

时差关系划分通过相关系数验证经济时间序列的先行、一致或滞后关系，并逐步淘汰与经济现象关联不大（时差相关性较低）的指标，最后得到各类景气指标组。本节采用时差相关分析法计算数据之间的相关性（见表6-10）。

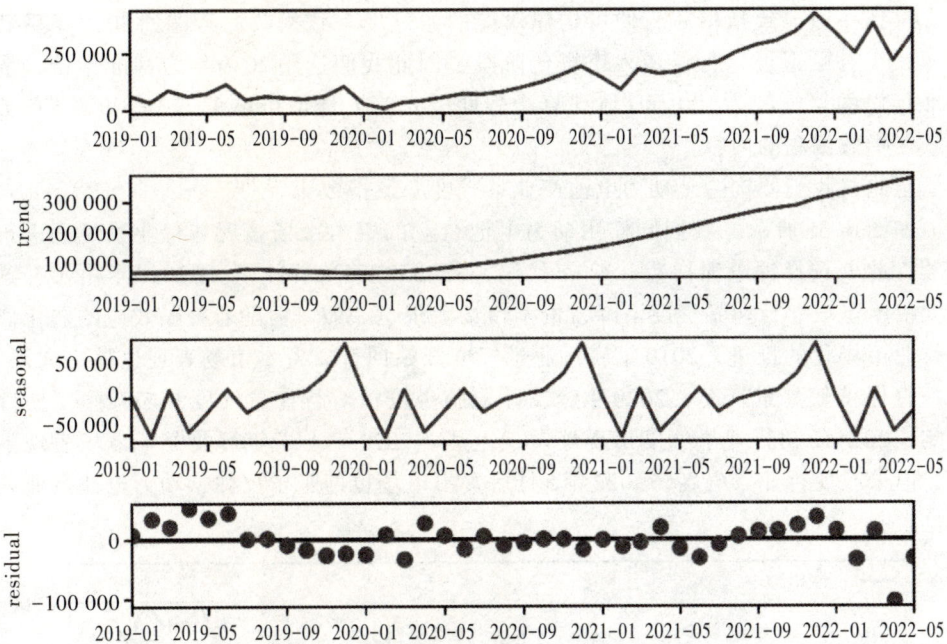

图6-37 对中国纯电动乘用车销量进行季节性调整

表6-10 动力电池行业指标时差相关分析

指标名称	相关系数	延迟期数	所属类别	指标类别
城市居民消费价格指数	0.47348064	0	宏观	一致指标
固定资产投资额累计增长率	0.3306174	0	宏观	一致指标
中国纯电动乘用车装机量（MWh）	0.9918108	0	中观	一致指标
磷酸铁锂月度产量（吨）	0.97381358	0	中观	一致指标
三元材料月度产量（吨）	0.96659828	0	中观	一致指标
磷酸铁锂（动力型）均价	0.80165806	0	中观	一致指标
三元材料622（多晶/消费型）均价	0.81580489	0	中观	一致指标

　　根据时差相关分析的结果，一共筛选出3个与动力电池基准指标相关性较强的指标作为一致指标组，相关系数均在0.9以上，指标较灵敏（见表6-11）。

表6-11 动力电池行业景气指数指标

指标名称	相关系数	延迟期数	所属类别	指标类别
中国纯电动乘用车装机量（MWh）	0.9918108	0	中观	一致指标
磷酸铁锂月度产量（吨）	0.97381358	0	中观	一致指标
三元材料月度产量（吨）	0.96659828	0	中观	一致指标

得到一组一致指标后，便可构建对应的景气度一致指数。考虑到2019年后新能源汽车补贴退坡，行业步入市场化阶段，因此我们选用2019年为基准年份，取基准年份的景气度为100，具体计算步骤此处省略，详情可参见第3章和第5章关于景气指数编制的内容。

至此，我们便构造了动力电池产业景气度一致指数。

如图6-38所示，我们同样用动力电池行业的资本市场表现与行业景气度进行比较（此处选择锂电池指数，Wind代码：884039.WI），可以发现2019年由于补贴的大幅度退坡，行业景气度下降，资本市场表现也一般，但随着补贴效应的弱化以及行业市场化的推进，2019年底行业景气度开始回升，资本市场表现也随之向好，并一直保持较高景气度，2020年爆发新冠肺炎疫情对行业景气度并未产生实质性影响，2021年初行业景气度出现爆发式上涨。2022年上半年行业资本市场表现下滑，但未改变行业景气度，2022年5月后资本市场也迎来了反弹，动力电池行业表现抢眼。

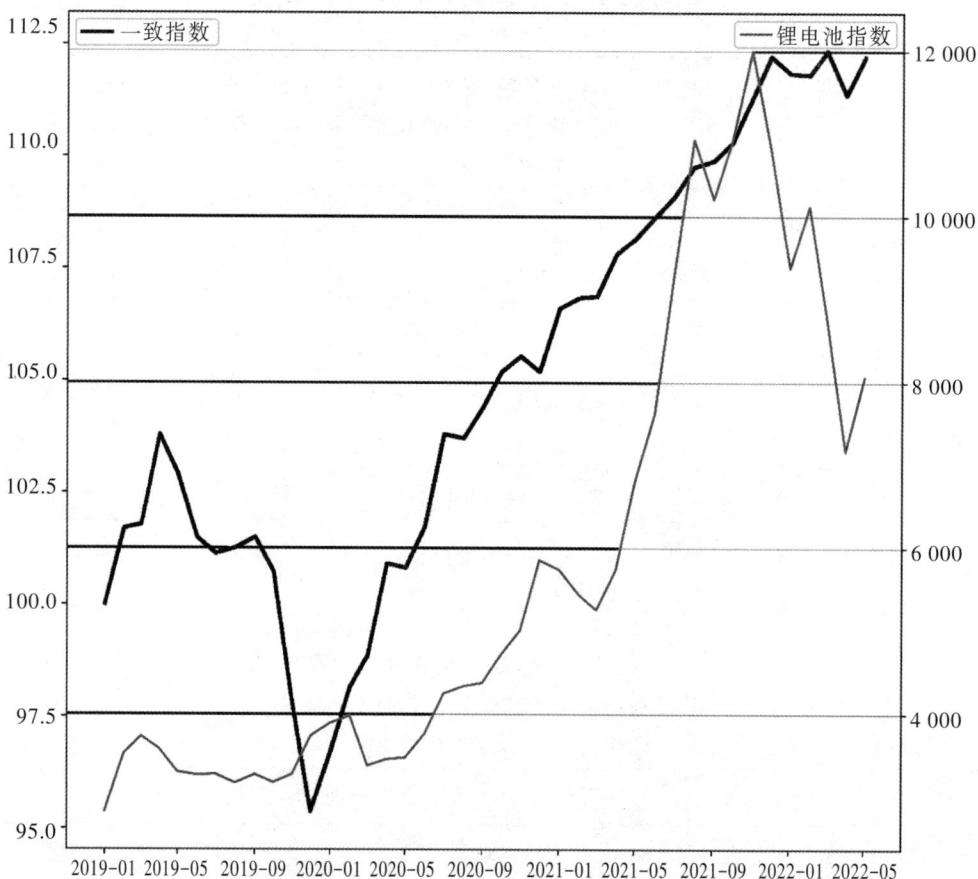

图6-38 动力电池行业景气指数

本章小结 ☑️ .... •

1. 新能源汽车是指完全或者主要依靠新型能源（非常规石油类车用燃料）驱动的汽车，车型主要包括纯电动汽车、插电式混合动力汽车、增程式混合动力汽车、燃料电池汽车等。

2. 车载动力电池是新能源汽车最重要的零部件之一，成本占比最高，其技术的创新突破也是目前制约新能源汽车发展的最重要影响因素。

3. 我国传统内燃机汽车的发展相对落后，新能源汽车是我国在汽车领域实现弯道超车的重要机会，也有利于我国经济结构和能源结构的转型，促进能源清洁化、电力化与经济结构优化，推动产业高质量发展。

4. 我国的新能源汽车推广政策从2009年的"十城千辆示范工程"开始，而后在2013年启动新能源汽车消费市场的补贴政策，并且补贴政策逐渐向高能量密度、安全性和低能耗方向倾斜。2019年开始新能源汽车补贴大幅度退坡，逐步让位于市场化发展。

5. 我国动力电池行业成长迅速，截至2021年新能源汽车的销量、存量基数仍然较低，未来极具成长空间，可以预见新能源汽车对动力电池的需求巨大。

6. 锂离子电池早期主要用在小型电子设备上，现已成为最主流的新能源汽车动力电池类型。锂离子电池最大的技术壁垒在于如何在保证安全和控制成本的基础上，继续提高电池能量密度和充电效率。

7. 锂离子电池主要是利用氧化还原反应来实现化学能和电能的转换，正极、负极、电解液（质）和隔膜构成电池材料的四大组件。

8. 按照电池正极材料划分，锂离子电池包括三元锂（镍钴锰酸锂（NCM）、镍钴铝酸锂（NCA））、磷酸铁锂（LFP）、钴酸锂（LCO）、锰酸锂（LMO）等。在新能源汽车动力电池行业中，电池的正极材料主要采用三元锂和磷酸铁锂，2022年两者的市场占有率超过90%。

9. 动力电池正极上游原材料主要为锂、镍、钴等矿产；负极以石墨材料为主，包括人造石墨与天然石墨等；隔膜以聚烯烃材料聚丙烯（PP）和聚乙烯（PE）为主；电解液的主要成分为六氟磷酸锂。

10. 动力电池按封装形态划分主要包括圆柱形电池、方形电池和软包电池。传统模式中，电池的封装历经电芯、模组和电池包三步，随着封装技术的优化，诞生了"刀片电池""CTP""CTC"等新型封装技术，提高了动力电池的性能。

11. 电池管理系统是对电池进行管理的系统总称，主要负责监测和管理整个电池组的工作状态，具有较高的技术壁垒。

12. 在动力电池回收中，磷酸铁锂电池梯次利用更具优势，三元锂电池更适合资源化。

课后思考 ✔ ···●

1. 动力电池行业的发展对实现碳中和目标有什么作用？
2. 结合行业政策与相关数据，简要描述动力电池行业的发展历程。
3. 简述动力电池行业的政治环境、经济环境、社会环境和技术环境。
4. 简述动力电池产业链各环节的竞争格局。
5. 简述动力电池行业景气指数的编制流程。

第6章拓展阅读

主要参考文献

[1] 安永碳中和课题组. 一本书读懂碳中和 [M]. 北京：机械工业出版社，2021.

[2] 何道清，何涛，丁宏林. 太阳能光伏发电系统原理与应用技术 [M]. 北京：化学工业出版社，2012.

[3] 贾俊平，何晓群，金勇进. 统计学 [M]. 2版. 北京：中国人民大学出版社，2004.

[4] 李力，刘冰，高博. Python数据分析与可视化：从入门到精通 [M]. 北京：北京大学出版社，2020.

[5] HOGG R V，MCKEAN J W，CRAIG A T. 数理统计学导论 [M]. 王忠玉，卜长江，译. 7版. 北京：机械工业出版社，2015.

[6] 陶澍. 应用数理统计方法 [M]. 北京：中国环境科学出版社，1994.

[7] MCKINNEY W. 利用Python进行数据分析 [M]. 唐学韬，等译. 北京：机械工业出版社，2014.

[8] 张晓冬，周晓光，李英姿. 数据、模型与决策 [M]. 北京：清华大学出版社，2019.

[9] 张燕龙. 碳达峰与碳中和实施指南 [M]. 北京：化学工业出版社，2021.

[10] 周三多，陈传明，刘子馨，等. 管理学：原理与方法 [M]. 7版. 上海：复旦大学出版社，2018.

[11] 中国注册会计师协会. 公司战略与风险管理 [M]. 北京：中国财政经济出版社，2022.

[12] 中金公司研究部，中金研究院. 碳中和经济学 [M]. 北京：中信出版社，2021.

[13] 国务院新闻办. 《新时代的中国能源发展》白皮书 [EB/OL]. [2022-10-26]. http://www.gov.cn/zhengce/2020-12/21/content_5571916.htm.

[14] 国家发展改革委. "十四五"循环经济发展规划 [EB/OL]. [2022-10-26]. https://www.ndrc.gov.cn/xxgk/zcfb/ghwb/202107/t20210707_1285527.html.

［15］国务院．2030年前碳达峰行动方案［EB/OL］．［2022-10-26］．http：//www.gov.cn/zhengce/content/2021-10/26/content_5644984.htm.

［16］颜琰，王炳，彭晨．锂行业深度报告——超级周期开启，全球资源竞争白热化［R］．深圳：招商银行研究院，2022.

［17］潘伟．动力电池之电池材料篇——辩趋势，谈供需，论格局［R］．深圳：招商银行研究院，2022.

［18］房汉国．我国宏观经济景气指数研究［J］．调研世界，2021（8）：11-18.

［19］李楠，段隆振，陈萌．决策树C4.5算法在数据挖掘中的分析及其应用［J］．计算机与现代化，2008（12）：160-163.

［20］程莹，肖夕林，李方一．中国光伏产业景气指数构建及波动特征分析［C］//中国管理现代化研究会，复旦管理学奖励基金会．第十二届（2017）中国管理学年会论文集，2017.